古典文獻研究輯刊

三六編

潘美月・杜潔祥 主編

第25冊

《莊子》評點研究

李瑞振 著

國家圖書館出版品預行編目資料

《莊子》評點研究／李瑞振 著 -- 初版 -- 新北市：花木蘭文化事業有限公司，2023〔民112〕

目 4+214 面；19×26 公分

（古典文獻研究輯刊 三六編；第 25 冊）

ISBN 978-626-344-283-2（精裝）

1.CST：莊子 2.CST：研究考訂

011.08   111022057

ISBN-978-626-344-283-2

古典文獻研究輯刊

三六編　第二五冊　　　　　　　　ISBN：978-626-344-283-2

《莊子》評點研究

作　　者　李瑞振
主　　編　潘美月、杜潔祥
總 編 輯　杜潔祥
副總編輯　楊嘉樂
編輯主任　許郁翎
編　　輯　張雅淋、潘玫靜　美術編輯　陳逸婷
出　　版　花木蘭文化事業有限公司
發 行 人　高小娟
聯絡地址　235 新北市中和區中安街七二號十三樓
　　　　　電話：02-2923-1455／傳真：02-2923-1452
網　　址　http://www.huamulan.tw 信箱 service@huamulans.com
印　　刷　普羅文化出版廣告事業
初　　版　2023 年 3 月
定　　價　三六編 52 冊（精裝）新台幣 140,000 元
　　　　　　　　　　　　　　　　版權所有・請勿翻印

《莊子》評點研究

李瑞振 著

作者簡介

李瑞振（1982.2～），男，北京師範大學中國古典文獻學博士。現為中國國家博物館副研究館員；中國國家博物館文物定級專家。研究方向為文獻學、文物研究。參與全國第一次可移動文物普查、《中國國家博物館碑帖文物定級標準》的起草和修訂等工作。在《書法》、《書法報》、《中國書法》、《中國宗教》、《中國道教》、《人民日報》（理論版）等發表學術論文 30 餘篇。學術論文多次入選「中國文字・書法論壇」、西泠印社國際學術研討會並獲獎。

提　　要

　　本文從文獻學角度對《莊子》評點的四種代表性著作及其作者進行研究。這四種著作跨宋元、明、清、近代四個時期，分別代表了《莊子》評點不同的發展階段。

　　論文總體上分為四個部分，共五章。第一部分為前言，陳述論文選題的學術背景和研究現狀等；第二部分為第一章，梳理相關概念，歷述《莊子》評點的發展階段；第三部分為論文的主體部分，包含第二、三、四、五章，論述四種代表性《莊子》評點著作及其作者相關內容；第四部分是結語。

　　前言主要說明《莊子》研究的歷史、本文選題的緣起、擬解決的問題以及所採用的研究方法。

　　第一章主要對「評點」的概念進行較為細緻的梳理，總結《莊子》評點的發展階段及其特點。

　　第二、三、四、五章主要集中在四種《莊子》評點著作及其作者的研究上。首先，分別對相關評點作者的生平事蹟等進行考述；繼而對評點著作的成書、版本、刊刻及體例進行爬梳；最後，對評點著作本身在思想、文學、考證等方面的特色和價值進行研究。

　　結語部分主要對《莊子》評點的地位和研究前景進行總結。

　　本文力圖從文獻學角度出發，以文學、思想研究為旨歸，運用考證、梳理、分析、總結等步驟與方法，以期能夠較為客觀、準確地呈現《莊子》評點研究的學術成果與歷史進程。

目

次

前 言

一、《莊子》研究回顧

莊子是中國歷史上道家學派的重要代表人物,《莊子》一書則是中國古代文化典籍中舉足輕重的一部著作。「不僅『晚周諸子之作莫能先』,秦漢以來一部中國文學史差不多大半是在他的影響之下發展的。」〔註1〕正因為如此,莊子其人及《莊子》其書一直受到人們的廣泛關注,也是歷來學者研究的焦點之一。

第一,莊子其人。

關於莊子的生平事蹟,除《莊子》書中所記敘之外,《史記·老子韓非列傳》中的資料最常為人們稱引:

「莊子者,蒙人也,名周。周嘗為蒙漆園吏,與梁惠王、齊宣王同時。其學無所不窺,然其要本歸於老子之言。故其著書十餘萬言,大抵率寓言也。作漁父、盜跖、胠篋,以詆訿孔子之徒,以明老子之術。畏累虛、亢桑子之屬,皆空語無事實。然善屬書離辭,指事類情,用剽剝儒、墨,雖當世宿學不能自解免也。其言洸洋自恣以適己,故自王公大人不能器之。

楚威王聞莊周賢,使使厚幣迎之,許以為相。莊周笑謂楚使者曰:『千金,重利;卿相,尊位也。子獨不見郊祭之犧牛乎?養食之數歲,衣以文繡,以入大廟。當是之時,雖欲為孤豚,豈可得乎?子亟去,無污我。我寧遊戲污瀆之中自快,無為有國者所羈,終身不仕,以快吾志焉。』」〔註2〕

〔註1〕郭沫若:《莊子與魯迅》,《郭沫若全集》(文學編)第19卷,人民文學出版社1992年版,第64頁。
〔註2〕〔漢〕司馬遷:《史記》,中華書局1959年版,第2143頁。

　　《史記》中的這段記載扼要地記述了莊子的生平及思想情況。而關於莊子的生卒起訖、故里屬地及其交遊情況歷來爭訟紛紜。

　　關於莊子的生卒年，歷來學者考察此問題所依據的材料主要來自三個方面：首先，依據《莊子》一書中所提到的歷史人物和事件線索，代表人物和成果有馬敘倫的《莊子年表》和錢穆的《先秦諸子繫年》；其次，依據《史記》中的相關材料；再次，依據部分晉人著作和《朱子語類》。任繼愈先生將學者對莊子生卒年的研究結果歸納為大致五種意見：公元前 369 年～公元前 286 年（馬敘倫）；公元前 355 年～公元前 275 年（呂振羽）；公元前 328 年～公元前 286 年（范文瀾）；公元前 365 年～公元前 290 年（楊榮國）；公元前 375 年～公元前 295 年（聞一多）。〔註3〕

　　關於莊子的故里屬地，學者對此問題爭訟的焦點聚集在《史記》的記載上：「莊子者，蒙人也。」以「蒙」名之的地方主要有三個：宋之蒙（今河南省商丘市）、楚之蒙（今安徽省蒙城縣）和魯之蒙（今山東省東明縣）。宋之蒙說法的依據除《漢書‧地理志》外，還有《史記》和《國語》相佐證，這一說法因其證據相對充分而成為最為通行的觀點，劉向、高誘、陸德明、馬敘倫等人均持是論。楚之蒙說法的依據主要來自唐代以後改稱的安徽蒙城〔註4〕，唐以前此地稱山桑。持此觀點的人主要有宋人蘇軾、王安石、朱熹。這種觀點疑誤較為明顯。魯之蒙觀點的依據主要來自《左傳》相關之記載，此觀點相對來說具有一些理論說服力，但是與莊子的活動情況相印證，距離莊子活動的宋、魏之地相去甚遠，較宋之蒙說法為遜。

　　第二，《莊子》其書。

　　《莊子》一書自從其產生之日就受到了人們的普遍關注。

　　戰國時期的荀子就曾對莊子的學說表示異議：「莊子蔽於天而不知人」（《荀子‧解蔽》）；「春申君死而荀卿廢，因家蘭陵。李斯嘗為弟子，已而相秦。荀卿嫉濁世之政，亡國亂君相屬，不遂大道而營於巫祝，信禨祥，鄙儒小拘，如莊周等又猾稽亂俗，於是推儒、墨、道德之行事興壞，序列著數萬言而卒。」〔註5〕此外，《韓非子》、《呂氏春秋》等著作都對莊子的思想學說進行了關注。總體來說，這一時期還只是整個莊學歷史過程中的準備期，大多停留在對莊子學說、觀點的批評上，還未形成系統的理論認識。

〔註3〕任繼愈：《莊子探源》，載於《哲學研究》1961 年第 2 期，第 60 頁。
〔註4〕〔宋〕歐陽修等：《新唐書‧地理志二》，中華書局 1975 年版，第 981 頁。
〔註5〕韓兆琦：《史記箋證》，江西人民出版社 2004 年版，第 4198 頁。

　　到了漢代，莊學史翻開了新的一頁。之所以這麼說，是因為從漢代開始出現了莊學專著，同時出現了對莊子的專門研究，如淮南王劉安《莊子略要》、《莊子後解》及班固《莊子章句》。此外，司馬遷在《史記》中也對莊子的生平、思想等做了撰述。可以說，漢代是整個莊學史上的初萌期。

　　魏晉南北朝時期，莊學研究迎來了第一次高峰。在郭象之前，已有數十家注《莊》者，據唐人陸德明《經典釋文》記載，有司馬彪、孟氏、崔譔、向秀、李頤等。諸注本惜未能存留。「《藝文志》五十二篇，即司馬彪、孟氏所注是也」〔註6〕，「彪注本大抵佚於宋代」〔註7〕，所幸南宋王應麟與清人閻若璩、孫憑翼、翁元圻、郭慶藩、茆泮林、黃奭及晚近學者馬敘倫、王叔岷等人，自《文選》、《初學記》、《太平御覽》、《藝文類聚》、《一切經音義》、《經典釋文》、《列子釋文》、《因明論疏明燈抄》等諸書之中，將古本《莊子》輯錄成帙，使得古本《莊子》以略為整飭之面貌復呈於世。「五十二篇本之後，出現了崔譔、向秀注二十七篇本和郭象整理的三十三篇本。」〔註8〕至晉人郭象注《莊子》，蓋因其書「於舊注外別為解義，妙演奇致，大暢玄風」〔註9〕，「其《內篇》眾家並同，自餘或有《外》而無《雜》。唯子玄所注，特會莊生之旨，故為世所貴。」〔註10〕這個版本遂成為後世流傳之定本。「考晉人治《莊》，向、郭二家以義理為勝，至於司馬彪則以訓詁為優。」〔註11〕

　　可以說，魏晉南北朝時期是莊學史上的第一次研究高峰，表現為：首先，注《莊》者較之先前人數眾多，作品數量大。其次，對《莊子》的關注範圍全面展開，其中包括對《莊子》音讀、義理、版本的關注和整理。再次，《莊子》注本的形態更為豐富，除專篇論文和注家直接注釋外，還出現了以集解方式注《莊》的李頤《莊子集解》。最後，也是極為重要的一點，形成了後世真正流傳千年而不朽的《莊子》郭向注本，這也是老莊學說和魏晉玄學相結合的最卓越的學術成果之一。此本廣泛流傳，至於遠播海外，亦見其影響之大。

〔註6〕陳國慶：《漢書藝文志注釋彙編》，中華書局1983年版，第122頁。

〔註7〕〔清〕孫憑翼輯：《司馬彪莊子注》，《叢書集成初編》，中華書局1991年版，第1頁。

〔註8〕黃華珍：《莊子音義研究》，中華書局1999年版，第170頁。

〔註9〕〔南朝宋〕劉義慶：《世說新語》，中華書局1983年版，第206頁。

〔註10〕謝祥皓、李思樂輯校：《莊子序跋評論輯要》，湖北教育出版社2001年版，第7頁。

〔註11〕何志華、朱國藩：《唐宋類書徵引〈莊子〉資料彙編》，（香港）中文大學出版社2006年版，第6頁。

　　隋唐之世，陸德明的《莊子音義》和成玄英的《莊子疏》是莊學研究的重要代表著作。陸德明歷仕陳、隋、唐三朝，《新唐書》、《舊唐書》俱載其事，「音義一類的書……多數是東漢至隋唐間的作品；尤其是魏晉六朝時，這一類書的發生最為豐盛。」〔註12〕「《經典釋文》開始編纂於陳至德元年（公元583年），完成於隋滅陳（公元589年）之前。」〔註13〕《莊子音義》首先吸收了大量的前人音義成果，同時參以己意，集中展示了當時《莊子》音義研究的最高水準，現已亡佚的許多古籍特別是郭象注本以前的諸家注說多賴是書得以保存。可以說，《莊子音義》對我們今天研究《莊子》的版本流傳以及郭象以前的莊學面貌具有不可替代的作用。唐代太宗、高宗時著名道士成玄英「少而習（《莊子》）焉，研精覃思三十（年）矣。依子玄所注三十（三）篇，輒為疏揔，惣三十（三）卷。」〔註14〕《新唐書》云：「玄英，字子實，陝州人，隱居東海。貞觀五年，召至京師。永徽中，流鬱州。書成，道王元慶遣文學賈鼎就授大義，嵩高山人李利涉為序，唯《老子注》、《莊子疏》著錄。」元人馬端臨《文獻通考》亦有所載，與此相類。〔註15〕成玄英《莊子疏》羽翼郭象《莊子注》，使郭注玄理精義皆有所指歸，在疏解、訓釋郭注方面，功不在小。然而成疏絕非人云亦云，其與郭注之異見亦非稀有，書中常常出現這樣的現象：「郭注稍乖，今不依用。」〔註16〕「子玄此注，失之遠矣。」〔註17〕這也正是成玄英「頗有心跡指歸」〔註18〕之處的一個體現。餘者雖有《莊子邈》、《莊子鈔》、《莊子指要》等，然於陸、成兩書，堪謂爝火之於日月、浸灌比乎時雨。

　　宋元時期的莊子學迎來了莊學發展史上的第二次熱潮。兩宋時期，「莊學得王、蘇之提倡，故當時治《莊子》者已次第臻於極盛，而《莊子》之學遂如

〔註12〕張世祿：《中國音韻學史》，上海書店1984年版，第127頁。

〔註13〕黃華珍：《莊子音義研究》，中華書局1999年版，第5頁。

〔註14〕〔晉〕郭象注，〔唐〕成玄英疏，曹礎基、黃蘭發點校：《南華真經注疏》，中華書局1998年版，第3頁。

〔註15〕歐陽修：《新校本新唐書索引二》（第二冊），臺北市鼎文書局民國70年版，第1517頁。

〔註16〕〔晉〕郭象注，〔唐〕成玄英疏，曹礎基、黃蘭發點校：《南華真經注疏》，中華書局1998年版，第31頁。

〔註17〕〔晉〕郭象注，〔唐〕成玄英疏，曹礎基、黃蘭發點校：《南華真經注疏》，中華書局1998年版，第72頁。

〔註18〕〔晉〕郭象注，〔唐〕成玄英疏，曹礎基、黃蘭發點校：《南華真經注疏》，中華書局1998年版，第3頁。

日中天矣。」〔註19〕「方士大夫未知讀《老》、《莊》，時幾複數為余言。……其後十年，王氏父子以經術師表一世，士非莊老不言。」〔註20〕

「自慶曆後，諸儒發明經旨，非前人所及。然排《繫辭》，毀《周禮》，疑《孟子》，譏《書》之《胤征》、《顧命》，黜《詩》之序，不難於議經，況傳注乎。」〔註21〕此外，相對寬鬆的文化環境進一步促進了儒、釋、道等諸種思想的匯融，「兩宋諸儒，門庭徑路，半出於佛老。」〔註22〕正是在這樣議經疑古和三教思想互相影響的學術氛圍下，王安石作《莊周論》、蘇軾撰《莊子祠堂記》，以前所未有的膽魄和熱情化解孔、莊矛盾，使得此期的莊學被賦予了濃厚的儒學化傾向。此外，蘇軾對《莊子》一書部分篇章的作者問題第一次提出了大膽的懷疑，開啟了《莊子》辨偽學的先河。蘇軾指出「凡分章、名篇，皆出於世俗，非莊子本意」〔註23〕，蘇氏《莊子》的辨偽質疑之舉，對後世《莊子》研究專題化的深入起到了重要的作用。

另，北宋之時，王安石之子王雱著《南華真經新傳》、《南華真經拾遺》，注重闡發義理及一己之深思，調和儒道思潮；道教學者陳景元解《莊》論《莊》，在莊學領域建樹頗多，在整個莊學史上亦佔有一席之地。

南宋林希逸在傳統注《莊》者注重字詞義理訓釋、闡發的同時，進一步融合儒釋道三教思想，作《莊子口義》：「希逸以託身於道家之門而注《莊子》……且其發揮明達曉暢，不為艱深之語，於《莊子》多所發明。」〔註24〕同時，《莊子口義》開始對《莊子》的文辭章句之學進行了重點的關注，這為後來宋元之際的評點大家劉辰翁通過評點這種特殊的注釋方式解讀《莊子》奠定了基礎。

杭州道士褚伯秀於南宋度宗咸淳年間著成《南華真經義海纂微》一書，這是一部集解式的解《莊》之作，集合了郭象、林希逸、李士表等十三家之說，斷以己意，纂成一百零六卷巨著。其書側重於義理，不主音訓。兩宋間

〔註19〕郎擎霄：《莊子學案》，天津古籍書店 1990 年版，第 337 頁。

〔註20〕黃寶華：《黃庭堅選集》，上海古籍出版社 1991 年版，第 363 頁。

〔註21〕〔清〕王應麟：《困學紀聞》，上海古籍出版社 2008 年版，第 1095 頁。

〔註22〕〔清〕全祖望撰，朱鑄禹匯校集注：《全祖望集匯校集注》，上海古籍出版社 2000 年版，第 1373 頁。

〔註23〕謝祥皓、李思樂輯校：《莊子序跋論評輯要》，湖北教育出版社 2001 年版，第 251 頁。

〔註24〕〔清〕紀昀：《欽定四庫全書·子部十四·道家類》第 1056 冊，上海古籍出版社 1987 年版，第 356 頁。

諸多《莊子》著作尤其罕見者，實賴是書以傳，「則伯秀編纂之功，亦不可沒矣。」〔註25〕如果說李頤的《莊子集解》開創了《莊子》集解類注釋的源頭的話，那麼，《南華真經義海纂微》則可以說是繼李頤《集解》之後莊學史上的第二部里程碑式的《莊子》集解式注釋之作。

宋末廬陵羅勉道痛貶流風時弊，著成《南華真經循本》，摒除儒、玄、釋家，切根究源，謂之「循本」。其書多稱引司馬彪注，訓詁釋義，同時注意《莊子》文章、句法參差變化之道，為後來評點《莊子》文章者提供了可貴的參考。此外，羅勉道還在《南華真經循本》裏進一步發展了蘇軾的《莊子》辨偽學說。

宋元之際的劉辰翁開闢了莊學史上的一個重要先例。劉辰翁（1232～1297），「字會孟，廬陵人。景定壬戌廷試對策，忤賈似道，置丙第，遂以親老請掌濂溪書院。後召入史館，及除太常博士，皆不就。宋亡後隱居以終。……辰翁人品頗高潔，而文章多涉僻澀。其點論古書，尤好為纖詭新穎之詞。」〔註26〕他於44歲「居山中，開始批點前人詩文。」〔註27〕「劉辰翁開始從事評點，是從德佑乙亥（1275）以後進行的。」〔註28〕據《養吾齋集》卷九：「先君子須溪先生於評諸家詩最先長吉，蓋乙亥避地山中（虎溪），無以紓思寄懷，始有意留眼目，開後來。」「他以隨手點評的方法，運用生動活潑、富於情感的語言，把自己對《莊子》文本的獨特理解有效地傳達給讀者，使讀者體悟到了《莊子》所蘊藏著的真意，感悟到了《莊子》散文所具有的非同一般的藝術魅力。」〔註29〕「在宋以來的文學批評中，『評點』與『話』實際已經成為兩種運用最普遍、影響最深廣的批評形式。如果說，『話』是在傳統的『詩論』、『詩品』、『詩格』的基礎上，借鑒『筆記』的寫作方法而形成的一種批評形式，那麼『評點』則是以『經注』、『史注』和『文學選評』為基礎形成的一種批評體式。兩者均興盛於宋代，而在後世綿延不絕。」〔註30〕當然，評點之興還有其他因素促成，對於這一問題，本書將在「評點概念」一節中詳細梳理、討論。

〔註25〕〔清〕紀昀：《欽定四庫全書·子部十四·道家類》第1057冊，上海古籍出版社1987年版，第2頁。

〔註26〕〔清〕永瑢等撰：《四庫全書總目》卷四六，中華書局1965年版，第417頁。

〔註27〕劉宗彬：《劉辰翁年譜》，載於《吉安師專學報》1997年9月第三期，第62頁。

〔註28〕張靜、焦彤：《論劉辰翁的評點目的》，載於《中州學刊》2006年9月第5期，第247頁。

〔註29〕方勇：《莊子學史》（第一冊），人民出版社2008年版，第172頁。

〔註30〕譚帆：《中國小說評點研究》，華東師範大學出版社2001年版，第2頁。

在中國文學史上，劉辰翁第一次系統地對《莊子》進行評點，自此，評點這種文學批評方式被納入到了《莊子》注釋學的歷史長河中。

宋元時期莊學研究的興盛表現在：首先，莊學研究者隊伍日益壯大。可以說，當時一大批具有儒、釋、道等多種思想背景或者多種身份的人士參與到了莊學研究的隊伍之中。其次，著作數量可觀。今據嚴靈峰先生《周秦漢魏諸子知見書目》所記載，整個宋元之世，見於著錄的《莊子》約七十三種。其中存十九種，殘十三種，佚四十一種。比較遺憾的是，這一時期《莊子》著作殘佚情況較為嚴重。再次，研究角度、形式多樣化。這一時期的研究角度、著作形態多種多樣，包括了注解（如王雱《南華真經新傳》）、集注（如褚伯秀《南華真經義海纂微》）、點評（如劉辰翁《南華真經點校》）、校勘（如孫奭《校正莊子釋文》）、考訂（如陳景元《莊子闕誤》）、音訓（如陳景元《南華真經章句音義》）、輯佚（如王應麟《莊子逸篇》）、專論（如王旦《莊子發題》）、雜論（如陳景元《南華真經章句餘事》）、抄錄（如洪邁《莊子法語》）等十餘種角度和形制。最後，開創了「以文評《莊》」的先河。宋末林希逸的《莊子口義》中已經出現了對《莊子》文法、修辭及結構的探討，但這種探討是為義理闡釋而服務的，作者的最終目的還是重在闡發義理，因此，只能說《莊子口義》出現了《莊子》文評的萌芽。而成書於元世祖至元四十二年（1275）的《南華真經點校》才真正開啟了「以文評莊」的先河。劉辰翁在是書中將對《莊子》一書文學性的探討提高到一個前所未有的高度，自覺地進行了文學性的批評和賞析。這種點評不僅對明清時期「以文評《莊》」的繁榮以及明清小說評點之風的盛行影響深遠，同時也為後世對《莊子》文學的研究提供了文獻基礎。

莊學研究進入到明代，各方人士研究《莊子》的活動並未沈寂，方外人士、著名學者、前後七子、「唐宋派」、「公安派」、「竟陵派」等都對《莊子》給予了極大的關注。就其為數眾多的研究者的文學家身份來說，明代在整個莊學史上也是頗有特色的一個時期。這一時期，較具代表性的有以下幾家：

陸西星，字長庚，號潛虛子，揚州興化（今江蘇）人。《重修松江府志》卷五十三、咸豐《重修興化縣志》卷八載其生平。陸氏為明代內丹東派開創者，擅文詞，工書畫。嘗為諸生（秀才），頗有名望；但九次參加鄉試，皆不中。乃棄儒為道，入山隱居。自謂得呂洞賓真傳，著書立說，闡發內丹之旨，遂開內丹東派，被後世道士尊為內丹東派之祖。陸氏著有《方壺外史》八卷，共十五種書，包括注釋和撰著兩類；晚年參禪，又作《楞嚴述旨》十卷、《楞嚴經

說約》一卷。陸氏好《莊子》，著《南華真經副墨》八卷，該書「起草於萬曆丙子六月六日，脫稿於戊寅八月八日。」〔註31〕陸氏認為，「三教聖賢，同一宗旨。莊子《南華》三十二篇，篇篇皆以自然為宗，以復歸於樸為主，蓋所以羽翼《道德》之經旨。其書有玄學，亦有禪學；有世法，亦有出世法。大抵一意貫串，所謂天德王道皆從此出。」〔註32〕陸西星以道教、佛教立場解《莊》，同時對《莊子》藝術的文章特色予以關注。關於此書的體例和著述宗旨，概而言之，不外先以題解闡明全篇樞要，繼之注解以詳句義，末綴亂辭，以韻文總結全篇章法脈絡。間有文評三篇，申述《莊子》文章法度。亂辭和文評的使用可以說是《南華真經副墨》的一大創舉。

神宗年間的焦竑，「自經史至稗官雜說，無不淹貫」〔註33〕。「竑生有異質，聞道甚早而好學，雖至老而不倦。」〔註34〕其所著《莊子翼》可以說是整個莊學史上的又一部扛鼎之作。它以集解式的體例旁徵博引，末參己見，融合禪辭儒義於《莊子》，堪稱體大思精之作。《四庫全書總目卷一百四十六·子部五十六·道家類》云：「是編成於萬曆戊子，體例與《老子翼》同。前列所載書目，自郭象注以下凡二十二家。旁引他說互相發明者，自支遁以下凡十六家。又章句音義自郭象以下凡十一家。今覈其所引，惟郭象、呂惠卿、褚伯秀、羅勉學、陸西星五家之說為多，其餘特間出數條，略備家數而已。」

明代末年，方以智撰成《藥地炮莊》。方以智，安徽桐城人，字密之，號曼公，又號鹿起，明末清初著名學者。他對繪畫、篆刻皆有所涉獵，可以說是一個多才多藝的學者，《清史稿》有其傳。此外，方氏在中國古代哲學史和科學史上也具有一定的地位。由於其特殊的經歷和多樣化的身份，近年來受到了很多學者的重視，對他的研究視角也日益多樣化。方氏從順治十年至十七年（公元1653年到1660年）寫成《藥地炮莊》。《四庫全書總目》云：「藥地者，以智僧號也。以《莊子》之說為藥，而己解為藥之炮，故曰炮莊。大旨詮以佛理，借滉洋恣肆之談，以自攄其意。蓋有託而言，非《莊子》當如是解，亦非以智所見真謂《莊子》當如是解也。」其書包舉宏富，羅列漢魏以來眾家解《莊》、論莊之說，融合儒釋，以《易》、禪讀莊。由於方氏博通中西，青年時寫成《物

〔註31〕李一泯：《藏外道書》（第二冊），巴蜀書社1992年版，第299頁。

〔註32〕李一泯：《藏外道書》（第二冊），巴蜀書社1992年版，第79頁。

〔註33〕〔清〕張廷玉：《明史·焦竑傳》，中華書局1974年版，第7392頁。

〔註34〕陳作霖：《金陵通傳》，《中國方志從書·江蘇省》，成天出版社有限公司1984年版，第554頁。

理小識》、《通雅》，因此在他的解《莊》著作中涉及到了一些西學自然科學的思想。方氏此書隨同他的遺民身份為整個莊子學在明清之際做了一個承前啟後的注腳。

清代莊子學可以說是整個莊學史上的全面繁榮期。在這一時期，科舉制度對莊子學研究也起到了一定的影響。興起於明代成化年間的八股取士制度在清代大肆泛濫，與之相應的時文評點在這種背景下也復興起來，有清一代的莊子學也受到了這種風氣的影響。

順治年間的福建侯官人林雲銘，是莊學史上又一重要學者。《四庫全書總目》有云：「銘字西仲，侯官人，順治戊戌進士，官徽州府通判。王晫《今世說》稱：『雲銘少嗜學，每探索精思，竟日不食。暑月家僮具湯請浴，或和衣入盆。里人皆呼為書癡。』」〔註35〕林氏積多年讀《莊》之所悟、所思，於康熙戊辰年間著成《莊子因》，「但以數十年寢食於《莊》，久已稔其大旨，迄今論定，而段落字句之間，始無遺憾。因歎著述之難，如此海內讀《莊》者開卷欣賞，如見其人，不至茫然。」〔註36〕清人吳世尚對林雲銘甚為推崇：「向來注《莊子》者，惟林西仲可觀。」〔註37〕然而四庫館臣對林氏此書評價卻不甚高：「希逸……不為艱深之語，於《莊子》多所發明，猶勝於後來林雲銘輩支離舛陋，以時文之法讀《莊子》者。」〔註38〕對此，四庫館臣在《別集類存目·挹奎樓文集》中進一步說：「（林雲銘）學問則頗為舛陋，所評注選刻，大抵用時藝之法，不能得古文之源本，故集中諸文，亦皆不入格云。」此外，林氏還著有《挹奎樓選稿》十二卷、《損齋焚餘》十卷、《吳山戤音》八卷、《楚辭燈》四卷、《韓文起》十二卷及《莊子因》、《西仲文集》等。

在整個莊學史上，《莊子因》是《莊子》評點著作的代表性作品之一。首先，它提出了「莊子與老子同而異，與孔子異而同」的思想；其次，它以時文之法評點《莊子》，雖然這一點為四庫館臣所不滿，但林氏以此評點對《莊子》一書的結構、技法予以承前啟後的揭示，使得《莊子因》在整個《莊子》闡釋史上佔有著重要的地位；再次，它對《莊子》一書的篇目辨偽和內篇之間的秩序也做出了較有創見的判斷。

〔註35〕〔清〕永瑢等撰：《四庫全書總目》卷一四八，中華書局 1965 年版，第 1270 頁。

〔註36〕〔清〕林雲銘：《增注莊子因·序二》，清康熙本。

〔註37〕〔清〕永瑢等撰：《四庫全書總目》卷一四七，中華書局 1965 年版，第 1257 頁。

〔註38〕〔清〕紀昀：《欽定四庫全書·子部十四·道家類》第 1056 冊，上海古籍出版社 1987 年版，第 356 頁。

康熙年間的宣穎，性至孝，有逸才。《句容縣志》、《續纂句容縣志》載其事。「已而終不遇，乃鍵戶著述，網絡群籍，淹貫宏通，時人稱為『學海』。晚年假館邑之清元觀，葛仙公煉丹處也，著《南華經解》。張菊人序而梓之，至今風行海內。」〔註39〕《南華經解》注重溝通儒道兩家思想，尤其在道與中庸、心學等方面的溝通闡述為多；其次，《南華經解》注重從結構、行文、章法、句法、修辭藝術等方面揭示《莊子》之奧要，為後世人們對《莊子》文章特色的準確定位和理解提供了很好的借鑒；再次，《南華經解》的義例、框架綱張目舉，「於各段另起處，用大圈以清界限，庶令讀者逐段領會，朗若列眉。」〔註40〕這種體例後來裨益劉鳳苞《南華雪心編》一書最多。

乾隆年間的江蘇晉陵人胡文英著有《莊子獨見》一書。《莊子獨見自敘》云：「讀《莊》者，胸橫『空語無事實』一句，實而往，虛而歸，去精咀粕，殆於葉公好龍者類。……余不得已而簡細別白，聯絡其辭，貫穿其意，約以該之，微以顯之，解其所可解，而置其所不必解。……非敢曰冥冥之中獨見曉焉，實欲由管窺而漸趨於眾著云爾。」〔註41〕胡氏在注重評點《莊子》文章脈絡特色的同時，對《莊子》部分篇目的作者問題也提出了自己的質疑。

乾隆之世，廣東信宜人陸樹芝「好為古文辭，矻矻於周秦百家之言，而於《莊子》尤有歆嗜」〔註42〕，經年而成《莊子雪》。此書正文之前，除三篇序言之外，置司馬遷《史記・莊子列傳》、蘇東坡《莊子祠堂記》以及《讀莊子雜說》。

《莊子雪・序》云：「且夫莊子者，雪人也；其文，雪文也」，「自晉唐以來，解者無慮數十家……博採者，是非雜陳；妄庸者，任臆猜混，於句解、段落，往往失之，竟使千古奇文盡如夢囈，……不敢自謂必當，而開卷了然，無復沉悶，似撥雲霧而對皎雪也，遂名之曰《莊子雪》。」〔註43〕這也是一部會通儒道的莊學著作，善以「太極」、「無極」之說會通《莊子》精義，正是在這一點上，陸氏持論與司馬遷「以詆訿孔子之徒」說法相反。然而，陸氏矯枉過

〔註39〕〔清〕清張紹棠修，蕭穆纂：《續纂句容縣志》卷二十，清光緒本。

〔註40〕〔清〕劉鳳苞：《南華雪心編・凡例》，清光緒二十三年晚香堂刊本。

〔註41〕〔清〕胡文英：《莊子獨見》，《無求備齋莊子集成》，藝文印書館1972年版，第8頁。

〔註42〕〔清〕陸樹芝：《莊子雪・序》，清嘉慶刊本。

〔註43〕謝祥皓、李思樂輯校：《莊子序跋論評輯要》，湖北教育出版社2001年版，第160、161頁。

正，認為《漁父》一篇，為「尊孔子之至」。在《莊子》的行文脈絡方面，《莊子雪》多有點評。此外，陸氏在《莊子雪》中進一步申述了自己對《莊子》一書篇目辨偽的看法，從新的角度對蘇軾的《莊子》辨偽學進行了評議。

　　清代前期，兩位湖南籍學者郭慶藩、王先謙，都著成了影響後世、流傳久遠的莊學著作：郭慶藩的《莊子集釋》和王先謙的《莊子集解》。郭慶藩於光緒二十年（1894）著成《莊子集釋》十卷。王先謙長郭慶藩兩歲，於宣統元年七月（1909）著成《莊子集解》。

　　《莊子集釋》在體例上可分為注釋、疏證、釋文、校勘四個部分，其成就和影響受到了學者的普遍認同和關注。就其內容而言，首先，對《莊子》本文中的異文等情況在前人的整理基礎上進一步精密校訂。其次，對先前歷代《莊子》舊注頗多集存，尤其對司馬彪注的廣搜博取尤見其價值之所在。從這一點來說，《莊子集釋》對恢復《莊子》古本面貌，深化我們對郭象之前的《莊子》注本情況的研究都具有不可或缺的作用。最後，在訓詁方面取得了巨大的成就。這其中包括了對虛、實詞的辨識與考證，同時也包含了對相關名物詞語的考釋。〔註44〕

　　《莊子集解》成書晚於《莊子集釋》十五年。雖然其在收羅資料方面較《莊子集釋》為遜，然以其獨有的特色，亦足以與《莊子集釋》分庭抗禮，並為雙璧：首先，在訓釋方面更為簡潔，要言不煩，擇善而從；其次，形成了很多專論性質的論述文字，其中包括對《莊子》篇章作者問題的探討等；最後，更為注重對《莊子》文章特色的關注，包括對文章層次的條分縷析和對語言特質的討論。

　　可以說，這兩部書代表了清代《莊子》集解、訓釋的最高成就，也是整個古代《莊子》集解歷史上最後的代表性著作。

　　劉鳳苞（1826～1905），湖南武陵縣人，教育家、文學家，官至沅江直隸州知州、雲南補用道，曾任嶽麓書院主講，長沙城南書院山長。他在《南華雪心編・凡例》中寫道：「《南華》空靈縹緲，絕妙文心。郭注雖精，而文法則為厖齒所不及。……此卷以『雪心』名篇，蓋深有味乎寓言之旨，正欲使索解者透入清虛也。」〔註45〕《南華雪心編》一書從儒學學者的角度立意，對《莊子》

〔註44〕田漢雲、陳曉東：《略論郭慶藩〈莊子集釋〉的學術成就》，載於《揚州大學學報》2007年第二卷第2期，第27頁。
〔註45〕〔清〕劉鳳苞：《南華雪心編》，清光緒刊本。

藝術的文章即散文特質進行了細緻入微的分析，在整個古代《莊子》評點史上也具有重要地位。

到了近代，活動於二十世紀上半葉的啟蒙思想家嚴復「生平喜讀《莊子》，於其道理唯唯否否，每一開卷，有所見，則隨下丹黃。」〔註46〕結合自身的西學背景，嚴復以評點這種傳統的批評、注釋方式從全新的角度解讀《莊子》，使得二十世紀的《莊子》評點風貌煥然一新。對於嚴氏此書思想內容的闡釋特色，華中師大的劉韶軍教授在 2008 年發表在《湖北大學學報》上的一篇論文中已經給出了很好的歸納和總結。〔註47〕在此簡略引述他的說法：首先，以自然科學知識闡釋《莊子》新義；其次，以西方社會政治學角度重新解讀《莊子》；再次，借用西方哲學和宗教學說闡釋《莊子》的思想。此外，民國張之純著《評注諸子菁華錄》，民國七年由上海商務印書館出版。其書末介紹說：「本館特聘江陰張之純先生編輯是書，依儒家、道家、法家、墨家、雜家、兵家之次序，共選十八家，就原書採尤選錄，詳悉評注，並細加圈點，讀者得此，可以參考，可以自修，誠文學家之寶筏也。」這十八家是：《晏子春秋》、《荀子》、《賈子新語》、《春秋繁露》、《楊子法言》、《老子》、《文子》、《莊子》、《列子》、《鶡冠子》、《管子》、《商君書》、《韓非子》、《墨子》、《尸子》、《呂氏春秋》、《淮南子》、《孫子》。每篇有簡注以明音義，有眉批以言文法。多出己意，不引前人評語。

進入到現代的研究格局當中，因為《莊子》一書同時具備了哲學性（思想性）和文學性雙重性質，所以現今的研究可分為對《莊子》思想的研究、對《莊子》文學性的研究和學術史角度的《莊子》研究。

其一，對《莊子》思想的研究。

對《莊子》文本的整理和詮釋。主要表現為對《莊子》文本的注譯方面，陳鼓應先生的《莊子今注今譯》當為其代表。此外，還有一些點校整理的出版文獻，這部分文獻屬於古代《莊子》研究文獻，對我們現今研究莊子學具有重要的參考價值，如曹礎基先生校點的宣穎《南華經解》以及周啟成先生的《莊子鬳齋口義校注》等。

《莊子》哲學體系的研究。此方面的研究包括了對《莊子》哲學的框架、性質和所屬階層等方面的探討。代表學者有馮友蘭、張岱年、湯一介等先生。

〔註46〕嚴復：《嚴復集》（第四冊），中華書局 1986 年版，第 608 頁。
〔註47〕劉韶軍：《論嚴復〈莊子〉評語》的學術背景和闡釋特點〉，載於《湖北大學學報》2009 年 3 月第 36 卷第 2 期，第 37 頁。

　　比較研究角度下的《莊子》研究。《莊子》的比較研究分為國內比較研究和國外比較研究，其中國內比較研究主要傾力於將莊子與老子、儒家以及禪宗進行比較研究，這種比較古已有之；而國外比較研究則包括了對《莊子》與柏拉圖、盧梭、尼采、海德格爾等哲學思想家的比較研究。2007 年我曾有幸在北師大哲社學院聽陳鼓應先生講座，他坦承，早年就是從對尼采哲學和莊子哲學的比較研究角度進入到《莊子》研究領域的。「中西比較視野中的《莊子》研究發韌於二十世紀初，在二十世紀八十年代中後期漸成規模」，「近三十年《莊子》中西比較研究主要是概念間的比較」〔註48〕。但是《莊子》的比較研究也存在諸多問題，比較研究視野下的《莊子》研究前景還很廣闊。

　　其二，對《莊子》文學性的研究。

　　對《莊子》文學性的研究近年來漸漸受到學者的重視，特別是隨著對《莊子》文學研究偏見和輕視的校正，對《莊子》文學性關注者正日益形成隊伍。就單篇論文來說，數量不少，討論的問題也是五花八門，但是整體缺乏系統性，有的甚至是老調重彈。值得肯定的是，對文學性的研究，湧現出了不少學術成果，其中有孫克強、耿紀平二先生主編的《莊子文學研究》，這是一部論文集。此外，《莊子》文學研究專著方面也取得了一定的進步，代表性的著作有劉生良先生的《鵬翔無疆──〈莊子〉文學研究》和孫雪霞先生的《文學莊子探微》。

　　其三，學術史角度的《莊子》研究。

　　從學術史角度關注《莊子》，在民國就已出現專門的著作，如郎擎霄的《莊子學案》。近年來，對整個《莊子》研究進行學術性梳理的著作主要有：熊鐵基等先生的《中國莊學史》及其姊妹篇──李寶紅等所著《二十世紀中國莊學》，方勇先生的《莊子學史》。其中，熊先生的《中國莊學史》是新時期第一部莊學史著作，具有開創意義和頗高的學術價值；方勇先生積十年之功著成的《莊子學史》，則堪稱《莊子》學術史研究領域迄今最為完備的莊學史著作。

　　值得一提的是，近年來，《莊子》評點類著作也引起了諸多學人的注意。臺灣錢奕華先生在致力於研究清代莊子學的基礎上，於民國 89 年即 2000 年出版了《宣穎南華經解之研究》一書。此書廣納博取，立意準確，從作者生平、

〔註48〕孫雪霞：《近三十年中西比較視野的〈莊子〉研究及其引申》，載於《重慶社會科學》2008 年第 7 期，第 102 頁。

著作版本、撰述緣由、著作特色和著作評價等方面對宣穎此書進行了全面的關照。宣穎此書的單書研究，於此為善。此外，錢奕華先生還於 2009 年著成《林雲銘〈莊子因〉「以文解《莊》」研究》，這也是一部《莊子》評點單書研究的典範。

同時，方勇先生指導的兩篇博士論文——周群華的《莊子散文評點研究》和李波的《清代莊子散文評點研究》，在這方面也做了有益的探討。前者注重從不同時期的《莊子》散文評點著作中梳理其散文評點的概念和成就；後者則著重通過清代四部具有代表性的《莊子》評點著作的個案分析，呈現了清代《莊子》散文評點的整體面貌。這兩篇論文都對《莊子》評點的整個研究具有較好的參考意義。

二、本文選題的緣起

《莊子》評點類著作作為解讀《莊子》文本的重要古代文獻，具有較高的學術研究的意義和價值，國內外很多學者選擇評點類著作為研究對象已經說明了這一點。我選擇《莊子》評點研究為題，出於以下考慮：

首先，就可能性而言，這些評點類著作作為羽翼《莊子》的文獻，對我們認識《莊子》文學特質和思想體系具有不可取代的意義。這些注本有賴於《道藏》、《無求備齋莊子集成》等大型叢書得以保存，使研究工作有了較為可靠的文獻來源，從而為本文的研究提供了可能性。同時，國內外湧現的一些《莊子》評點研究的專著、論文，取得了一定的成果，也為本文提供了寶貴的借鑒和研究基礎。

其次，就必要性而言，這部分評點作者和著作往往兼具思想性和文學性雙重特質，其本身由於各種原因，大部分未能從文獻學角度得到系統的研究，因而，對這部分文獻進行整體研究，有利於我們進一步認識這些文獻的文本價值。而現今的《莊子》評點著述大都致力於對其文學成就的關注，忽略了對作者的考察以及評點類著作本身的思想傾向問題。就國內外研究現狀來看，對評點類作者和著作的整體性關注還不夠。

綜上所述，本研究從文獻學角度出發，對這類評注從整體上進行全面的綜合與整理，將我所學的很多研究方法及知識理論應用於研究實踐之中，既符合我的專業特點，又兼顧到了學術研究。

三、擬解決的問題及論文創新之處

　　由於整個莊學領域對《莊子》評點問題的重視欠乏，遂使自宋元以來的這批《莊子》評點著作難遭過問，黯然沉埋。雖偶有學者涉及，也是杯水車薪，對於我們全面、系統地認識《莊子》評點問題還很不夠。本書擬就下面幾個方面著力探究：

　　其一，對《莊子》評點著作的作者群體之身世及其思想與交遊情況做一個明晰的鉤沉、索驥，使古之先賢不致完全寂寞無聞於當世。同時，這對我們全面瞭解《莊子》評點現象也是不可或缺的一環。

　　其二，對《莊子》評點著作進行版本的梳理。《莊子》評點類著作很多藏身於各種叢書之中，即便單行，當今整理出版的《莊子》評點著作的質量也存在不少的問題，主要表現為對文獻學角度認知的缺乏。因此，我們有必要對這些著作進行版本流傳的梳理。

　　其三，呈現《莊子》評點的歷史面貌。《莊子》的評點活動是一個歷史性的連續性現象，其中完整地包含了《莊子》評點活動的各個階段。當然，呈現《莊子》評點的歷史進程不僅限於對《莊子》散文評點的部分，也要關注在這種評點方式下歷代評點者對《莊子》思想、考證等方面的認知過程，此為《莊子》評點歷史之全貌。

　　其四，探討《莊子》評點的歷史定位及其意義。由於《莊子》評點涉及整個莊子學史以及評點文學史，如何準確地定位《莊子》評點派在整個莊學史以及評點學史上的地位，評介其文本（文學理論）意義和闡釋學意義，也是本書要闡明的問題之一。

　　本書的特色與創新之處：

　　首先，在材料上，引入相當數量的一手文獻。對莊子學術史的研究，長期以來存在著理論過強而文獻不足的特點，部分論著存在著互相因襲成說的弊病。本選題將力圖將足量的文獻古籍資料引入到對莊學評點研究的過程之中，通過從眾多不太為大家所重視的文獻中鉤沉史料，知人論世，真正做到、做足文獻特色。

　　其次，在方法上，實現各學科研究方式的互助與融合。文獻學的研究方式和方法不應該孤立出來，它應該融入到文學研究的過程之中。一些莊子評點論著，因忽視文獻學意義上的探討和調查的問題，使得文本意義上的討論缺乏必

要的支持。因此，本選題將使用文獻學、邏輯學等學科的研究方式為古代文學、古代文論的研究提供紮實的基礎，從而實現論證嚴密，結論科學。

最後，在結論上，體現對《莊子》評點群體的整體關照。以往的研究者往往從某個角度去關注《莊子》評點現象，缺乏整體的定位和研究。本書將通過對四種《莊子》評點的代表性作者及其著作的研究，管窺《莊子》評點的整體，運用以點帶面的方式，力求通過對這些代表性著作的關照，梳理出《莊子》評點群體的面貌。

四、擬採用的研究方法

由於本書涉及到文獻學、文學史、學術史、思想史等多個學科領域，在具體的研究過程中，多種方法是綜合交叉進行的。總體而言，本書擬採取的研究方法為：

其一，限定概念。

主要針對「評點」概念。中國的評點現象由來已久，但是到目前為止，對文學史上的評點問題的實踐總結和理論梳理還未能完全臻於一致。鑒於此，本文擬就「評點」的相關歷史和概念做簡明的回顧與總結。這一部分主要參考孫琴安先生的《中國評點文學史》等文獻。

其二，考證生平。

考察《莊子》評點的作者隊伍。由於以評點方式闡釋《莊子》一書的作者群體多不為正史所著錄，因此，若要對這些作者的思想、生平、交遊概況有一個準確的定位，就必須通過對相關的史籍、地方志以及相關著述等文獻的徵述來實現。在進行這一研究時，本文力圖用文獻說話，言之有據。

其三，明晰版本。

從版本學角度出發，利用目錄學和版本學方法，廣泛查閱《漢書·藝文志》、《明史·藝文志》、《清史·藝文志》等書目資料，對《莊子》及明清諸家評點類注本的版本流傳、著錄、研究情況進行考察和整理。

其四，精讀博覽。

本文所要研究的主要對象是具有代表性的四種《莊子》評點類著作，深入精讀這些原始文獻將是本書完成的先決條件。

其五、爬梳分類。

在廣泛閱讀的基礎上，對《莊子》評點代表性著作的原始文獻進行詳細的

梳理和分類。這是本書主體形成的前提。按照評點著作本身的特點對評點的內容進行較為詳盡的歸類和梳理，從而形成較為系統、條理化的文獻材料，為後面的歸納和總結提供文獻依據。

其六，歸納總結。

主要應用於對分類材料的理論化闡述方面以及對後面的評點著作的評介上。在材料的分類整理過程中，本文將通過對其共性的梳理來體現其整體性，通過對其個性在各個綱目下的分別整理來呈現這些評點著作在文學、篇章和思想等方面的認知過程；在本文後面對評點著作的意義評介方面，將運用歸納總結的方法對《莊子》評點進行定位。

第一章 「評點」的概念與《莊子》
評點的發展階段

第一節 「評點」的概念

評點，顧名思義，是將評語與圈點結合使用的一種文本闡釋方式。由於評點的內容多涉及文本的文學性，以文學賞鑒的方式展開，因此，狹義的評點又常常被限定於文學批評的範疇。然而，文學批評作為對文學作品的反饋方式，其本身亦屬於廣義的闡釋學範疇。因此，需要指出的是，就評點本身來看，其內容絕不僅限於文學層面。

對於評點概念及其興起的探討，歷來存在諸多爭議。目前學界對評點之學的關注可以說多集中於具體內容，而對於其理論體系的建設還尚處於起步階段。

以往對評點問題的探討多見於各種文學批評史。1999 年 6 月，上海社科院出版了孫琴安先生的《中國評點文學史》，這是目前唯一的一部評點理論專著；2001 年 4 月，華東師範大學出版社出版了譚帆先生的《中國小說評點研究》，這是一部著眼於小說評點總體形態研究的著作，其中也涉及到對評點概念的探討。此外，近年來的各種評點類相關的論文逐步豐富了評點研究的領域。

蔡鎮楚先生在其《中國文學批評史》中對評點的內涵及其發展時期是這樣表述的：

> 評點，包括圈點、眉批、夾註、總評等。根據葉德輝《書林清

語》卷二「刻書有圈點之始」所載，以詩文小說為對象，隨文略加
點評的評點之學，肇始於宋代，而與盛於明清。〔註1〕

蔡先生認為，評點之學的構成要素來自三個方面：漢儒解經、歷代詩文評
和隋唐科舉圈點：

> 詩文評點，是宋代與起的一種新的文學批評形式。評點之學，
> 源於漢儒箋注。所謂箋注，是由儒學經典注疏之學發展而為文學作
> 品的注釋，屬於中國古代闡釋之學的一種形態。……由箋注之學而
> 至於評點之學，一是承襲於漢儒古文經學，二是發展於歷代詩文評，
> 三是肇始於隋唐人讀書圈點與科舉評卷。而將名家之「點」與「評」
> 合而為一，附於原著或選本而刊行之，便成為一種新的文學批評樣
> 式，這就是宋人發明的評點之學。〔註2〕

從這段文字中可以清楚地看到，漢儒箋注是評點之學的遠源，這是評點學
作為闡釋學範疇的一個起因。至詩文評，評點學進一步得到發展，而隋唐讀書
圈點和科舉評卷成就了評點的最後要素。宋人將以上要素加以綜合，「評」與
「點」兼備，促成了評點的最終形成。

孫琴安先生在《中國評點文學史》中對評點概念的討論更多地傾向於評點
內容的文學特質，因此，孫先生並沒有單獨對評點的概念進行界定，而是將評
點本身與評點對象結合起來進行討論的：

> 評點文學是一種由批評和文學作品組合而成又同時存在的特殊
> 現象，具有批評和文學的雙重含意。〔註3〕

應該說，這不是評點的概念，而是評點文學的概念。孫琴安先生並沒有將
「評點」從評點文學中剝離出來。在這樣的認識基礎上，孫先生認為，唐代是
中國評點文學的形成期，其標誌為殷璠《河嶽英靈集》和高仲武《中興間氣集》
的出現；宋元為中國評點的發展期；明代為中國評點文學的全盛期；清代為評
點文學的轉變期。

譚帆先生在其《中國小說評點研究》中對評點概念進行了限定：

> 評點是中國古代文學批評的一種重要形式，與「話」、「品」等
> 一起共同構成古代文學批評的形式體系。這種批評形式有其獨特

〔註1〕蔡鎮楚：《中國文學批評史》，中華書局 2005 年版，第 213 頁。
〔註2〕蔡鎮楚：《中國文學批評史》，中華書局 2005 年版，第 213～214 頁。
〔註3〕孫琴安：《中國評點文學史》，上海社會科學院出版社 1999 版，第 1 頁。

性，其中最為重要的是批評文字與所評作品融為一體，故只有與作
品連為一體的批評才能稱之為評點，其形式包括序跋、讀法、眉批、
旁批、夾批、總批和圈點。〔註4〕

其中較為重要的信息就是：「最為重要的是批評文字與所評作品融為一
體，故只有與作品連為一體的批評才能稱之為評點」。這裡強調的還是批評和
作品的結合，其概念限定的前提是對所評作品的文學性的關注，屬於中國古代
文學批評的範疇。

2002 年 12 月，上海古籍出版社出版了《中國文學評點研究論集》，這是
在「中國文學評點研究」國際學術研討會的基礎上形成的一本書集。其中收錄
了張伯偉先生的一篇重要論文：《評點溯源》。張先生通過對「章句與評點」、
「論文與評點」、「科舉與評點」、「評唱與評點」等幾組關係的梳理基本釐清了
評點的淵源所自，足稱一家之言。其中，他對評點的界定並沒有形成嚴格的概
念，更類似於一種描述：

> 評點是中國文學批評的傳統手段之一，南宋以後，詩文評點即
> 趨興盛，明清以來的小說和戲曲批評中數見不鮮。這種批評形式往
> 往又和選本結合在一起，為讀者點明精彩，示以文章規矩，但也因
> 此而被通人譏訾。〔註5〕

> 評點之意，包括「評」和「點」兩端，又與所評的文本聯繫在
> 一起，宋人合而為一，遂成一種文學批評的樣式。〔註6〕

張伯偉先生也非常強調評點本身的文學性。他認為，評點包含「評」與「點」
兩個方面，而宋人將這兩個方面很好地融合了起來，故張先生認為宋代為評點
的正式形成期。能夠明確地提出「評」、「點」兩端結合的必然性，這對於真正
釐清「評點」的概念和判定評點的形成階段都具有極大的意義。

2009 年 5 月，《山西師大學報》刊登了一篇李衛軍先生的《試論當前學術
史評點研究之侷限》一文，文中對「評點」概念的討論突破了文學評點的侷限，
將評點進一步抽象化、概念化：

> 評點是我國古代頗富民族特色的一種批評體式，本質上是對於

〔註4〕譚帆，《中國小說評點研究》，華東師範大學出版社2001 年版，第 6 頁。
〔註5〕章培恒、王靖宇主編，《中國文學評點研究論集》，上海古籍出版社2002 版，
　　　第 1 頁。
〔註6〕章培恒、王靖宇主編，《中國文學評點研究論集》，上海古籍出版社2002 版，
　　　第 2 頁。

本文的一種閱讀詮釋。它運用「評」、「點」與本文結合的方式展示批評者對於本文的獨特理解。此種批評有其內容與形式方面之雙重規定性。

就形式而言，此種批評須是「評」、「點」與本文結合，脫離本文之批評不是評點。其中「評」包括序跋、讀法、解題、眉批、旁批、夾批、尾批等形式；「點」則指圈、點、標、抹、截等標示符號。有「評」有「點」是此種批評的常見形態，但亦存在有「評」無「點」或有「點」無「評」的作品。具體評點作品對於「評」、「點」的各種形式，亦多取其一至數種而很少賅備。

就內容而言，此種批評有別於傳統之傳箋注疏。注疏特重訓詁，致力於詞義之訓釋，典故之抉發，當然也涉及句義解釋、義理探討，甚至文本主旨的概括。而評點則側重於文本脈絡結構之分析、人物之評價、史事之探討、經義之抉發、思想之探討。因此，徒具評點體式，而內容不符者，亦不能視為評點作品。〔註7〕

這個限定更加切合中國評點現象的本質和現實，其中既注意到了評點本身的批評性質，同時對評點作為闡釋學範疇的本質也有著清醒的認識。此外，文中對評點本身的常見形態及其區別於傳統的傳箋注疏的特殊性也進行了描述。

綜合以上討論來看，目前對評點的認識雖然尚未完全一致，但是取得了諸多共性的認識，這是中國評點理論建設的一個重要前提，也是評點理論研究剛剛起步的一個重要階段。

實際上，對於評點包含的兩端——評與點的實踐的討論，早在清代就已經開始了。

關於「評」的實踐，章學誠與曾國藩均認為起源於梁代。

清人章學誠認為源起於梁代，以鍾嶸的《詩品》和劉勰的《文心雕龍》為標誌：

評點之書，其源亦始鍾氏《詩品》、劉氏《文心》。然彼則有評無點，且自出心裁，發揮道妙。又且離詩與文而別自為書。信哉，其能成一家言矣。〔註8〕

〔註7〕李衛軍：《試論當前學術史評點研究之侷限》，《山西師大學報》（社會科學版）2009 年第 36 卷第 3 期，第 46～47 頁。
〔註8〕〔清〕章學誠撰，葉瑛校注：《文史通義校注》，中華書局 1985 年版，第 958 頁。

章學誠雖然在此處言「評點」之書，但是他非常清楚地指出「彼則有評無點」的特點，因此，這裡章氏所言的「評點」實際上為「評」，並涉及到「點」。章學誠關於「評」的這種觀點是完全正確的，清人曾國藩持論與章氏基本一致：

> 梁世劉勰、鍾嶸之徒，品藻詩文，褒貶前哲，其後或以丹黃識
> 別高下，於是有評點之學。〔註9〕

曾氏之所言「評點之學」亦非現在所言之評點，其含義與章學誠所言「評點」含義相同，實際為有評無點之學。

關於「點」的實踐，袁枚認為始於唐代，葉德輝、吳瑞草認為始於南宋。袁枚在《小倉山房文集凡例》中援述方苞的觀點，並認為圈點實濫觴於唐代：

> 古人文無圈點，方望溪先生以為有之則筋節處易於省覽。按唐
> 人劉守愚《文冢銘》云「有朱墨圍者」，疑即圈點之濫觴。姑從之。
> （《小倉山房文集凡例》）

袁枚認為，唐人劉守愚《文冢銘》中所云「有朱墨圍者」，即懷疑其為圈點之濫觴。

清人葉德輝從刊刻的角度對圈點的出現進行了闡述，他認為，刻本書之有圈點，始自宋代中期以後，《書林清話》卷二《刻書有圈點之始》云：

> 刻書有圈點之始刻本書之有圈點，始於宋中葉以後。岳珂《九
> 經三傳沿革例》有圈點必校之語，此其明證也。……大抵此風濫觴
> 於南宋，流極於元明。〔註10〕

葉氏在此主要闡述了圈點於刊刻圖書上得以體現的情況，雖然與圈點本身出現的時間不是一回事，但是可以從中窺見圈點本身的發展情況。

吳瑞草持論與葉德輝相類，他認為詩文的圈點始自宋代而盛於元：

> 詩文之有圈點，始於南宋之季而盛於元。雖曰一人之嗜憎未免
> 有偏著，然當時評騭諸公皆作家鉅子，各具手眼。其所圈識，如與
> 作者面稽印可，能使其精神眉目軒豁呈露於行墨之間，非若近世坊
> 刻勉強支綴者比。學者且當從此領會參入，而後漸次展拓，即古人
> 全體之妙，不難盡得。（《瀛奎律髓重刻記言》）

〔註 9〕〔清〕曾國藩：《經史百家簡編》，《續修四庫全書》第 1537 冊，上海古籍出版
　　　社 1999 年版，第 624 頁。
〔註10〕〔清〕葉德輝：《書林清話》，中華書局 1957 年版，第 33 頁。

至清人黃宗羲，對「評」與「點」結合的認識逐漸清晰，按照「評」、「點」結合的標準，黃宗羲認為，評點實肇始於南宋真德秀的《文章正宗》和謝枋得的《文章軌範》：

> 文章行世，從來有批評而無圈點，自《正宗》、《軌範》肇其端，相沿以至荊川《文編》，鹿門《大家》，一篇之中，其精神筋骨所在，點出以便讀者，非以為優劣也。〔註11〕

黃宗羲認為，明人唐順之和茅坤繼承了真德秀和謝枋得編選文集、施加評點的風氣，分別編選、評點成《文編》、《唐宋八大家文鈔》。

章學誠對於真正的評點之興起時間，持論與黃宗羲一致，其在《文史通義》中言道：「評點始於宋人，原為啟牖蒙學設法，固不可以厚非。」

由此觀之，評點之興起於宋代，早已有所共識。目前學術界也基本接受了這個觀點。

第二節 《莊子》評點的發展階段

評點手段之施於《莊子》，是伴隨著對《莊子》文學性的關注而展開的，宋代以前的《莊子》注釋、研究著作雖然也偶而涉及到《莊子》的文學性，但僅僅是隻言片語，且這種關注往往是為闡明哲學思想意義而服務的，點到為止。

從宋代開始，《莊子》評點經歷了五個發展階段：肇始期、形成期、發展期、興盛期和嬗變期。

南宋理宗年間，著名的理學家林希逸在融匯融儒、道、佛三家思想注《莊》的同時，開始比較系統地關注《莊子》一書文學特色，改變了以往諸家注《莊》重義理、輕文辭的《莊子》研究格局。

北宋時，思想界存在著重道輕文的現象，如程頤認為「詩」乃是「閒言語」：「某素不作詩，亦非是禁止不作，但不欲為此閒言語。且如今言詩無如杜甫，如云：『穿花蛺蝶深深見，點水蜻蜓款款飛』。如此閒言語道出做甚！」〔註12〕這種作文害道的思想與「文以載道」思想的區別就在於刻意對立文章的思想性和文學性，認為二者水火不容。對於這種過激之論，後來的道學家也進行了反思。

〔註11〕〔清〕黃宗羲：《南雷文定》，《續修四庫全書》第 1397 冊，上海古籍出版社 1999 年版，第 253 頁。
〔註12〕〔宋〕程顥、程頤：《二程遺書》卷十八，清文淵閣四庫全書本。

　　南宋時，道學家林亦之認為，宋之道學者雖然於道學修養甚高，但這種重道輕文的傾向不利於全面完善「六經」事業：「孟軻氏以來，千百餘年，乃得一程子。惜夫恥於論文，故六經事業亦有闕而未備者。信乎此道之難也。」〔註13〕林亦之對這種「恥於論文」的觀念是持反對態度的，他認為，「論文」亦六經事業之一脈，不可輕視。

　　林亦之是林希逸的師長輩，與林光朝、陳藻並稱「城山三先生」。林光朝遠承程頤，傳林亦之，林亦之傳陳藻，陳藻傳林希逸。林光朝號艾軒，為南宋理學的「艾軒」學派。林希逸作為艾軒學派的傳承者，與林亦之本身就有著深厚的淵源，林亦之重道不輕文的思想自然地影響到了林希逸。

　　林希逸在《莊子口義》中《德充符》篇解云：「蓋《莊子》之書，非特言理微妙，而其文獨精絕，所以度越諸子。」〔註14〕林氏於此開啟了「以文解《莊》」的前奏，而《莊子》評點是伴隨著對《莊子》文學性的系統性關注逐步開始的，因此，林希逸的《莊子口義》成為《莊子》評點的肇始期的代表性著作。

　　宋代是評點形成和繁盛的一個時期，出現了像呂祖謙的《古文關鍵》、樓昉的《崇古文訣》、真德秀的《文章正宗》、謝枋得的《文章軌範》等一系列的代表性評點著作。評點內容涉及從先秦到宋以前的散文、詩、賦諸體，評點形式包含了讀法、總評、旁批、尾評等諸多手法。在這樣的評點環境下，稍後於林希逸的劉辰翁成為宋末元初一大著名評點家，其評點著作遍及經、史、子、集各部，評點成就為世推崇，元人吳澄贊曰：「昔之能詩者遠矣，近年廬陵劉會孟，於諸家詩融液貫徹，評論造極。」〔註15〕有了《莊子》文學性被關注的前提，加之評點大家劉辰翁的妙筆，《莊子》評點的形成期到來了。

　　《莊子》評點的肇始和形成雖然都伴隨著對《莊子》文學性的關注而展開，但這並不意味著評點者只關注《莊子》的文學性。作為一部思想性極強的著作，《莊子》在被解讀時，不同程度地被融合了儒、釋、道諸家思想的色彩。劉辰翁在《南華真經點校》中承襲林希逸「以『儒』解《莊》」的基礎上，同時融匯了佛禪諸說。同時，作為《莊子》評點的開創之作，劉氏《南華真經點校》在辨析舊解、《莊子》考訂等方面也起到了承前啟後的作用。

〔註13〕〔宋〕林亦之：《伊川程子論》，《網山集》卷三，四庫全書本。
〔註14〕〔宋〕林希逸著，周啟成校注：《莊子鬳齋口義校注》，中華書局1997年版，第83～84頁。
〔註15〕〔元〕吳澄：《吳文正集》卷十八，清文淵閣四庫全書本。

宋之後的元代，評點活動並不活躍，「元代由於總共不過建朝百年左右的時間，再加上文人地位特低，故評點文學並沒有太大的發展。」〔註16〕孫琴安先生雖然在《中國評點文學史》中提到了元好問的《中州集》、仇遠的《批註百家詩選》、胡次焱的《贅箋唐詩絕句》、方回的《瀛奎律髓》、釋元至的《唐詩說》、劉履的《風雅翼》等著作，但是這其中的絕大部分都是有評無點，屬於詩評著作，言其為評點之書，則顯得牽強了。可以說，《莊子》評點在元代處於停滯狀態。

經歷了元代和明初評點的蕭條期，明代中後期的評點得到了巨大發展，出現了王世貞、李贄這樣的標誌性評點人物。

自明弘治至萬曆的一百餘年間，明代的評點空前活躍，蔚為大觀，名家輩出，影響深遠。這一時期的主要代表人物及其評點活動有：顧璘評點《唐音》，王慎中評點杜詩，楊慎、歸有光、唐順之、茅坤等人評點《史記》，王世貞評點《史記》、《漢書》、「四書」、《世說新語》等。這一時期，評點名家薈萃，評點涉及的內容和體裁也更加廣泛。「只有當李贄、王世貞等一代宗師崛起以後，才把明代的評點文學拓展到小說、戲劇、詞曲等各個領域，使每一種體裁幾乎都有了一種評點文字。」〔註17〕名家評點加上當時出版事業的興盛，書商借助名家評點牟利推動了各種集評和匯評本的出現，時人謂之「評林」。

這一時期的《莊子》評點受到了「評林」風氣的影響，各種諸子集評和《莊子》匯評出版物層出不窮。其中，與《莊子》有關的諸子「評林」著作有：題為湯濱尹所作的《曆子品粹》，題為歸有光所作的《諸子匯函》，題為焦竑、翁正春、朱之藩所作的《二十九子品匯釋評》，題為陸可教、李廷機所作的《新刊諸子玄言評覽》等。單獨以《莊子》為評點對象的「評林」著作有：題為盧復所作的《諸名家評點〈莊子〉輯注》，題為沈汝紳所作的《南華經集評》，以及無名氏的《莊子南華經集評》等。

明代中期的道家人物陸西星，生活的時段大致與王世貞、李贄等人相前後。其所作《南華真經副墨》為明代《莊子》評點的代表性著作。《四庫全書總目》卷一百四十七《道家類存目》云：

> 書首有其從子律序，作於萬曆戊寅，則與竑相距亦不遠也。是
> 書編次，一依郭象本，而以天道篇虛靜恬淡寂寞無為八字分標八卷，

〔註16〕孫琴安：《中國評點文學史》，上海社會科學院出版社 1999 版，第 73 頁。
〔註17〕孫琴安：《中國評點文學史》，上海社會科學院出版社 1999 版，第 95 頁。

每篇逐節詮次。末為韻語，總論一篇之旨。其名副墨，即取大宗師
篇副墨之子語也。大旨謂南華祖述道德，又即佛氏不二法門。蓋欲
合老、釋為一家。其言博辨恣肆，詞勝於理。其謂天下篇為即《莊
子》後序，歷敘古今道術，而以己承之，即《孟子》終篇之意，則頗
為有見。故至今注《莊子》是篇者，承用其說云。〔註18〕

此書於明代《莊子》評點之地位，於方勇先生的評述中即可略知一二：「此
期所著主要有《南華真經副墨》，是明代最重要的一部莊子學著作。」〔註19〕
在思想性上，陸氏此書在承襲傳統「以『儒』解『莊』」的基礎上，融匯了佛、
道思想，其中特別是對《莊子》與道教思想的溝通，尤具新意。在《莊子》的
文學性上，陸氏分析了《莊子》之為「奇文」的原因，並提出了摒棄舊見、細
讀、熟讀的讀《莊》方法。此外，在《莊子》考證和舊解辨析方面，《南華真
經副墨》亦有所創見。

自明入清，評點進入到了一個較為特殊的時期。說它特殊，是因為這一時
期評點極其繁盛、百花盛開，金聖歎、毛宗崗、李漁、張竹坡等一批評點巨擘
的出現，徹底改變了評點的歷史地位，更加完整的評點系統成熟起來。同時，
小說評點異軍突起，成為學術界進行評點研究的重要切入點。

清代的《莊子》評點雖然不及同時期小說評點光焰萬丈，但是在一大批評
點作者的推動下，《莊子》評點也迎來了自身的興盛期。這種繁盛具體體現為
《莊子》評點作者群體的逐步壯大和《莊子》評點著作的湧現層出，不窮於世。

明末清初，屈復的《南華通》、林雲銘的《莊子因》、宣穎的《南華經解》
成為這一時期的傑出代表。清代中葉，「桐城派」崛起，方苞作《評點莊子》，
劉大櫆作《評點莊子》，姚鼐作《評點莊子》，吳汝綸作《評點莊子》，桐城諸
子聲同氣應，重視評點，共同推動了清代中期《莊子》評點的發展。清代末期，
同治年間的陳壽昌作《南華真經正義》，劉鳳苞作《南華雪心編》，是之為清代
末期《莊子》評點的收束之作。其中，劉鳳苞堪稱清代《莊子》評點的殿軍，
其《南華雪心編》融匯了生平遭際中的諸多感慨：「年來捧檄邊庭，從事於波
濤兵燹之間，更歷憂患，取是書而研究之，一切榮落升沉之感，不知何以俱化，
而天人性命之微，亦若少窺其分際焉。則先生之貺我良多也。」（《南華贅解·
自序》）

〔註18〕〔清〕紀昀等：《四庫全書總目》，中華書局 1965 年版，第 1256 頁。
〔註19〕方勇：《莊子學史》（第二冊），人民出版社 2008 年版，第 483 頁。

　　清代《莊子》評點中較具代表性的當屬宣穎的《南華經解》。同以前的諸多《莊子》評點著作一樣，該書以儒家思想為指導，注重溝通儒莊，認為《莊子》與《中庸》相表裏。但是，其對於以前的佛道解《莊》的思想傾向則是加以摒棄。「以文解《莊》」是宣氏《南華經解》的一大特色，其評點涉及到《莊子》一書的結構、層次、修辭和影響諸端。在考證性上，宣氏雖然在《莊子》的篇章辨偽方面沒有提出更多的新見，但其對《莊子》文句的考訂卻十分精當。

　　《呂氏春秋‧博志》云：「全則必缺，極則必反。」程顥解釋《周易‧睽‧上九》爻辭亦云：「物極則反，事極則變。因既極矣，理當變矣。」（《周易程氏傳》卷四）盛極必衰、事極則變幾乎是每一種事物都無法逃脫的宿命。清末民初的《莊子》評點在經歷了巨大的輝煌和高峰之後，終於迎來了自己的嬗變期，主要標誌為嚴復評點《莊子》。

　　嚴復對《莊子》的評點作為《莊子》評點的嬗變標誌，集中體現為嚴氏評點《莊子》的轉折意義。首先，承繼了傳統《莊子》評點的諸多因素。如「以『儒』解《莊》」、融匯佛、老等思想特色，同時在《莊子》的文學特色及其篇章、文本校勘等方面均有所涉及。其次，引入了全新的內容和解《莊》思路。在思想上，嚴復評點《莊子》，引入了全新的西學思想，具有極強的時代性；在《莊子》文學性的評點上，嚴復不再以此為重點，使得傳統《莊子》評點發生和關注的基礎被改變；在《莊子》的考證性上，嚴復將《莊子》評點研究進一步專題化，研究的系統性大為增強。

　　嚴復借助了評點的形式，對《莊子》進行了全新的詮釋，傳統的《莊子》評點的基礎被消解，古代《莊子》評點在嬗變中落幕了。

第二章 劉辰翁與《南華真經點校》

第一節 劉辰翁其人

劉辰翁（1232～1297），字會孟，號須溪，亦號小耐。廬陵（今江西吉安縣）人。

作為宋元之交著名的文學家和批評家，劉辰翁無論是在當時還是在後世，都有著一定的影響力。到目前為止，學界無論是對劉辰翁的個人研究，還是對其評點活動和著作的研究，都達到了一定的深度。除《劉辰翁集》、《須溪詞》等整理著作外，對於其個人的研究，主要有吳企明的《劉辰翁年譜簡編》、劉宗彬的《劉辰翁年譜》、焦印亭的博士論文《劉辰翁研究》等；對於劉辰翁評點的專門研究，有焦印亭的《文學評點的奠基人——劉辰翁》、張靜和焦彤的《論劉辰翁的評點目的》以及臺灣東吳大學張晏菁的碩士論文《劉辰翁〈莊子南華真經點校〉研究》等。這些著作和論文從總體上體現了迄今劉辰翁研究的整體面貌。

一、劉辰翁的家世

劉辰翁父劉良佐，淳佑元年（1241）去世，時次子辰翁方十歲，元人陳櫟在其《定宇集》卷八中說辰翁「父喪七年不除，以此釣名」。據《孟子》記載，孔子沒世之日，其門人守喪三年，然後歸去，獨子貢守喪六年方歸。辰翁守喪七年，可見其思想中的儒家孝道觀念。

劉良佐配蕭氏，繼張氏，辰翁為張氏所生。劉辰翁在其《興泰廟記》中稱「外祖張公」。

劉辰翁兄弟二人，其兄名貴，字浩溪。

辰翁子二，長子劉將孫，字尚友，以古文、詞名世，時人謂之「小須」，有《養吾齋集》三十二卷行世；次子劉參，聲名不顯。劉參之婿項逢晉曾參加劉辰翁集子的編刻工作。〔註1〕

劉辰翁門生眾多，較為知名者，如戴表元。

二、劉辰翁生平事略

宋理宗紹定五年（1232），劉辰翁出生於江西廬陵。

淳佑元年（1241），劉辰翁父劉良佐去世。

寶祐五年（1257），劉辰翁長子劉將孫出生。

寶祐六年（1258），劉辰翁舉於鄉。

景定元年（1260），劉辰翁補太學生，其文為時任國子祭酒的江萬里所欣賞。

景定三年（1262），劉辰翁於臨安中進士，因廷對言「濟邸無後可慟，忠良戕害可傷，風節不競可憐」語忤權臣賈似道，最終置丙第。以親老為由，請為贛州濂溪書院山長。

景定五年（1264），江萬里知建寧，劉辰翁入其幕府。

咸淳元年（1265），江萬里入朝為相，劉辰翁被調任為臨安府學教授。

次年，江萬里罷相，劉辰翁亦被罷職，歸故鄉廬陵。

咸淳四年（1268），江萬里被重新起用，劉辰翁被辟為江東漕幕，任職於安徽當塗。其母張氏是年亡故，文天祥寫信致哀。

次年，劉辰翁歸故里廬陵。

德祐元年（1275），文天祥起兵勤王，劉辰翁短期與其幕府。江萬里自殺殉國。五月以後，退居故鄉廬陵，開始從事評點前賢詩文。歲末，避難講學於虎溪。據劉辰翁在其《虎溪蓮社堂記》一文中所記：「方山在青原山東、山西瀧江出其左，右村江出其右，方山之泉出山下。山束為峽，委蛇循峽左右赴二江，是為虎溪。元年冬十二月，余避地虎溪，主蕭氏，莆君幸哀我，館且穀我。」〔註2〕

景炎元年（1276），元兵入臨安，文天祥等人轉戰江西諸地。

宋亡後，劉辰翁的仕宦生涯宣告完全結束。明人楊慎在其《升菴詩話》中記載了其遺民氣節：

〔註1〕〔元〕劉將孫：《養吾齋集》卷十一，清文淵閣四庫全書本。

〔註2〕〔宋〕劉辰翁著，段大林點校：《劉辰翁集》，江西人民出版社1987年版，第84頁。

盧陵劉辰翁會孟，號須溪，於唐人諸詩集及李杜蘇黃大家，皆
有批點。又有批評《三字口義》及《世說新語》，士林服其賞鑒之精
博，然不知其節行之高也。余見元人張孟浩《贈須溪》詩云：「首陽
餓夫甘一死，叩馬何曾罪辛巳。淵明頭上漉灑巾，義熙以後為全人。」
蓋宋亡之後，劉公竟不出仕也。噫，是與伯夷陶潛何異哉！須溪私
印，古篆「三代人物」四字自許，良不為過。〔註3〕

至元十八年（1281），劉辰翁年過半百，與佛、道方外人士多有交往。《宋
季忠義錄‧劉辰翁傳》云：此後，辰翁「託方外以自詭」。

至元十九年（1282），文天祥就義。

至元二十一年（1284），劉辰翁攜劉將孫前往臨安，憑弔故都。

大德元年（1297），劉辰翁去世。及歿之後，「四方學者會葬須溪先生北郊
外」。（王夢應《哭須溪墓》）其墓在須溪山之南，今存。

三、劉辰翁的交遊

劉辰翁交遊甚為廣泛，其中較為重要的、影響比較大的當屬江萬里和文天
祥。三人俱為江西人。

1. 與江萬里的交遊

江萬里，字子遠，號古心，江西都昌人，後官至丞相。他對劉辰翁的賞識
影響了劉辰翁的仕宦生涯。可以說，劉辰翁的仕途與江萬里息息相關，他的幾
番罷職與就任與江萬里的仕途起落步調基本一致。

景定元年（1260），江萬里因欣賞劉辰翁之文章而對其印象深刻，當時的
江萬里任國子祭酒。次年十二月，簽樞密院事江萬里罷職，劉辰翁前往江西都
昌謁見。劉辰翁卸任濂溪書院山長之後，於景定五年（1264），隨江萬里入福
建任職，與其幕府。咸淳元年（1265），江萬里入朝為相，劉辰翁除臨安府教
授。在此期間，劉辰翁結識了戴表元等人。次年，江萬里罷相，劉辰翁罷職歸
故里，於咸淳三年（1267），又前往江西都昌拜見江萬里。咸淳四年（1268），
江萬里復被徵為參知政事。因江萬里之舉薦，劉辰翁先後任參轉運幕事、中書
省架閣職務。次年，江萬里為左丞相，劉辰翁被舉薦於漕運司任職。咸淳九年
（1272），江萬里任職於湖南，次年，劉辰翁前往湖南拜見江萬里，「自此以

〔註3〕〔明〕楊慎著，王鍾鏞箋證：《升菴詩話箋證》，上海古籍出版社1987年版，
　　　第567頁。

後，江、劉不復相見。」〔註4〕是年年底，江萬里回到江西，其仕途生涯結束。德祐元年（1275），江萬里自殺殉國，劉辰翁馳哭之，作《祭師江丞相古心先生文》，詞真意切：

> 我欲見公，淚洗模糊。……我如處女，公我父兄。〔註5〕

江萬里死節之後，劉辰翁於至元十二年（1279）從盧陵趕赴江西都昌，與江萬里養子江用舟謀葬之。後劉辰翁作《歸來庵記》，在懷念恩師之外，表達了孤忠難平的遺民情緒：

> 歸來者，古心先生石山庵也。先生生於林塘，老於同野，死於
> 芝山之下。死而不死者在宇宙，不死而死者，人心是也……作歌者
> 誰？先生之門人宋玉也。……記成於庚辰十二月。〔註6〕

江萬里長劉辰翁三十五歲，江、劉相識十數年，二人情在師友之間，卻又如父子、如兄弟，其志操相投，皆為忠貞愛國之士，故意氣相合，此之為其交好的根本原因之所在。

2. 與文天祥的交遊

文天祥，初名雲孫，字天祥。後以天祥為名，改字履善，號文山，又有號浮休道人，江西盧陵人。作為盧陵同鄉，劉辰翁與文天祥的交往圈子多有重合之處，二人曾與師歐陽守道交好，亦皆與江萬里友好。

德祐元年（1275），文天祥起兵抗元，劉辰翁參與其幕府。據劉將孫記載：「將孫之先人交丞相兄弟為厚，蓋嘗與江西幕議。」〔註7〕但是二人共事的這段時間極為短暫，後劉辰翁輒避居虎溪，專事讀書、評點、授徒。文天祥殉國以後，劉辰翁曾作《古心文山贊》、《文文山先生像贊》，褒揚文氏忠義，寄託故人之思。

此外，劉辰翁還與陳俞、黃純父等人交厚。

四、劉辰翁的著述

劉辰翁一生著述頗豐，其著作主要包括文學創作作品和評點作品兩種。

就文學創作作品而言，劉辰翁之子劉將孫在其《養吾齋集》卷十一稱：

〔註4〕〔宋〕劉辰翁著，吳企明校注：《須溪詞》，上海古籍出版社 1998 年版，第 549 頁。

〔註5〕〔元〕劉將孫：《養吾齋集》卷七，清文淵閣四庫全書本。

〔註6〕〔元〕劉將孫：《養吾齋集》卷三，清文淵閣四庫全書本。

〔註7〕〔元〕劉將孫：《養吾齋集》卷十六，清文淵閣四庫全書本。

「（辰翁）為詩八十卷，文又若干。」其全集原為一百卷，明人陳繼儒在其《晚香堂集》卷一之《劉須溪評點九種書序》中言「劉須溪先生集，有百卷」。四庫館臣對當時劉辰翁集子的亡佚情況進行了描述：「《須溪集》明人見者甚罕，即諸書亦多不載其卷數。韓敬選訂晚宋諸家之文，嘗以不得辰翁全集為恨。聞蘭溪胡應麟遺書中有其名，往求之，卒弗能獲，蓋其散失已久。世所傳者惟《須溪記鈔》及《須溪四景詩》二種，篇什寥寥。今檢《永樂大典》所錄，記序雜著詩餘尚多。謹採輯裒次，釐為十卷。其《天下同文集》及《記鈔》所載，而不見於《永樂大典》者，亦別為抄補，以存其概。」（《四庫全書總目》集部卷一百六十五）可見，到清代修四庫之時，館臣所見傳本，惟《須溪記鈔》與《須溪四景詩》兩種，四庫館臣重加釐定，收入四庫，計兩種：《劉辰翁集》十卷和《須溪四景詩》四卷。今人段大林整理點校的《劉辰翁集》，收其所作詩、辭、文、賦共十五卷，為現今劉辰翁著作較為完善本。此外，北京大學出版社出版的《全宋詩》收劉辰翁詩二百零九首，江蘇古籍出版社出版的《全元文》收劉辰翁文二百五十九篇。

劉辰翁評點著作涉及經、史、子、集四部，多達三十餘種，可謂淹貫宏通，現存計：

經部有《大戴禮記》十三卷、《古三墳》一卷；

史部有《班馬異同》三十五卷、《越絕書》十五卷；

子部有《荀子》二十卷、《老子道德經》二卷、《莊子南華真經》三卷、《列子沖虛真經》二卷、《陰符經》一卷、《世說新語》三卷、《山海經》十八卷；

集部除對王維的《王右丞文集碑銘》、杜甫的《杜工部文集》以及汪元量的《湖山類稿》的品評之外，還包括對其他一些唐宋詩作的評點，計有對李賀、王維、杜甫、孟浩然、韋應物、孟郊、蘇軾、王安石、陳與義、陸游、汪元量等十餘家。

第二節　《南華真經點校》的成書、刊刻、版本及體例

一、《南華真經點校》的成書

劉辰翁的文章深受《莊子》影響，曾作《莊子像贊》：「無他變化，有語皆

囑。何日花開？作兩蝴蝶。」〔註8〕清人何屬乾在得讀《須溪先生記鈔》之後，感慨道：「茲集也，時而談玄，忘乎劉之為老也；時而逍遙，忘乎莊之為劉也。」〔註9〕劉辰翁的清代盧陵同鄉蕭正發認為，司馬遷繼承了莊子文章的奇氣，而這種奇氣至宋元則為劉辰翁所繼承：「自有天地來，自有文章來，孰有奇於漆園者哉？以漆園之所為奇，奇以辭乎？奇以理乎？千有餘年一轉而為長公。漆園之轉而為長公也，轉者辭，而未轉者理也。時也平，而不自掩其奇也，宋之亡也，而有我盧陵須溪先生。先生之為文，無以異於漆園之為文也，非其時也，奇而益自晦其奇也。於何知之？於《記鈔》恍惚知之……盧陵固不乏第一流奇人也，而第一流奇人奇書，捨先生誰歸哉！」〔註10〕由此可見，《莊子》一書對劉辰翁的影響之深。

明人陳繼儒對劉辰翁進行評點的具體時代背景和原因進行了描述：

> 當宋家末造之時，八表同昏，四國交阻，刀槊曜日，烽煙翳天。車鐸馬鈴，半夜戞戞馳枕上，老書生輩偷從牆隙戶竇窺，噤莫敢正視。先生何緣得此清暇，復弄筆槧文史耶？抑亦德佑前應舉所讀書也。德佑以後，軍學十哲像左衽矣，萬里以故相赴止水死矣，文文山入衛，微勤王師，無一人一騎至矣，大勢已去，莫可誰何？先生進不能為健俠執稍，退不能為遺人採山釣水，又不忍為叛臣降將。孤負趙氏三百年養士之厚恩，謹以數種殘書，且諷且誦，且閱且批，且自寬於覆巢沸鼎、須臾無死之間。正如微子之《麥秀》，屈子之《離騷》，非笑非啼，無意非有意，姑以代裂眥痛哭云爾。〔註11〕

當時的南宋偏安小王朝已經岌岌可危，江萬里亦死，作為劉辰翁的盧陵同鄉的文天祥起兵抗元，但宋王朝大勢已去。時局之巨變讓作為一介書生的劉辰翁回天乏力，進退不得，遂「謹以數種殘書，且諷且誦，且閱且批，且自寬於覆巢沸鼎、須臾無死之間」，以寄託自己的黍離之悲，「姑以代裂眥痛哭云爾」。可見辰翁所評，皆是發憤之所為作，而這些批點作品同時也成為了他講課的教材：

〔註8〕 〔宋〕劉辰翁著，段大林點校：《劉辰翁集》，江西人民出版社1987年版，第237頁。

〔註9〕 〔宋〕劉辰翁著，吳企明校注：《須溪詞》，上海古籍出版社1998年版，第572頁。

〔註10〕 〔宋〕劉辰翁著，吳企明校注：《須溪詞》，上海古籍出版社1998年版，第574頁。

〔註11〕 〔明〕陳繼儒：《晚香堂集》卷一，《四庫禁燬書叢刊》集部第66冊，北京出版社1997年版，第551～552頁。

　　　　先君子須溪先生於評諸家詩，最先長吉。蓋乙亥閩地山中，無
　　　以紓思寄懷；始有意留眼目，開後來，自長吉而後及於諸家，開示
　　　其微，使覽者隅反神悟，不能細論也。每見舉長吉詩教學者，謂其
　　　思深情濃……〔註12〕

　　據劉辰翁之子劉將孫之陳述亦可以確證，劉辰翁從事評點活動應該是從德佑元年（1275）乙亥開始的。四十四歲的劉辰翁避居虎溪，開館授徒，而其批點之作在抒發自身情志之外，也成為了他的教學內容。

　　劉辰翁的評點是從詩開始並以此揚名的，其詩名在當時也是頗有影響的。歐陽玄在《羅舜美詩序》中言道：「宋末，須溪劉會孟出於廬陵，適科目廢，士子專意學詩。會孟點校諸家甚精，而自作多奇崛，眾翕然宗之，於是詩又一變矣。」

　　據嚴靈峰先生《周秦漢魏諸子知見書目》考定，劉辰翁評點《莊子》在至元三十一年（1294）〔註13〕，此時的劉辰翁年已六十三歲，身居故鄉廬陵。次年，評點《老子》〔註14〕；於大德元年（1297）評點《列子》後逝世〔註15〕。

　　當時劉辰翁所用以評點的《莊子》底本是宋人林希逸的《鬳齋莊子口義》。辰翁評點書成，輒廣泛流傳於當時，錢謙益在其《文選淪注序》中稱：「近代俗學盛行，劉辰翁、李卓吾之書，家傳戶誦。」錢謙益雖不讚賞劉、李評點之書，但由此可見其評點之書的廣泛流傳。

二、《南華真經點校》的刊刻

　　劉辰翁的《南華真經點校》是在宋人林希逸的《鬳齋莊子口義》的基礎上進行評點的。林氏此書在元代即有刊刻，此次刊刻題為《鬳齋三子口義》，其中《莊子口義》十卷。

　　明萬曆十年（1582），進士徐常吉極為推崇、讚賞劉辰翁《點校》，將林希逸《莊子口義》、劉辰翁《南華真經點校》和唐順之的《南華經釋略》合刊為《莊子南華真經》三卷。

〔註12〕〔元〕劉將孫：《養吾齋集》卷九，清文淵閣四庫全書本。
〔註13〕嚴靈峰：《周秦漢魏諸子知見書目》第二卷，正中書局民國六十四年版，第106頁。
〔註14〕嚴靈峰：《周秦漢魏諸子知見書目》第一卷，正中書局民國六十四年版，第140頁。
〔註15〕嚴靈峰：《周秦漢魏諸子知見書目》第二卷，正中書局民國六十四年版，第13頁。

明人凌君寔家藏劉須溪批本，將郭解、劉評，同王元美（即王鳳洲）並著之，採用諸家評釋，以某曰某曰，附於評釋之首，以為區別，是之為明代的四色套印本。

明天啟四年（1624），著名的評點家陳繼儒所得辰翁批評杜詩、《世說新語》兩種，加上當時杭州楊人駒所得辰翁評老、莊、列、李長吉、蘇子瞻、王孟、《班馬異同》七種，共九種書，刊刻面世，成為劉辰翁《南華真經點校》的晚明刊本，此本所據為徐常吉刪定本。

> 劉須溪先生集有百卷，其子尚友，亦能文。予所見記鈔七十篇，及批評杜詩、世說新語止矣。武林楊人駒復得老、莊、列、得李長吉、得蘇子瞻、得王孟、得班馬異同，裒為九種，而辛稼軒詞、陸放翁集則待訪焉。聞子將精校之，學者始睹須溪先生之大全，真藝林第一快事也。……（劉辰翁）並集百卷，皆不傳，獨喜評點九種書不為胡血腥風所吹盡，垂及吾明，出見於聞子將、楊人駒手中，其須溪之子雲哉。須溪筆端有臨濟擇法眼，有陰長生返魂丹，又有麻姑搔背爪，藝林得此，重辟混沌乾坤。第想先生造次避亂時，何暇為後人留讀書種，更何暇為後人留讀書法，而解者咀其異味異趣，遂謂先生優游文史，微渺風流，雖生於宋季，而實類晉人，得無未考其世乎？故悲而敍之如此。〔註16〕

陳繼儒不但極為讚賞劉辰翁的評點之能，且力斥時人不能知人論世者的膚淺，強調對劉辰翁評點背景的考察。陳繼儒和楊人駒二人所得辰翁所評，共聚集為劉辰翁評點九種，其中《劉須溪先生批註三子》包括了《莊子南華真經》三卷。

三、《南華真經點校》的版本

劉辰翁以林希逸的《鬳齋莊子口義》為底本進行評點，而《南華真經點校》為後來人所命名，劉氏批點《莊子》有元刊本一種、明刊本三種。其中除明楊人駒刻本為劉辰翁點校單評刻本（嚴靈峰先生《無求備齋莊子集成續編》影印底本即為楊人駒本），其他版本均為諸家匯評刻本。

〔註16〕〔明〕陳繼儒：《晚香堂集》卷一，《四庫禁燬書叢刊》集部第 66 冊，北京出版社 1997 年版，第 551、552 頁。

1. 元刊本

題《鬳齋三子口義》，共十四卷。此刊本為合刻三子，包括《老子口義》二卷、《莊子口義》十卷、《列子口義》二卷。正文卷端署：「須溪劉辰翁會孟。」《列子口義》末刻劉辰翁跋：「非列子自為書，子列子為之，其妙處，莊子用之悉矣。其餘間見《淮南子》者，又勝其名言自多，設喻尤近，雖稍雜偽，無怪詭。須溪。」正文十一行，行十八字，黑口，四周單邊，雙魚尾。

2. 明徐常吉刻本

《莊子南華真經》三卷，含林希逸《莊子口義》、劉辰翁《點校》和明人唐順之《釋略》。

第一卷開首署宋鬳齋林希逸《口義》，次須溪劉辰翁《點校》，次明荊州唐順之《釋略》，次後學徐常吉輯梓。

正文前有明萬曆十年（1582）徐長吉序，其序云：「自向秀而下，無慮數十家，惟宋林鬳齋氏《口義》頗著於近代，然句句而定之，字字而釋之，恐非莊子曼言、謬悠之意。求其隱約連綴、深中肯綮，則宋劉須溪氏為最，若兩家者，即使蒙莊復生，即可與之印證矣。」

正文十行，行二十一字，白口，四周雙邊，有刻工姓名。

評點部分以「林云」標誌林希逸《口義》；以「劉云」標誌劉辰翁《點校》，所採劉說為多；「唐云」標誌唐順之《釋略》，所採較少；「愚按」則為徐常吉說解。

3. 明凌君寔四色套印本

此本共十二冊，題《南華經注》，共十六卷。

書前有徐長吉《劉須溪點校莊子口義序》；次馮夢楨萬曆三十三年（1605）《莊子郭注序》；次吳興沈汝紳《南華經小序》；次《南華經總評》；次《南華經一卷目》；次郭子玄《南華經序》；次《史記》之《莊子列傳》。正文卷端署「晉子玄郭象注，輯諸名家評釋：宋林鬳齋口義；劉須溪點校；明王鳳洲評點；附陳明卿批點」。

正文八行，行十八字，白口，四周單邊，版心刻書名、卷數。

其中林希逸《口義》為紫色；劉辰翁《點校》為藍色；王鳳洲《評點》和陳明卿《批點》為紅色。

4. 明楊人駒刻本

明天啟四年（1624），楊人駒刻劉辰翁九種書本。此本亦為合刻本，題《合

刻劉須溪點校書九種》，小築藏板。此本據徐長吉本刊刻，共七十四卷。書前有聞啟祥《刻劉須溪評九種序》。其中《莊子南華真經》為三卷。

首頁題《莊子南華真經》三卷；次《莊子南華真經篇目》；次正文，正文卷端署「須溪劉辰翁點校」，正文九行，行二十字，白口，四周單邊，單魚尾，版心刻書名、篇名、頁數。

《莊子》原文頂格，降一格評點。

民國六十三年（1974），由臺北藝文印書館影印出版的《無求備齋莊子集成續編》，以明小築刊《劉須溪評點九種書》為底本，影印為《莊子南華真經點校》，後文所論皆採此本。

四、《南華真經點校》的體例

《無求備齋莊子集成續編》所影印的楊人駒刻本《南華真經點校》三卷因為合刻於《劉須溪先生批註三子》，其體例在《老子道德經評點》前有《九種凡例》，對體例進行了總體說明：

> 《老》、《列》、《莊》三子，須溪原批點《鬳齋口義》，然經劉丹鉛，筆端有口，林義每墮，故各稱原來經，不標林目。又須溪不獨著語本文，亦兼評■林注，因林顯劉，故並林注有之。《老》、《列》善本授自御君氏，得未曾有，獨《莊子》太多，因用徐儆弦刪定本，林注不全刻，止存劉語所及者，亦以此書主劉不主林故。〔註17〕

就此總體說明及全書評點情況來看，《南華真經點校》一書的體例可以總結為：

1. 評點底本

劉辰翁所用的評點底本為林希逸《莊子口義》本，小築本採用了徐儆弦（常吉）刪定本，對林希逸的《莊子口義》只保留劉辰翁評點所及部分。

2. 評點方式

《莊子》正文頂格，劉辰翁評語低一格。

3. 評點內容

以劉辰翁評語為主，同時保留劉辰翁所評之林希逸《口義》部分。

通常先於篇首總評，後逐段疏解。

〔註17〕嚴靈峰：《無求備齋老子集成初編》第 61 冊，藝文印書館民國五十四年版。

段落疏解先釋字句；繼之通說段意；或繼之以「林虞齋云」、「林云」引述林希逸之說。字句、段意和林說之間皆以空一格區別。

4. 篇章辨偽

劉辰翁雖然沒有明確指出《莊子》篇章偽作問題，但是他於《讓王》、《說劍》、《漁父》三篇未作評釋，僅錄原文。而對攻擊孔子的《盜跖》一篇亦僅著數字評語，其對篇章辨偽態度，由此可見一斑。

5. 評點符號

劉辰翁用兩種符號標識《莊子》原文緊要處，一種是頓點「、」；一種是小圈「。」，兩種標識或單獨為用，起到提示作用，或與段後評語起到互相配合之作用。

第三節　《南華真經點校》的價值

宋元之際，劉辰翁著成《南華真經點校》一書，開闢了《莊子》評點的先河。關於這一點，方勇先生在《莊子學史》中寫道：「在魏晉以來疏解《莊子》的著作中，已偶爾出現了一些帶有評點性質的話，在這一基礎上，劉辰翁更以其獨特的審美感悟，並運用富於情感的語言和隨手點評的方式，主要對《莊子》全書作了藝術方面的評點，從而真正開創了後世《莊子》評點的先河。」[註18] 作為一種新的注《莊》方式，劉辰翁突破了以往傳統的《莊子》注解方式，熊鐵基先生較早地從宏觀角度揭示了這種轉變和突破：「宋元時期的莊學著作，除一般的『注解』大都以義理發揮為主以外，還有相當一部分捨棄了『注解』的形式……」[註19] 劉辰翁雖然沒有完全捨棄這種傳統的「注解」方式，但是對於此書表現出的新特點，熊先生的《中國莊學史》也進行了評述：「又如劉辰翁《莊子南華真經點校》，是書以林希逸《南華真經口義》為藍本，分段點評，經文並加圈點，但不錄林注全文，有時斷以己意，有時直接批駁林注。」[註20]

劉辰翁《南華真經點校》的評點成就在對《莊子》思想性、文學性和考證性諸方面的揭示上皆有所體現。

〔註18〕方勇：《莊子學史》（第二冊），人民出版社 2008 年版，第 189 頁。
〔註19〕熊鐵基：《中國莊學史》，湖南人民出版社 2003 年版，第 321 頁。
〔註20〕熊鐵基：《中國莊學史》，湖南人民出版社 2003 年版，第 318 頁。

一、思想性

劉辰翁的思想具有儒、釋、道三教思想的複合性,這與其個人經歷有著密切的關係。

南宋滅亡前,劉氏的主要思想是儒家思想,深受理學思想的影響;南宋滅亡後,劉辰翁隱居不出,成為著名的宋之遺民,這一時期他對佛、道思想頗有研習,其文集中有關寺觀的文章多達二十餘篇。

總的來看,「在政治思想上,劉辰翁大致以儒家積極入世思想為主導,重節尚義,仁懷天下,即使是在遭遇仕途挫折、國破家亡的悲慘命運後,他這種情懷也始終沒有減退。而在人生修養、生活態度上,其佛道思想又佔據了主流,特別是在目睹了江山破碎之後,劉辰翁時常談佛道論性理。」〔註21〕

劉辰翁的多重思想反映在了其《南華真經點校》中,集中體現為運用儒家、釋家思想解析、評點《莊子》。

1. 以「儒」解《莊》

無論是在思想上還是其生平實踐活動中,劉辰翁都與儒家思想有著密不可分的關係。劉辰翁是一個地地道道的深受儒家正統思想薰陶的讀書人,他所接受的是儒家正統君道觀、家國理念、生死觀、節操觀等。〔註22〕劉辰翁處在宋元時期的江西這樣一個獨特環境中。宋元時期,作為儒學發展新形態的程朱理學成為官方學術思想,江西是理學思想的重鎮之一。陸九淵、朱熹都與這一時期的江西存在著密切的聯繫。除了這種具有濃厚儒學特色的時代和地理背景,劉辰翁所師從的歐陽守道、江萬里二人,也均深受儒學思想薰染,是當時著名的理學思想者。同時,在生平實踐中,特別是劉氏生命中的前期,他積極地參加景定三年(1262)的科舉,並於臨安中進士,雖然為官時間不長,但之後長期行走於江萬里等人幕府中,參與時事,積極用世。

劉辰翁深厚的儒家思想以及理學思想反映在了其《南華真經點校》中。

首先,他在《南華真經點校》中著意尋求《莊子》與儒學的契合點。

劉氏認為,莊子並不是無所求的出世者,莊子著書之意,乃是「有所得」,這種「得」即是要說與世人知「天遊之樂」,莊子的良苦用心不亞於儒家之子思。劉氏在《逍遙遊》篇前即云:

〔註21〕吳翔明:《南宋遺民詩人劉辰翁思想探析》,《作家》2009 年第 18 期。

〔註22〕顧寶林:《論劉辰翁的儒學思想及於〈須溪詞〉遺民心態之影響》,《名作欣賞》2009 年第 17 期。

  《莊子》一部書，專說「遊」意，其所謂「遊」，非縱觀宇宙之
大而已；則其所謂樂者，亦非勝於鵬鳩、斥鷃與為人所羨而已，其
必有所得也。《老子》曰：「吾遊於物之初。」莊子著書之意，欲人
知天遊之樂。……倘知立言之意，則莊子用心之苦有甚於子思。(《逍
遙遊》)

  莊子在自己的書中常常假借孔子的身份來闡述自己的觀點，劉氏認為，莊
子的某些觀點雖然借助了孔子的名義進行闡述，但是這些意見實際上是有益
於儒家的出世者的。《人間世》：「名也者相軋也，知也者爭之器也，二者兇器，
非所以盡行也。且德厚信矼，未達人氣，名聞不爭，未達人心，而強以仁義繩
墨之言炫暴人之前者，是以人惡有其美也，命之曰菑人。菑人者，人必反菑之。
若殆為人菑夫！」顏回欲往衛國糾正衛君之暴行，孔子勸誡並告之以與人君相
處之道，此段言人世爭端，在於求名用智。劉辰翁於此段下批云：

  莊子雖設為夫子之言，實有益於顏子者甚多。(《人間世》)

  在這裡，劉辰翁將道家的出世之見與儒家的入世之心相結合，指出了儒家
用世要講求正確的方式、策略，而莊子借助孔子表現出的觀點有助於儒家的用
世。

  除了尋求莊子本人與儒家思想的契合點之外，劉氏還將《莊子》書中的形
象比附於「儒者氣象」。《逍遙遊》篇：「藐姑射之山，有神人居焉。肌膚若冰
雪，淖約若處子；不食五穀，吸風飲露；乘雲氣，御飛龍，而遊乎四海之外；
其神凝，使物不疵癘而年穀熟。」劉氏於此段下評云：

  語其遊，語其神，亦猶儒者氣象，可以想見。(《逍遙遊》)

  「儒者氣象」乃是「宋儒提出的一個用於品評個人道德修養境界的一個重
要範疇」〔註23〕。它是在對傳統儒學進行改造的基礎上，品評人物的一種標
準，其內涵包括個人修養、人格追求和行為方式等方面。劉辰翁在這裡將《莊
子》所虛構的「神人」形象與儒家理想人物標準相比附，其尋求二者共通點的
意圖還是非常明顯的。

  《莊子》一書中的「孔子」的形象問題一直是「以『儒』解《莊》」者的
最大障礙之一，劉辰翁在《南華真經點校》中對此進行了統一。

〔註23〕許家星、王少芳：《「儒者氣象」——宋代理學視野下的諸葛亮形象及其思考》，
   《西南大學學報》2007 年第 6 期。

　　劉辰翁認為，莊子是完全服膺孔子的。關於這一點，劉氏選取了《寓言》篇中的「孔子」形象進行發揮。《寓言》：「鳴而當律，言而當法，利義陳乎前，而好惡是非直服人之口而已矣。使人乃以心服，而不敢蘁，立定天下之定。〔註24〕已乎已乎，吾且不得及彼乎！」劉氏於此評云：

> 孔子云猶老聃云，即謝之是也。以下自是莊子服孔子之言。利義謂言之而用好，同是者，惟利與義也。利即利害之利，義則公當也。辯者縱說橫說，直服人之口而已矣。夫子一言，乃能使彼心服而不敢忤。至於立談而「定天下之定」，「已乎」之嗟，殆藉重夫子以折惠子也。（《寓言》）

　　在這裡，按照劉辰翁的評點，孔子既是莊子服膺的對象，也是莊子用以折服惠子的有力武器。這樣一來，孔子的正面形象就得到了極大的確立。

　　而對於《盜跖》中的「孔子」的反面形象，劉辰翁則遵從蘇軾的觀點，斥其為偽篇，從另一角度維護了孔子形象的統一性，同時也排除了「以『儒』解《莊》」過程中的最大障礙。

　　其次，劉辰翁在《南華真經點校》中較多地引證了儒家經典。

　　劉辰翁無論是在早年的科舉應試時期，還是後來的退隱教學時期，均涉獵經史子集各部，可謂學識淵博，其中對《論語》、《孟子》、《中庸》等儒家經典更是信手拈來。

　　《南華真經點校》中劉氏解《莊子》結合了這些儒家經典，其中引《孟子》計約六處；《國語》、《左傳》、《論語》、《中庸》各一處。

　　劉氏引述這些儒家經典用以解《莊》的類型可分為闡明字義和句段比較兩種。

　　對於《莊子》中的某些字義，劉氏引用儒家經典中含義與之相近的字來加以互相印證。

　　《人間世》篇：「獸死不擇音，氣息茀然，於是並生心厲。」劉氏評曰：

> 氣息茀然，並生心厲，未死之間，未有不極而圖反也。形容得到下面闡得別。「獸死不擇音」，林解作聲音。《左傳》：「鹿死不擇音」，作『蔭』義解。（《人間世》）

〔註24〕「使人乃以心服，而不敢蘁，立定天下之定」，陳鼓應先生《莊子今注今譯》中斷句為「使人乃以心服，而不敢蘁立，定天下之定」，誤。

對於「獸死不擇音」中的「音」，林希逸解作「聲音」〔註25〕。劉辰翁認為，這個「音」字應該解釋為「蔭」，並引證了《左傳》中相關記載。《左傳·文公十七年》：「古人有言曰：『畏首畏尾，身其餘幾？』又曰：『鹿死不擇音。』小國之事大國也，德則其人也；不德則其鹿也。鋌而走險，急何能擇！」對於《左傳》這段記載中的「鹿死不擇音」中的「音」字，東漢服虔認為當解作「聲音」義；西晉杜預認為當解作「蔭」；楊伯峻先生贊同前者〔註26〕。而劉辰翁持論則與杜預相同，並將此與《莊子》相發明，認為二者語境相類，字義相合。

《庚桑楚》篇：「庚桑子曰：『小子來！夫函車之獸，介而離山，則不免於罔罟之患；吞舟之魚，碭而失水，則蟻能苦之。故鳥獸不厭高，魚鱉不厭深。』」對於「介而離山」中的「介」字，劉氏評云：

> 介，猶「介然用之成路」之「介」，暫也。（《庚桑楚》）

「介然用之成路」源出《孟子·盡心下》：「山徑之蹊間，介然用之而成路；為間不用，則茅塞之矣。」《孟子注疏》中對「介然」未作解，楊伯峻先生認為，此「間介然」為「意志專一而不旁騖之貌」〔註27〕。劉辰翁在這裡將《莊子》此處的「介」解為「一意專行」之意，成玄英疏云：「孤介離山」〔註28〕，林希逸注：「介，獨也。」〔註29〕劉氏評注於舊解顯然是完全不用的，當為其獨立思考之體現。

除了上述借助儒家經典對《莊子》中的字義進行佐證外，劉辰翁還注重將儒家經典中與《莊子》中相似的句段進行比較，繼而作出點評。點評的角度主要是雙方文意、主旨的相似性和寫法的優劣比較。

《人間世》：「顏回曰：『端而虛，勉而一，則可乎？』曰：『惡！惡可？夫以陽為充孔揚，彩色不定，常人之所不違，因案人之所感，以求容與其心。名之曰日漸之德不成，而況大德乎？將執而不化，外合而內不訾，其庸詎可乎？』」此段言孔子認為顏回「端而虛，勉而一」的事衛君之策是行不通的。劉氏於此段下評曰：

〔註25〕〔宋〕林希逸著，周啟成校注：《莊子鬳齋口義校注》，中華書局 1997 年版，第 70 頁。

〔註26〕楊伯峻：《春秋左傳注》，中華書局 1990 年版，第 626 頁。

〔註27〕楊伯峻：《孟子譯注》，中華書局 1960 年版，第 331 頁。

〔註28〕〔晉〕郭象注，〔唐〕成玄英疏，曹礎基、黃蘭發點校：《南華真經注疏》，中華書局 1998 年版，第 445 頁。

〔註29〕〔宋〕林希逸著，周啟成校注：《莊子鬳齋口義校注》，中華書局 1997 年版，第 352 頁。

如此遷就、浸漬，將小處猶未易透，況大事乎？……自以為柔
行巽入之妙，而自至人觀之，亦病於夏畦者。(《人間世》)

劉辰翁對顏回遷就、順任君主之道是持批評態度的，他認為這種軟弱順任是很辛苦的，如同《孟子》中所言的夏日裏辛苦澆園的人一般。「病於夏畦」語出《孟子》，《滕文公下》：「脅肩餡笑，病於夏畦。」意為作恭維媚悅之顏，比夏日園畦勞作還要辛苦。劉辰翁抓住了《莊子》中所描述的顏回所言的事君之謹慎逢迎、如履薄冰的艱辛與《孟子》此處所言心態的共同點，並加以佐證，較好地融通了二書之情境。

《天地》：「夫王德之人，素逝而恥通於事，立之本原而知通於神，故其德廣。其心之出，有物採之。故形非道不生，生非德不明。存形窮生，立德明道，非王德者邪！蕩蕩乎！忽然出，勃然動，而萬物從之乎！此謂王德之人。視乎冥冥，聽乎無聲。冥冥之中，獨見曉焉；無聲之中，獨聞和焉。故深之又深而能物焉；神之又神而能精焉。故其與萬物接也，至無而供其求，時騁而要其宿，大小、長短、修遠。」劉氏評曰：

至無而供其求，不外取也，時騁而要其宿，不忘家也。末羨六
字，言其或大或小，或長或短，無不得，無不可，猶引《詩》「自西
自東」耳。(《天地》)

「猶引《詩》『自西自東』耳」實際上指的不是《詩經》本身，而是指的《孟子》稱述《詩經》的情況。《孟子‧公孫丑上》：「以德服人者，中心悅而誠服也，如七十子之服孔子也。詩云：『自西自東，自南自北，無思不服。』此之謂也。」孟子於此處引述《詩經》句用以言明以德服人者，如孔子，東西南北之人，無不賓服。在這裡，劉辰翁將《孟子》中的「以德服人」者的境界與《莊子》中的「王德之人」的境界進行比照，二者都表現出了盛德之下四方歸從的思想，描述了「德」的境界，強調了「德」的重要性。因此，劉氏之品評可謂恰如其分。

《田子方》：「宋元君將畫圖，眾史皆至，受揖而立，舐筆和墨，在外者半。有一史後至者，儃儃然不趨，受揖不立，因之舍。公使人視之，則解衣盤礡贏，裸袖握管。君曰：『可矣，是真畫者也。』」這裡莊子寫真正的畫家能夠突破規格的約束，依照自己的方式來創作。劉辰翁於此評曰：

其言解衣盤礡贏，猶言無入而不自得也，知者亦必首肯焉。(《田
子方》)

「無入而不自得」語出《禮記》。《禮記·中庸》:「君子素其位而行,不願乎其外。素富貴,行乎富貴;素貧賤,行乎貧賤;素夷狄,行乎夷狄;素患難,行乎患難;君子無入而不自得焉。」朱熹注:「素,猶見在也。言君子但因見在所居之位而為其所當為,無慕乎其外之心也。……此言索其位而行也。」〔註30〕《莊子》中畫師不為外物所拘、隨己而動的境界,與《中庸》所言的這種君子無慕外物之心、素位而行極其相似,都強調以內禦外,而不是被外物左右的原則。所以劉辰翁說「其言解衣盤礴贏,猶言無入而不自得也」,將《莊子》與儒家經典《禮記》結合起來。

除了引述儒家經典佐證《莊子》本文之外,劉辰翁對舊解中闡釋《莊子》的相關字義,也佐以儒家經典加以評判。

《齊物論》:「一受其成形,不亡以待盡,與物相刃相靡。」劉氏評云:

> 人為大化所驅,芒芒然,顛倒求勝於其所謂不齊者,役役以至老死,自身事都理會不得。此樣語痛至,讀自有省,本不須著一字。林解每欲求異,只添造物在不亡上,便解不去,不亡只是不死耳。「芒」與「忙」同,《孟子》:「芒芒然歸」是也。但作「忙」,豈不痛快!須要解作「茫昧」,卒無所發明,兩不相入。(《齊物論》)

這裡涉及到林希逸注,林此處的原注為:「大抵人之形體,非我自有,必有所受者。既受此形於造物,則造物與我相守不亡,以待此形之歸盡而後已。……芒芒然,無見識也。彼愚惑之人亦當回首自思曰:凡人之生,其胸中本若是昧然無見乎?……天理未嘗不明,汝以人慾自昏,故至於此,知道之人豈如此茫昧乎?」〔註31〕劉氏發起異議的焦點就在於對林解中的「芒芒然」的「芒」字理解上。他認為,此「芒芒然」與《孟子·公孫丑上》中的「宋人有憫其苗之不長而揠之者,芒芒然歸」中的「芒芒然」為同義,即指忙於營求、徒勞無功之義。因此在劉辰翁看來,林希逸與其最終解作「茫昧」之「芒」,於《莊》義無甚益處,不如直接解作「忙」字,來得痛快。這是劉辰翁借助《孟子》對林注作出的修正意見。

除了這種儒與《莊》文意、主旨的溝通以外,劉辰翁還經常將儒家經典中與《莊子》中相似的段落進行對比,並加品評,裁定優劣。

〔註30〕〔宋〕朱熹:《四書章句集注》,中華書局1983年10月版,第24頁。
〔註31〕〔宋〕林希逸著,周啟成校注:《莊子鬳齋口義校注》,中華書局1997年版,第20～21頁。

《人間世》：「孔子適楚，楚狂接輿遊其門曰：『鳳兮鳳兮，何如德之衰也。來世不可待，往世不可追也……』」劉氏評曰：

> 倒《論語》一句更明！（《人間世》）

莊子在《人間世》篇末用了一百零五個字描述了孔子見到楚人接輿狂歌的情形，意在借接輿之口表達「方今之世，僅免刑焉」的殘酷的現實世道。《論語》中對楚狂人接輿歌而過孔子的情形也有記載：「楚狂接輿歌而過孔子曰：『鳳兮鳳兮！何德之衰？往者不可諫，來者猶可追。已而已而！今之從政者殆而！』」（《微子》）《論語》中的記載顯然比《莊子》中的記載更為簡潔，表達了接輿對孔子努力推行自己政見的委婉忠告。劉辰翁將《論語》中的記載與《莊子》中的記載進行對比之後，認為《莊子》的記載反倒不如《論語》中的記載更加簡明。但是《莊子》為出世之書，其表達方式不僅僅為記載事實，相對於《論語》而言，《莊子》中多出來的接輿之歌的內容除了陳述世道之不可用，還闡述了「天下有道，聖人成焉；天下無道，聖人生焉。方今之時，僅免刑焉」的無奈避世的道家思想，這也正是《莊子》記載接輿事之不同於《論語》處的一大意義之所在。

《天地》：「夫道，覆載萬物者也，洋洋乎大哉！君子不可以不刳心焉。無為為之之謂天，無為言之之謂德，愛人利物之謂仁，不同同之之謂大，行不崖異之謂寬，有萬不同之謂富。故執德之謂紀，德成之謂立，循於道之謂備，不以物挫志之謂完。君子明於此十者，則韜乎其事心之大也，沛乎其為萬物逝也。若然者，藏金於山，藏珠於淵；不利貨財，不近貴富；不樂壽，不哀夭；不榮通，不醜窮。不拘一世之利以為己私分，不以王天下為己處顯。顯則明。萬物一府，死生同狀。」主要寫欲求大道，當順乎天道，包容萬物，洗去貪欲之念，存豁達齊同之心。劉辰翁評曰：

> 此即與《孟子》、《西銘》不與意合。然其語又精神，顯字又湊
> 足了，又羨八字，見地既明，氣魄亦大。（《天地》）

《西銘》為北宋張載所作的一篇文章，原名《訂頑》，主要宣揚了儒家的天道以及人倫秩序思想，溝通了天道、人事。在劉辰翁看來，《莊子》雖與《孟子》、《西銘》者不為同類，但是此段所言旨意卻是暗合，《西銘》云：「天地之帥，吾其性。」《孟子·離婁上》云：「誠者，天之道也；思誠者，人之道也。」這些都是宣揚了人為對於天道順應的必然性，闡述天道、人道之順承關係。劉辰翁除了闡述儒道二家的契合性外，還談到了《莊子》的比

較優勢，即從天人相應的基礎上進一步生發出「萬物一府，生死同狀」的同一觀念。

《庚桑楚》：「宇泰定者，發乎天光。發乎天光者，人見其人，人有休者，乃今有恆；有恆者，人舍之，天助之。人之所舍，謂之天民；天之所助，謂之天子。」《莊子》此段寫人心境安泰以及自我修養的重要性。劉辰翁評曰：

「人見其人」，謂人人皆曉然見之；「人有休者」，謂亦有暫焉。

自休者惟休至此，則有常耳。「人舍之」，知其無意於世，則舍之。

此言天子以其德，不以其位。又甚於「丘民」之喻也。(《庚桑楚》)

劉辰翁認為，《莊子》說出了天子之所以為天子，為天之所助者，主要是因為德行修養，而不是因為其權勢地位。「『丘民』之喻」意指《孟子》中所言「民為貴，社稷次之，君為輕。是故得乎丘民而為天子」。(《盡心下》)《孟子》中所言天子之所以為天子，乃是由於得丘民之心，亦即「得民心者的天下」；而《莊子》則進一步指出了天子得「丘民」之心的辦法，即自修其德，故劉辰翁說莊子所言「又甚於『丘民』之喻也」。

劉辰翁在對比儒家經典和《莊子》的時候，並沒有一味地迴護《莊子》，而是非常忠實地遵從其自身的看法，利用儒家經典，較為細緻地品評了《莊子》的長處和不足。雖然他的這種評判未見得十分允當，但是從中體現出來的援儒入《莊》的思路還是清晰可見的。

2.「佛」、「禪」解《莊》

宋代佛禪思想大行其道，佛禪意識和佛禪人物的交往深入到文人生活的各個方面。

蘇軾在《東坡志林》中稱：「獨念吳越多名僧，與予善者常十九。」〔註32〕司馬光在其《戲呈堯夫》言道：「近來朝野客，無座不談禪。顧我何為者，逢人獨懵然。羨君詩即好，說佛眾誰先。只恐前身是，東都白樂天。」〔註33〕黃庭堅在其《四月戊申賦鹽萬歲山中仰懷外舅謝師厚》詩中亦云：「禪悅稱性深，語端入理近。」〔註34〕可以說，兩宋文人士大夫幾乎都與佛禪發生著千絲萬縷的聯繫。佛禪思想何以如此深入而廣泛地滲透進宋儒的生活與思想之中？

〔註32〕〔宋〕蘇軾：《東坡志林》，中華書局 1981 版，第 41 頁。

〔註33〕〔宋〕司馬光：《溫國文正司馬公文集》卷一五，四部叢刊本。

〔註34〕〔宋〕黃庭堅撰，劉琳、李永先、王蓉貴校點：《黃庭堅全集》(第二冊)，四川大學出版社 2001 年版，第 938 頁。

　　葛兆光先生分析道:「禪林的清靜閒適、禪僧的機鋒警語、禪理的深奧玄妙、禪家自我心理平衡的『悟』,對士大夫們充滿了誘惑力,他們紛紛向禪宗靠攏,以禪為雅。」〔註35〕「它(宋)與中晚唐也還不同,中晚唐承盛唐『餘波』,一盛一衰,疏忽變化,在士大夫心中,對比感太強了!所以它好像是害了急性病,來勢洶湧,一下子造成了心理不平衡,人們忽然感到了自信心的崩潰,生活理想的破滅,因此一下子湧入空門,向禪宗頂禮膜拜。但這只是『病急亂投醫』,未必真的深了其中三昧;而宋代則好像把急性病拖成了慢性病,來勢已不那麼兇猛,似乎還總給人一線希望,有時還出現了平靜和安逸的狀況,而久病長服藥,對禪宗這味藥的藥性也有了瞭解,便容易從不自覺到自覺服用了,並且深深地中了毒。」〔註36〕

　　劉辰翁作為宋元之際的儒者,也受到了佛禪思想的深刻影響。劉辰翁的文集之中即多涉及佛寺者,如《大梵寺記》、《建昌軍普潤寺記》、《龍鬚禪寺記》、《空相院記》、《多寶院記》、《南岡寺藏記》、《永慶寺記》、《南康軍昭忠禪寺記》、《吉州重修大中祥符禪寺記》、《吉州能仁寺重修記》、《南岡禪寺記》、《武功寺記》等。劉氏的佛禪思想在這些記文之中多有體現,如其在《多寶院記》一文中即闡述了破除世間諸相的佛禪思想:「又如少年,羅求美色,不知厭足,佛見是人無可諫救,即為女子,從彼所欲……一旦病弊,色衰發變而可惡,穢甚如膿血,逃避影絕,畏見鬼疰。生計困之,追尤積怨,身病耗憊,展轉自憐,念佛求救,聞是女死不能復,願以其縈染焚之野外,但見火蓮中擁妙質飛煙而去,萬口讚歎。於是少年悼痛悔悟,方知色空,空即是佛。」〔註37〕這種「離諸相而求空相」的思想同樣體現在了其《南岡寺藏記》中:「欲離諸相而求空相,猶蛻衣而後悟四體之本然,屏塵而後識明鏡之不染。空雖非鏡,實不離鏡。苟知空之即我,即我即佛,非我無佛。」〔註38〕其《武功寺記》則透露出了劉氏對禪學思想的理解:「乃有聖惠西來,不立文字,庶幾一返之性,而分宗異解,類為不可測知,斷句半句,光怪隱顯,教意不傳,而其傳復有甚於教。」〔註39〕

〔註35〕葛兆光:《禪宗與中國文化》,上海人民出版社1986年版,第32頁。
〔註36〕葛兆光:《禪宗與中國文化》,上海人民出版社1986年版,第52頁。
〔註37〕〔宋〕劉辰翁撰,段大林校點:《劉辰翁集》,江西人民出版社1987版,第16～17頁。
〔註38〕〔宋〕劉辰翁撰,段大林校點:《劉辰翁集》,江西人民出版社1987版,第19頁。
〔註39〕〔宋〕劉辰翁撰,段大林校點:《劉辰翁集》,江西人民出版社1987版,第128頁。

對於禪、佛、莊的關係，葛兆光先生認為，「中國的禪宗便是在印度禪學的基礎上成長起來的一株結著無花果的智慧樹，它雖然植根於印度禪學，卻融匯了印度佛教其他方面的種種理論，並與中國土生土長的老莊思想及魏晉玄學相結合，形成了一個既具有精緻的世界觀理論，又具有與世界觀相契合的解脫方式和認識方法的宗教流派。」〔註40〕劉辰翁對此亦早已有所認識。

佛禪思想滲透進了劉辰翁的《莊子》評點之中，體現為將佛禪二氏的世界觀和修行的方法論融匯到了《莊子》的闡釋之中。

在世界觀層面上，劉辰翁將《莊子》中修養者的「心」與佛教中的「六賊」、《莊子》中的「見見聞聞」與禪宗的「本來面目」、《莊子》中的「心機」與禪宗的「滲漏心」（第二念）相對舉，起到了互相闡明之作用，使得《莊子》的意蘊得到了進一步的衍伸和思考。

《達生》篇云：「工倕旋而蓋規矩，指與物化而不以心稽，故其靈臺一而不桎。忘足，履之適也；忘要，帶之適也；知忘是非，心之適也；不內變，不外從，事會之適也。始乎適而未嘗不適者，忘適之適也。」言養神當「不內變」、「不外從」，忘我、忘物，從而達到無所不適的境界。劉辰翁評曰：

> 此處常言必曰：「忘履，足之適也；忘帶，要之適也。」以此推之，意義自見。心比二物猶佛言「六賊」，以心為累也。忘適之適，語嫩而精。（《達生》）

劉辰翁將《莊子》中與「履」、「帶」所代表的外物相作用的「心」與佛家的「六賊」相對舉。佛家所謂「六賊」指眼、耳、鼻、舌、身、意，色、聲、香、味、觸、法為「六塵」，「六塵」通過「六賊」作用於人，形成「六識」，即眼識、耳識、鼻識、舌識、身識、意識。而這些都是不利於佛家的修行的，故《心經》曰：「是故空中無色，無受想行識，無眼耳鼻舌身意，無色聲香味觸法，無眼界，乃至無意識界。」劉辰翁將《莊子》之「心」與佛家之「六賊」相比照，闡述了其在影響人提高修養過程的媒介作用，甚為允當。

《則陽》篇云：「舊國舊都，望之暢然。雖使丘陵草木之緡入之者十九，猶之暢然，況見見聞聞者也，以十仞之臺縣眾間者也。冉相氏得其環中以隨成，與物無終無始，無幾無時。日與物化者，一不化者也。闔嘗舍之！」此段莊子以「故鄉」來比擬人的人性，以回歸本性來比擬回到故鄉，這種狀態下的人未嘗不歡欣、暢然。劉辰翁引述林希逸評曰：

〔註40〕葛兆光：《禪宗與中國文化》，上海人民出版社1986年版，第7頁。

林云：見見聞聞，即佛氏所謂「本來面目」。(《則陽》)

關於「見見聞聞」，林希逸云：「而況求道之人，忽然自悟，得見其所自覺，聞其所自聞者，皆本然固有之物，能不喜乎！佛氏所謂『本來面目』、『本地風光』，便是此意。」〔註41〕「本來面目」作為禪語出自《壇經》，唐代慧能《六祖壇經·行由品》曰：「不思善，不思惡，正與麼時，那個是明上座本來面目。」意即一念不生、無涉善惡為本然之面貌。劉辰翁在這裡通過引述林希逸的觀點來轉述自己的意見，即以《莊子》的「見見聞聞」與禪宗的「本來面目」相標舉，指出《莊子》中的喻體（舊國舊都、見見聞聞）與佛家的「本地風光」、「本來面目」皆指人之本性而言。

《列禦寇》：「賊莫大乎德有心而心有睫，及其有睫也而內視，內視而敗矣。」此段寫人的心機乃是賊之大者。劉辰翁引述林希逸注曰：

林云：此數語於學道人分上最為親切，禪家所謂滲漏心，又曰第二念，便是此意。(《列禦寇》)

方勇先生評述道：「在林希逸看來，佛教禪宗主張於參悟時須保持正念，心無所住，心空境空，而不得離此起滲漏心（即第二念），否則便會障卻自己正知見，永劫不能體悟到佛道，這與莊子所謂有心為德則敗道的說法正是一回事，二者是可以融合為一體的。」〔註42〕劉辰翁轉述了林希逸的以佛解《莊》的觀點，表達了其認同意見。

劉辰翁除了在對外界以及人本身進行世界觀層面的莊佛、莊禪融合，還在具體的修養方式、方法上將《莊子》與佛禪進行融通。具體而言，劉氏將《莊子》中的「吾喪我」與禪宗的「悟」、《莊子》中的「坐忘」與禪宗的「面壁」進行了比附。

在《莊子》的評點過程中，劉辰翁十分強調禪家的「悟」在理解《莊子》上的作用。

如《齊物論》云：「顏成子游立侍乎前，曰：『何居乎？形固可使如槁木，而心固可使如死灰乎？今之隱機者，非昔之隱機者也。』子綦曰：『偃，不亦善乎，而問之也？今者吾喪我，汝知之乎……』」劉氏評曰：

「今之隱几」、「昔之隱几」兩句，便是悟處。下面語雖長，然

〔註41〕〔宋〕林希逸著，周啟成校注：《莊子鬳齋口義校注》，中華書局1997年版，第400頁。

〔註42〕方勇：《莊子學史》（第二冊），人民出版社2008年版，第125頁。

不如「吾喪我」三字受用。至實喪耦，我固在也，並我而喪之，物
論從何處起，便是相競無對頭了。(《齊物論》)

「悟」是禪宗的修行法門，禪宗將「成佛」、「得道」的宗教性儀式大大簡
化，講求「頓悟」之道，「凡夫即佛，煩惱即菩提。前念迷即凡夫，後念悟即
佛。」〔註43〕「受用」為佛教用語，意指受持後的享用。初始則領受在心謂之
受，至終則憶而不忘謂之持，結果則得益在身謂之用，合為受用。對於這個方
法論層面的概念，馮友蘭先生說：「哲學的概念，如果身體力行，是會對於人
的精神境界發生提高的作用。這種提高，中國傳統哲學叫做『受用』。受用的
意思是享受。哲學的概念，是供人享受的。」〔註44〕劉辰翁在這裡將莊子提出
的「吾喪我」的修行方式與佛禪氏相結合，指出了理解《莊子》此段的關鍵乃
在「今之隱几」、「昔之隱几」以及「吾喪我」三處。對此，嚴靈峰先生亦倡導
以佛家思想予以觀照：「『今之隱几』與『昔之隱几』乃指子綦在同地所行之事，
不過在時間上稍有距離。《莊子》的『坐忘』，猶如佛家的『入定』。子綦由『隱
機』至於『吾喪我』，就像和尚由『打坐』至於『入定』。『昔之隱機』指『打
坐』時言，『今之隱几』指『入定』時言。」〔註45〕劉、嚴二氏對這段《莊子》
原文的解《莊》思路極其相似，所不同者，嚴氏強調的是佛，而劉氏則體現了
佛禪兼用。

除了禪宗的「悟」，劉辰翁還通過引述林希逸的觀點闡述《莊子》中的「坐
忘」與禪家「面壁」的同一性。

《大宗師》：「顏回曰：『回益矣。』仲尼曰：『何謂也？』曰：『回忘仁義
矣。』曰：『可矣，猶未也。』他日復見，曰：『回益矣。』曰：『何謂也？』
曰：『回忘禮樂矣！』曰：『可矣，猶未也。』他日復見，曰：『回益矣！』曰：
『何謂也？』曰：『回坐忘矣。』仲尼蹴然曰：『何謂坐忘？』顏回曰：『墮肢
體，黜聰明，離形去知，同於大通，此謂坐忘。』仲尼曰：『同則無好也，化
則無常也。而果其賢乎！丘也請從而後也。』」此段言修養方法，即離形去知。
消解由形體所激發的貪欲，去除由心智而產生的偽詐，則心境開闊，至於大通，
無所窒礙。劉辰翁引述林希逸之觀點評曰：

林云：「坐忘」二字，便是禪家面壁一段公案。(《大宗師》)

〔註43〕吳平：《壇經講讀》，華東師範大學出版社2008年版，第29頁。
〔註44〕馮友蘭：《中國現代哲學史》，三聯書店2009年版，第248頁。
〔註45〕陳鼓應：《莊子今注今譯》，中華書局1983年版，第35頁。

據《五燈會元》卷一之記載，禪宗達摩祖師入中土，至金陵，與梁武帝相談不契，「帝不領悟。祖知機不契，是月十九日。潛回江北。十一月二十三日，屆於洛陽。當魏孝明帝孝昌三年也，寓止於嵩山少林寺，面壁而坐，終日默然。人莫之測，謂之壁觀婆羅門。」自此，達摩面壁悟禪遂為佛家著名典故。其中提到「面壁而坐，終日默然，人莫之測」，這種「默然」、「人莫之測」的精神狀態與《莊子》中所言的「坐忘」有著異曲同工之妙，二者都十分強調心靈的極度寧靜以及對外物干擾的摒除，從而達到精神的自由，亦謂之「心遊」。

在溝通《莊子》與佛禪問題上，劉辰翁注重以世界觀的融通為基礎，同時在方法論層面的修養實踐上，也將《莊子》中的修養方式與佛禪相融合，其淵源基礎還是二者在世界觀和方法論上的重內輕外、重精神自由、摒外物慾望的價值契合。

二、文學性

劉辰翁曾云：《莊子》，「文章之鼓吹，史傳之滑稽也」（《天運》劉辰翁評）。蓋以言《莊子》文章之妙，可以比諸四六文章、史遷之滑稽列傳等。清人孫梅就曾在其《四六叢話》稱讚駢文：「夫四六者，詞賦之菁英，文章之鼓吹也。」《四庫全書總目》在提及明代《廣諧史》時言道：「原比諸史傳之滑稽。一時遊戲成文，未嘗不可少資諷喻。」由此可見，劉辰翁在當時是有意將《莊子》作為一部文學性極強的作品來進行評點的。

劉辰翁《南華真經點校》對《莊子》文學性的揭示是其重要特色之一，這其中包含了對《莊子》文體、修辭、結構等多個方面的探討和品評。

1.《莊子》文體

劉辰翁認為《莊子》具備了小說文體的特色，這是莊子學史上第一次提出《莊子》文章的小說特質。

劉辰翁注意到了《莊子》中對於誇張手法的運用，表現為其常常作憤激之語，而這種極度誇張，寫盡世間之變態的手法則是小說家創作手法的一個重要特質。

《南華真經點校》之《胠篋》篇下：「故嘗試論之，世俗所謂知者，有不為大盜積者乎？所謂聖者，有不為大盜守者乎？」劉氏於此批曰：

> 起語突兀，本是小說家，充拓變態，至不可破。他人著書，證以數語已不啻其妙。在三反四覆馳騁之極，卒歸於道德之意，雖盡

人間情偽，終以設喻，此其不可執著者。謂其憤疾，直淺淺者也。
（《胠篋》）

劉辰翁在這裡認為莊子所用之手法為小說家之寫作手法，極言禮法之被利用，而其根本之意則是在於絕聖棄智，歸於道德。然而這種小說家的手法常常被誤解，世人往往於莊子之設喻處執著求之，故劉辰翁斥之為「淺淺者也」。究其原因，人們在理解《莊子》之時，往往為其憤激之辭所吸引，卻沒有真正把握到《莊子》作為小說家言背後的真意之所指。在《胠篋》篇「故嘗試論之：世俗之所謂知者，有不為大盜積者乎？所謂聖者，有不為大盜守者乎」句下，劉辰翁評曰：

小說家時時有之。（《胠篋》）

劉氏認為，這種小說家手法的運用使得《莊子》的文章一波三折，極盡變化起伏之妙，「起伏不厭，觀水觀瀾，謂此。」（《胠篋》劉辰翁評）

眾所周知，虛構作為小說創作的重要方式，與誇張手法同等重要，劉辰翁注意到了《莊子》中的文章不單單是簡單的虛構，而且在虛構中更加注重情節的跌宕起伏。

《則陽》篇開頭一段云：「則陽遊於楚，夷節言之於王，王未之見。夷節歸。彭陽見王果曰：『夫子何不譚我於王？』王果曰：『我不若公閱休。』」此段寫佞人夷節向楚王推薦則陽（彭陽），但是楚王並沒有召見則陽，夷節歸去，則陽轉而求楚國賢人王果向楚王推薦他，王果言己不如公閱休，繼而借王果之口引出對隱士公閱休的描述。其主旨是要通過對夷節和公閱休的不同描述來表明妄人的干祿仕進與聖人的隱退恬淡。對於公閱休被曲折引出的陳述過程，劉氏評曰：

薦人必待其所敬，人能言之。此從夷節歸上生得枝葉活，若但言夷節不若公閱休，亦無意思。雖小小說說（注：疑衍『小說』二字），亦必有情致。（《則陽》）

劉辰翁認為，正是因為增加了對夷節不滿楚王而歸去的描述，才更增加了這個虛構故事本身的內在含量，即通過夷節來襯托公閱休，通過夷節的出場設置使得對公閱休的描述更加情致盎然，而這恰恰是後世小說家慣常的手段。

劉辰翁對《莊子》小說特質的揭示並非一時興到，而是具有一定的經驗基礎和旁通借鑒，這種借鑒就是其對《世說新語》的評點。除評點《莊子》外，劉辰翁還評點《世說新語》，蔡鎮楚先生對此給與了極高之評價：「劉辰翁《世

說新語評》，是中國古代第一部小說評點之作，奠定了劉辰翁作為中國小說評點派開山鼻祖的歷史地位。明清以後，小說評點盛極文壇，又湧現出李卓吾、金聖歎、張竹坡、脂胭齋等著名的小說評點大家，使小說評點成為中國古代小說理論批評的一種主要形式。劉辰翁的開創之功，永不可滅。」〔註46〕可以說，評點《世說新語》無疑對劉辰翁揭示《莊子》小說的文體性質有著觸類旁通的意義。

與劉辰翁相前後的黃震在《黃氏日抄》卷五十五《讀諸子一》中對《莊子》的小說文體特質亦有所闡述：「莊子以不羈之才，恣肆跌宕之說，創為不必有之人，設為不必有之物，造為天下必無之事，用以眇末宇宙，戲薄聖人，走異百出，茫無定蹤，固千萬世詼諧小說之祖。」此後，清代的林雲銘在其《莊子因》、胡文英在其《莊子獨見》、劉鳳苞在其《南華雪心編》中均對此有所揭示。

雖然聞一多曾說，《莊子》中的許多描寫都足見「小說家的手腕」〔註47〕，但是，學術界對《莊子》小說特質的討論直到20世紀90年代以後才得到系統地進行。1992年第五期的《山東師大學報》刊登了王恒展先生的《〈莊子〉與中國小說》，該文認為《莊子》中的某些篇章（如《盜跖》、《說劍》）已是比較典型的小說，雖不能說中國小說源於《莊子》，但是其開闢之功不容抹煞；1993年第三期的《河北大學學報》刊登了陸永品先生的《莊子是中國小說之祖》，此文認為應當承認先秦小說是中國小說的源頭，莊子是中國小說之祖，《莊子》小說意境渾厚、味饠意鬱，蘊含悠深，具有豐富的哲理性和虛無縹緲的神秘色彩；1998年，《陝西師範大學學報》第一期刊登了劉生良先生的《〈莊子〉——中國小說創作之祖》，該文認為《莊子》的出現，標誌著小說邁入到文人自覺創作的時代，上承神話傳說，下開漢魏六朝志人志怪小說之先河。

然而這些關於《莊子》小說特質的學術討論幾乎完全一致地認定，黃震是揭示《莊子》小說特質第一人，而在這一認知過程中起到重要作用的劉辰翁往往被忽略，這不能不說是一種遺憾。相對於黃震來說，劉辰翁對《莊子》小說文體的揭示顯得更加具體而深入。可以說，作為最早提出《莊子》小說文體概念的人之一，劉辰翁在探討《莊子》小說特質的道路上具有不可忽視的作用。

〔註46〕蔡鎮楚：《中國文學批評史》，中華書局2005年版，第217頁。
〔註47〕聞一多：《周易與莊子研究》，巴蜀書社2003年版，第87頁。

2.《莊子》結構

劉辰翁在評點散文時，比較注重對文章結構起訖的點明。如在《大戴禮記》中《曾子本孝第五十》「曾子曰：『忠者，其孝之本歟！』」句下評云：「起得奇。」在《越絕書》中《清糶內傳》文末評曰：「收得古健。」

同樣，在評點《莊子》時，劉辰翁也是不厭其煩地對《莊子》文章的結構特點進行了細緻入微的評點。

宋元時期的文學理論，已經開始十分注重文章、詩詞的結構探討，宋姜夔在《白石道人詩說》中云：「作大篇，尤當布置。首尾勻停，腰腹肥滿。」宋人沈義父在其《樂府指迷》中亦曾指出：「作大詞，先須立間架，將事與意分定了。第一要起得好，中間只鋪敘，過處要清新。最緊是末句，須是有一好出場方妙。」這些已經形成較為完整的結構理論，從文字的起首、轉承和結尾等角度皆有所探討。於此時代背景下，劉辰翁對《莊子》結構的探討也是較為系統的。

首先，對於《莊子》文章中的起首精彩處，劉辰翁往往加以重點指出。

《齊物論》：「既使我與若辯矣」句下，劉氏評曰：

　　起得也好！（《齊物論》）

《駢拇》「且夫待鉤繩規矩而正者，是削其性者也；待繩約膠漆而固者，是侵其德者也；屈折禮樂，呴俞仁義，以慰天下之心者，此失其常然也。天下有常然。」於其段下，劉氏評曰：

　　起得好！（《駢拇》）

《駢拇》：「夫小惑易方，大惑易性。」於其句下，劉氏評曰：

　　起得又健！（《駢拇》）

《田子方》：「孔子見老聃，老聃新沐，方將被髮而乾，慹然似非人。孔子便而待之，少焉見，曰：『丘也眩與，其信然與？……』」劉氏評曰：

　　先著兩句，好！（《田子方》）

《列禦寇》：「鄭人緩也」句下，劉氏著評語道：

　　個般起語，便是莊子，撰得奇！

這些起語，或是於文章開端即提出觀點，出言警策，開宗明義，發人深省，即沈義父之所言「先須立間架，將事與意分定了」，如《齊物論》、《駢拇》三例；或是以細緻入微之手法吸引讀者，描繪傳神，寓意深厚，引人入勝，如《田子方》、《列禦寇》兩例。

其次，對於開篇之後的文章轉承之處，劉辰翁也是十分在意。同時，對於《莊子》行文過程中的節奏，劉氏也是進行了較為準確的提示和評點。

劉辰翁注重對《莊子》中的轉承進行評點，認為《莊子》中這些精彩的轉承是造就《莊子》連綿無窮、奇文迭出的重要步驟。試舉兩例。

《齊物論》結尾「莊周夢蝶」一段：「昔者莊周夢為胡蝶，栩栩然胡蝶也。自喻適志與！不知周也。俄然覺，則蘧蘧然周也。不知周之夢為胡蝶與？胡蝶之夢為周與？周與胡蝶則必有分矣。此之謂物化。」劉氏於此評曰：

> 夢覺，齊人物，齊小大，齊是非，齊生死，「齊」盡在是矣。奇
> 又奇也，他人必在「齊」上收結，他卻冷轉一語，翻盡從前許多話
> 柄，曰：周與胡蝶必有分矣。不知者以為尚生分別，知者以為人牛
> 俱失之機也，正言似反。（《齊物論》）

劉氏於此點明了莊子在《齊物論》中以「齊」為主線，串聯起人物、小大、是非、生死諸般話題，但是到最後一節卻是話鋒轉折，指向「物化」。在劉辰翁看來，這正是莊子文章的妙處。莊子「物化」即是消弭物我之界，在齊人物、齊小大、齊是非、齊生死之後，最終達到了齊物我的境界，即佛家所言「人牛俱失」、證本歸元之境。

《人間世》：「蘧伯玉曰：『善哉問乎！戒之，慎之，正女身哉！形莫若就，心莫若和。雖然，之二者有患。就不欲入，和不欲出。形就而入，且為顛為滅，為崩為蹶；心和而出，且為聲為名，為妖為孽。彼且為嬰兒，亦與之為嬰兒；彼且為無町畦，亦與之為無町畦；彼且為無崖，亦與之為無崖；達之，入於無疵。汝不知夫螳螂乎？怒其臂以當車轍，不知其不勝任也，是其才之美者也……』」劉辰翁評曰：

> 他人應對，一語兩語軵竭，揚雄、王通皆是也。看他問一得十，
> 愈精愈明，文字深淺，轉折得好！（《人間世》）

顏闔向蘧伯玉請教與殘暴的衛靈公太子的相處之道，蘧伯玉教以內外兼守之道，條分縷析，語言亦極形象，言人臣當暴君與之俱化，加以引導，隨後莊子筆鋒一轉，以螳臂當車的寓言教顏闔要量力而行，不要恃才傲物。從「正身」轉言「心和」，繼而轉言俱化之道，後又言「量力」而為，過渡亦極自然，故劉辰翁言其「看他問一得十，愈精愈明，文字深淺，轉折得好！」

除了關注《莊子》行文中出色的轉折之處，劉辰翁對《莊子》行文中間的節奏常常是置一兩語加以揭示，深化《莊》文層次，評語十分簡潔。

如《駢拇》篇云：「長者不為有餘，短者不為不足。是故鳧脛雖短，續之則憂；鶴脛雖長，斷之則悲。故性長非所斷，性短非所續，無所去憂也。意仁義其非人情乎！彼仁人何其多憂也。」此段從動物的本性自然言「鳧脛」之短，「鶴脛」之長皆出乎天性，人為地加以縮短和延長皆為憂患之舉，繼而言及矯飾「仁義」之多餘，批判之意立見。故劉辰翁評曰：

　　緩而愈激！（《駢拇》）

接著莊子由對自然駢肢人為改造之憂患言及借仁義之名，使天下人天性改變，爭競不休：「今世之仁人，蒿目而憂世之患；不仁之人，決性命之情而饕貴富。」劉辰翁評曰：

　　痛快！愈緩愈激！（《駢拇》）

至此，莊子本篇的立言之意愈發明白，即由批評違背自然的妄為舉動引申至對虛驕「仁義」的批判，故劉辰翁言其「愈緩愈激」。接著莊子由反面引出正面，既然「屈折禮樂，呴俞仁義」乃失其「常然」之行為，那麼什麼才是「常然」呢？常然者，自然之性也：「常然者，曲者不以鉤，直者不以繩，圓者不以規，方者不以矩，附離不以膠漆，約束不以纆索。」劉辰翁於此評曰：

　　辯而急！（《駢拇》）

常然如此，所以天下萬物自然而生，各得其所，卻不知道其原因（自然而然）：「故天下誘然皆生，而不知其所以生；同焉皆得，而不知其所以得。」劉氏評曰：

　　至此則其說愈橫，未嘗不莊語也！（《駢拇》）

劉辰翁認為莊子的言說至此極其雄辯，氣勢橫放，汪洋恣肆，這正是莊子之言說風格。劉辰翁在莊子行文過程中通過這種隨處點染的辦法使得莊子的行文層次和節奏得以顯現，遂使莊子的文章風格被很好地揭示。此即姜夔所言之「腰腹肥滿」、沈義父所言「中間只鋪敘，過處要清新」。

再次，對於《莊子》文章篇章和段落的收束，劉辰翁也給予了必要的關注。

《養生主》最後一段云：「指窮於為薪，火傳也，不知其盡也。」寫人生處世，當安時而處順。生命可以窮盡，但是精神卻可以永存。劉辰翁評曰：

　　薪有盡而必窮，火無形而不滅，自古及今，只是此火，不知從
　　何來。非從薪來也，是則可知也。此篇之結，以此妙哉！（《養生主》）

此段所寫，從精神的無限可傳承性上與人形體的來去自然、不可永恆相對

比，從而深化了注重精神養生的篇章主旨，故劉辰翁說：「薪有盡而必窮，火無形而不滅」，「此篇之結，以此妙哉」！

除了關注一篇之收束，劉辰翁對於一篇之內的段落結束也給予了評點。

《大宗師》：「古之真人，其狀義而不朋，若不足而不承；與乎其觚而不堅也，張乎其虛而不華也；邴邴乎其似喜也，崔崔乎其不得已也，滀乎進我色也，與乎止我德也，廣乎其似世也，熬乎其未可制也，連乎其似好閉也，悗乎忘其言也。以刑為體，以禮為翼，以知為時，以德為循。以刑為體者，綽乎其殺也；以禮為翼者，所以行於世也；以知為時者，不得已於事也；以德為循者，言其與有足者至於丘也，而人真以為勤行者也。」劉氏評曰：

> ……言其與有足者至於丘，索意匠辭，深入玄境，但覺結處蕭散不煩，適可如此。（《大宗師》）

言真人不過循自然之道而行，就像有腳就能到達山丘一樣自然，而普通人則誤以為真人勤行不殆，確實沒有真正理解真人的境界。莊子以這樣的形式總結對真人的描述，劉辰翁認為這種結束方式「深入玄境」、「蕭散不煩」。

《田子方》開篇即借助田子方與魏文侯的對話，褒揚東郭順子來表達為人當質真醇厚，並批評仁義禮智對人的束縛：「田子方侍坐於魏文侯，數稱谿工。文侯曰：『谿工，子之師邪？』子方曰：『非也，無擇之里人也。稱道數當故無擇稱之。』文侯曰：『然則子無師邪？』子方曰：『有。』曰：『子之師誰邪？』子方曰：『東郭順子。』文侯曰：『然則夫子何故未嘗稱之？』子方曰：『其為人也真。人貌而天虛，緣而葆真，清而容物。物無道，正容以悟之，使人之意也消。無擇何足以稱之！』子方出，文侯儻然，終日不言。召前立臣而語之曰：『遠矣，全德之君子！始吾以聖知之言、仁義之行為至矣。吾聞子方之師，吾形解而不欲動，口鉗而不欲言。吾所學者，直土埂耳！夫魏真為我累耳！』」劉辰翁從魏文侯的視角評曰：

> 但言田子方已不可得友，又稱谿工，聞谿工已，恨不可見，又況聞東郭順子之為人邪？諸言德未有如此數語深隱而有氣象。不浮誇，人貌而天，天即上「真」字，緣已善矣，猶且不著痕跡，故緒緣。「夫魏真為我累」，聽其言，真有此意。首尾皆善！（《田子方》）

此段以魏文侯的感歎結束，魏文侯聽完田子方之論，認識到魏國為其累，為其包袱，了悟「聖知之言」、「仁義之行」之贅餘，較好地以自身體會詮釋和照應了田子方之言論，故劉辰翁謂其「首尾皆善」。

總之，劉辰翁對《莊子》結構的分析，是當時文章結構理論在宋元時期得到新發展的大背景下的產物，同時也對文章結構理論的進一步豐富提供了新的參考。

3.《莊子》的譬喻修辭

劉辰翁在《南華真經點校》中對《莊子》的寓言的表達方式和比喻修辭手法也進行了很好的點評，但是他並沒有對這二者進行細緻地區分，而是將其統稱之為譬喻。

寓言的表達方式在《莊子》一書中佔有很大的比重，《莊子・寓言》篇：「寓言十九，重言十七，卮言日出。」《史記・老莊申韓列傳》亦云：「其著書十餘萬言，大抵率寓言也。」劉辰翁對《莊子》中的寓言運用的原因、方式和結果都進行了探討。

劉辰翁在《至樂》篇談到了莊子屢屢運用寓言的情形和原因：

> 他時時自為一段，亦不必其有此事，獨寓言之意，每欲發明親
>
> 切而不可得，多方為之譬喻。(《至樂》)

在此，劉辰翁談到了莊子寓言的虛構性及其運用寓言的原因，即「每欲發明親切而不可得，多方為之譬喻」，這正是莊子寓言在表達旨意方面的獨特作用。在這種認識的基礎上，劉辰翁在《南華真經點校》中對莊子寓言具體的運用之妙進行了分析。

《齊物論》：「勞神明為一而不知其同也，謂之『朝三』。何謂『朝三』？狙公賦芧，曰：『朝三而暮四。』眾狙皆怒。曰：『然則朝四而暮三。』眾狙皆悅。名實未虧而喜怒為用，亦因是也。」《莊子》此段借助養猴人改變餵給猴子的栗子的次序來平息猴子的情緒，名雖變而實未改，用以譬喻聖人不執著於是非的爭論而保持事理的自然均衡。劉辰翁評曰：

> 狙譬甚妙！莊子以世人不知是非之真在，只合以小智孩弄之，
>
> 此小智乃大道也，名之曰「天均」。在此無惡，在彼無怨，是謂兩行。
>
> 若主於一是，並自身容不得矣。(《齊物論》)

在此，劉辰翁認識到了莊對「狙公賦芧」寓言的巧妙運用，並較為恰切地揭示了莊子在此運用寓言的立言之意，可以說既得莊子之行文，亦得莊子之立意。

劉辰翁認為，莊子寓言的成功運用是《莊》文之「奇」的一個原因。《齊物論》文末莊子以「莊周夢蝶」的寓言作結，劉辰翁評曰：

> 夢覺，齊人物，齊小大，齊是非，齊生死，「齊」盡在是矣。奇
> 又奇也，他人必在「齊」上收結，他卻冷轉一語，翻盡從前許多話
> 柄，……正言似反。(《齊物論》)

劉辰翁在詳細地分析了莊子「意出塵外，怪生筆端」的寫作思路之後，指出其表達方式為正言若反，而「正言若反」的寓言表達方式正是造就《莊子》為奇文的重要手段。

劉辰翁除了關注《莊子》中寓言式的表達方式之外，還點評了其中具體的比喻修辭手法的運用。

如莊子在《刻意》篇中講述虛靜恬淡、循順自然的養生之道時，以人的精神比喻作吳越的寶劍，不敢輕易勞動使用，以喻其珍貴：「夫有干越之劍者，柙而藏之，不敢用也，寶之至也。」劉辰翁評曰：

> 舉劍而精神之可寶，自喻其辭之有益於學者，至切近也，而人
> 以為荒唐之言，及其荒唐無用也，未必知也。(《刻意》)

劉辰翁在此較為明確地提出了《莊子》常常使用的這種譬喻的修辭言說方式，並指出其實際意義，並非「荒唐無用」之言。

需要看到的是，劉辰翁在對《莊子》譬喻手法進行深入分析之時，也有欠當之處。如《大宗師》篇：「故聖人之用兵也，亡國而不失人心，利澤施乎萬世，不為愛人。」前面說真人心智專一、燕處超然的狀態，此言聖人滅亡了故國卻能不失去人心，恩澤後世，卻無所偏私。劉辰翁認為是莊子的譬喻之語，評曰：

> 此譬喻語，讀者元未悟。(《大宗師》)

這一段在後來被認為是衍文。聞一多云：「案自篇首至『天與人不相勝也，是之謂真人』，中間凡四言『古之真人』，兩言『是之謂真人』，文意一貫，自為片段，惟此一百一字與上下詞旨不類，疑係錯簡。」〔註48〕但是劉辰翁認為此處為莊子譬喻之語，而且是讀者容易誤讀之處。由莊子上下文來看，聞一多說更具情理，劉說未免略顯牽強。

三、考證性

劉辰翁的《南華真經點校》本身具備了較強的考證性，包括在對《莊子》的篇章辨偽、辨定字句和對舊解的辨析等問題上，劉氏皆有所成就。

〔註48〕聞一多：《聞一多全集9‧莊子編》，湖北人民出版社1992年版，第55頁。

1. 考訂《莊》文

劉辰翁對《莊子》文章的考訂包含了《莊子》篇章辨偽和《莊子》中部分具體文句的考訂兩個方面。

（1）篇章辨偽

對《莊子》篇章辨偽的最早提出者是北宋的蘇軾。他在《莊子祠堂記》一文中提出了《讓王》、《說劍》、《盜跖》、《漁父》四篇為偽作：

> 然余嘗疑《盜跖》，《漁父》，則若真詆孔子者。至於《讓王》，《說劍》，皆淺陋不入於道。反覆觀之，得其《寓言》之終曰：「陽子居西遊於秦，遇老子。老子曰：『而睢睢。而盱盱，而誰與居。太白若辱，盛德若不足。』陽子居蹴然變容。其往也，舍者將迎其家，公執席，妻執巾櫛，舍者避席，煬者避灶。其反也，舍者與之爭席矣。」去其《讓王》，《說劍》，《漁父》，《盜跖》四篇，以合於《列禦寇》之篇，曰：「列禦寇之齊，中道而反曰：『吾驚焉，吾食於十漿，而五漿先饋。』」然後悟而笑曰：「是固一章也。」莊子之言未終，而昧者剿之以入其言。余不可以不辨。〔註49〕

蘇軾認為，去除了《讓王》、《說劍》、《盜跖》、《漁父》之後，按照《列禦寇》和《寓言》的文意，正好可以將《列禦寇》的篇首一段與《寓言》篇末相銜接，成為完整一篇。

劉辰翁繼承了蘇軾關於《讓王》等四篇為偽作的觀點，在《南華真經點校》中對《讓王》、《說劍》、《盜跖》、《漁父》基本未加評語，僅於《盜跖》篇置評二條，略辨文意而已，不足四十字，以此可見其辨偽之態度。

劉辰翁除了繼承了蘇軾《莊子》辨偽觀，認定《讓王》、《說劍》、《盜跖》、《漁父》四篇為偽作外，還對外篇和雜篇中的其他篇章進行了辨偽，其中包含認定外篇中的《天道》和雜篇中的《徐无鬼》篇的部分內容非莊子手筆，即為偽作。

《天道》開篇：「天道運而無所積，故萬物成；帝道運而無所積，故天下歸；聖道運而無所積，故海內服。」劉辰翁評曰：

> 才看一二語，便不類前篇。（《天道》）

〔註49〕〔宋〕蘇軾撰，孔凡禮點校：《蘇軾文集》（第十一卷），中華書局 1986 版，第348 頁。

《天道》之前的一篇是《天地》，劉辰翁認定《天地》為莊子手筆無疑，其所識評語態度亦是十分明朗：

> 此篇亦說得精！（《天地》）

> 真方外語，莊以前未聞也。（《天地》）

> 偶然一語，亦自可誦，秦漢文字安得此？（《天地》）

劉辰翁不單在《天道》開篇即通過對《天道》與《天地》篇對比來認定《天道》為偽篇，在接下來的一段「明於天，通於聖，六通四辟於帝王之德者，其自為也，昧然無不靜者矣！聖人之靜也，非曰靜也善，故靜也。萬物無足以撓心者，故靜也。水靜則明燭鬚眉，平中準，大匠取法焉。水靜猶明，而況精神！聖人之心靜乎！天地之鑒也，萬物之鏡也。夫虛靜恬淡寂漠無為者，天地之平而道德之至也。故帝王聖人休焉。休則虛，虛則實，實則倫矣。虛則靜，靜則動，動則得矣。靜則無為，無為也，則任事者責矣。無為則俞俞。俞俞者，憂患不能處，年壽長矣。夫虛靜恬淡寂漠無為者，萬物之本也。明此以南鄉，堯之為君也；明此以北面，舜之為臣也。以此處上，帝王天子之德也；以此處下，玄聖素王之道也。以此退居而閒遊，江海山林之士服；以此進為而撫世，則功大名顯而天下一也」也繼續進行辨析：

> 是學莊子語者，讀至「服」字可笑。（《天道》）

此段段末言以「虛靜恬淡寂漠無為」「退居而閒遊」，則「江海山林之士服」，劉辰翁認為這種賓服「江海山林之士」的觀念本身與《莊子》旨意有違，判定此篇當為莊子後學模仿《莊子》之作。

在《天道》篇後面的評點中，劉辰翁不斷申述此觀點：

> 語無味。（《天道》）

> 至此敗也。（《天道》）

> 此以下豈《莊子》哉？（《天道》）

> 此豈《莊子》哉？（《天道》）

> 尚未得為似。（《天道》）

對於《天道》篇的末四節，劉辰翁認為要遠遠好於前面的部分。

至「士成綺見老子而問曰：『吾聞夫子聖人也。吾固不辭遠道而來願見，百舍重趼而不敢息。今吾觀子非聖人也，鼠壤有餘蔬而棄妹，不仁也！生熟不盡於前，而積斂無崖。』」劉氏評曰：

> 漸入佳境。（《天道》）

至「老子漠然不應。士成綺明日復見，曰：『昔者吾有刺於子，今吾心正卻矣，何故也？』老子曰：『夫巧知神聖之人，吾自以為脫焉。昔者子呼我牛也而謂之牛；呼我馬也而謂之馬。苟有其實，人與之名而弗受，再受其殃。吾服也恒服，吾非以服有服。』」劉氏評曰：

> 是莊子別此，意甚好。(《天道》)

至「世之所貴道者，書也。書不過語，語有貴也。語之所貴者，意也，意有所隨。意之所隨者，不可以言傳也，而世因貴言傳書。世雖貴之，我猶不足貴也，為其貴非其貴也。故視而可見者，形與色也；聽而可聞者，名與聲也。悲夫！世人以形色名聲為足以得彼之情。夫形色名聲，果不足以得彼之情，則知者不言，言者不知，而世豈識之哉！」劉氏讚歎：

> 悲夫！一語不盡有態，是莊子語。(《天道》)

至篇末，劉辰翁則曰：

> 每讀沒歎，能言者不能加矣。(《天道》)

從中可以清晰地看到，劉辰翁雖然認定《天道》篇為莊子後學的模仿之作，但是前半部分明顯不如後半部分更加神似《莊子》。甚至可以說，在劉辰翁看來，前半部分的模仿十分拙劣，而後半部分的內容則愈轉愈精，深得《莊子》神采。

除了外篇中的《天道》篇，劉辰翁還對雜篇中的《徐无鬼》中的部分內容提出了質疑。

《徐无鬼》篇：「徐无鬼見武侯，武侯曰：『先生居山林，食芧栗，厭蔥韭，以賓寡人，久矣夫！今老邪？其欲干酒肉之味邪？其寡人亦有社稷之福邪？』」劉氏評曰：

> 溫潤可玩，雜說重出，若得之他人隨記之者，皆可觀。(《徐无鬼》)

劉辰翁之所以說「雜說重出」，是因為這一段記載與《徐无鬼》開篇的記載極為相似。《徐无鬼》開篇云：「徐无鬼因女商見魏武侯，武侯勞之曰：『先生病矣，苦於山林之勞，故乃肯見於寡人。』」二者都是闡述了徐无鬼見到武侯時的情形，只是細節略微不同。劉辰翁認為這一段雖然為「雜說重出，若得之他人隨記之者」，但是文字「溫潤」、「可觀」，在肯定其文采的同時，對這一段的竄入性質進行了判斷。

（2）辨定字句

劉辰翁對《莊子》文句的考訂較為簡單，較為明確者有訛文二處，異文一處，涉及內篇兩處，外篇一處。

訛文者：

《人間世》：「為人使易以偽，為天使難以偽。」劉辰翁評曰：

此二句多「以偽」二字，疑訛。（《人間世》）

《駢拇》：「駢於辯者，累瓦結繩竄句，遊心於堅白同異之間，而敝跬譽無用之言非乎？而楊墨是已。」劉辰翁評曰：

「句」字疑非，當做「身」。（《駢拇》）

異文者：

《應帝王》：「雕琢復樸，塊然獨以其形立。紛而封哉，一以是終。」劉辰翁評曰：

列子作「紛然而封戎」。味其語，勢宜有「然」者，不當有「哉」字，第封戎未詳。（《應帝王》）

此外，劉氏還對《莊子》中的一些文句提出了自己的懷疑之意，但不是非常明確地提出。如《養生主》：「臣之所好者，道也，進乎技矣。」劉辰翁評曰：「猶疑多了此句。」

劉辰翁考訂《莊》文成就主要就是在承襲蘇軾的辨偽觀，即在以《讓王》、《說劍》、《盜跖》、《漁父》為偽作的基礎上，認定《天道》篇為莊子後學仿《莊》之作，《徐无鬼》中的部分內容為竄入。此外，劉氏還對《莊子》中的部分字句辨定提出了自己的觀點。

2. 辨析舊注

劉辰翁深知注《莊》之難，他在對《德充符》篇的評點中感慨道：「《莊子》豈易注哉？」對於前人注《莊》之見，劉氏在《南華真經點校》中多有辨析。

劉辰翁對舊解的辨析主要包含郭象注和林希逸注，其中，涉及郭注僅幾處，以林注為多。由於劉辰翁是以林希逸的《莊子口義》作為施加評點的底本，所以，《南華真經點校》中涉及林注處多達近百處。

（1）對林希逸注的反思

劉辰翁對林希逸注的反思主要包括兩個方面：其一是對林希逸「纖悉致意」、「每欲求異」解《莊》方式的糾正，其二是對林注以「理」、「佛」解《莊》思路的反思。

首先，對林希逸「纖悉致意」、「每欲求異」解《莊》方式的糾正。

劉辰翁認為，《莊子》多有「不可解」、「不必解」處，如其在《人間世》篇注云：「此處難以帖說解注，當自得之。」其在《知北遊》篇注：「讀至此，了與人意不異，不知復當如何下注腳也。」其在《列禦寇》篇注云：「列子自驚如此……此所不可解也。」劉辰翁認為《莊子》文章很多地方「當自得之」，而林希逸對《莊子》的解讀中往往存在著「每欲求異」的情況，這與劉辰翁的解《莊》理念發生了衝突。

《齊物論》：「有成與虧，故昭氏之鼓琴也；無成與虧，故昭氏之不鼓琴也。昭文之鼓琴也，師曠之枝策也，惠子之據梧也，三子之知幾乎皆其盛者也，故載之末年。唯其好之也以異於彼，其好之也欲以明之。彼非所明而明之，故以堅白之昧終。而其子又以文之綸終，終身無成。若是而可謂成乎，雖我亦成也；若是而不可謂成乎，物與我無成也。是故滑疑之耀，聖人之所圖也。為是不用而寓諸庸，此之謂『以明』。」劉辰翁注云：

> 莊子文字，快活似其為人，不在深思曲說，但通大意，自是開發無限，林解每欲求異，於其本領無見，而纖悉致意。只如師曠瞽者，自是扶杖聽樂，癡獃入神，豈不名狀分曉，何用詭怪牽引……以此解《莊子》，尤不類。（《齊物論》）

這是劉辰翁批評林希逸過度解《莊》的一個總綱，先敘述了《莊子》一書「不在深思曲說，但通大意，自是開發無限」，後即談到了對林希逸注《莊》「纖悉致意」、「每欲求異」的批評。

對於林希逸「纖悉致意」的注《莊》之見，劉辰翁是不贊同的，因為在劉氏看來，「纖悉致意」的做法容易使得《莊子》文章之妙變得呆板無奇，失去《莊》文之妙。

如《齊物論》篇：「既使我與若辯矣，若勝我，我不若勝，若果是也？我果非也邪？我勝若，若不吾勝，我果是也？而果非也邪？其或是也？其或非也邪？其俱是也？其俱非也邪？我與若不能相知也。則人固受其黮闇，吾誰使正之？使同乎若者正之，既與若同矣，惡能正之？使同乎我者正之，既同乎我矣，惡能正之？使異乎我與若者正之，既異乎我與若矣，惡能正之？使同乎我與若者正之，既同乎我與若矣，惡能正之？然則我與若與人俱不能相知也，而待彼也邪？」劉辰翁評曰：

> 此段極分明，可不必解。妙在「而待彼也耶」五字，「彼」字本

無所指，猶言「將復待何人耶」，但如此即死語，如此則為冷語，有悟入耳。林以「彼」為造物，卻淺淺甚矣。我與若與人皆不相知，及其相知，又只在我與若之間耳，而猶待彼也耶？不言之妙，不彼不此，非莊子不能言，非識者不能與此言也。（《齊物論》）

劉辰翁認定這一段「不必解」，但是林希逸卻是作了注解的。其中，劉辰翁認為「而待彼也邪」句中的「彼」字，沒有具體所指，屬於泛言，如同說「將復待何人」，但是林希逸卻是將這個「彼」字坐實了，釋為「造物」之意。劉辰翁認為這種過度附會使得《莊子》的妙處全無，屬於「淺淺」者的行為。這種「纖悉致意」的做法在劉辰翁看來，無法體現《莊子》的妙處，「非識者不能與此言也」，這對林希逸的批評是較為嚴厲的。

對於林希逸「每欲求異」的做法，劉辰翁也進行了細緻的辨析。劉辰翁認為，「每欲求異」的做法容易使《莊子》被誤解，從而錯失真正的《莊子》本意。如《人間世》篇：

> 顏回見仲尼，請行。曰：「奚之？」曰：「將之衛。」曰：「奚為焉？」曰：「回聞衛君，其年壯，其行獨。輕用其國而不見其過。輕用民死，死者以國量，乎澤若蕉，民其無如矣！回嘗聞之夫子曰：『治國去之，亂國就之。醫門多疾。』願以所聞思其則，庶幾其國有瘳乎！』」仲尼曰：「嘻，若殆往而刑耳！夫道不欲雜，雜則多，多則擾，擾則憂，憂而不救。古之至人，先存諸己而後存諸人。」

林希逸注云：「邦有道則見，邦無道則隱。此聖賢之言也。莊子卻反其說曰：治國去之，亂國就之，謂如人能醫，必其門多疾之時，方可行其術。若是已治之國，又何用我？願以所聞思其則，言欲以所聞於夫子者，而告之衛君，使之思其法則而知改悔，庶幾其國可安也。」〔註50〕林希逸的這種解讀可稱新異，特別是「言欲以所聞於夫子者，而告之衛君，使之思其法則而知改悔，庶幾其國可安也」的見解，有別於傳統的注解。劉辰翁則評曰：

> 回得夫子舊時兩語，欲往就之，夫子曰：未也。欲其存諸己者如神明，人自叩之，或有所遇，亦將不言而信耳，故反覆進之以道。林解殊未喻，遂使首尾不相似，心齋與衛君何與？正是未識至人之所以為至，嗸嗸然與人迕哉！（《人間世》）

〔註50〕〔宋〕林希逸著，周啟成校注：《莊子鬳齋口義校注》，中華書局 1997 年版，第 57 頁。

在這裡，莊子的本意乃在於強調古代的至人，先充實自己然後才去扶助別人，劉辰翁認為「欲其存諸己者如神明，人自叩之，或有所遇，亦將不言而信耳」。林希逸「欲以所聞於夫子者，而告之衛君，使之思其法則而知改悔，庶幾其國可安也」的理解則過度地引申了《莊子》的文意，雖然與舊解不同，解釋新穎，但是明顯誤解了本文的意思。劉辰翁很不認同，他認為林希逸實在是誤解了《莊子》的意思，「林解殊未喻，遂使首尾不相似，心齋與衛君何與？正是未識至人之所以為至，嘐嘐然與人迮哉！」

又如《天道》篇：「士成綺見老子而問曰：『吾聞夫子聖人也。吾固不辭遠道而來願見，百舍重趼而不敢息。今吾觀子非聖人也，鼠壤有餘蔬而棄妹，不仁也！生熟不盡於前，而積斂無崖。』」對於「鼠壤有餘蔬而棄妹」一句中的「妹」字，劉辰翁對林希逸的別解表示了反對：

　　　　林云：「妹」與「昧」同，暗也。「妹」字不必別解。(《天道》)

在這裡，劉辰翁也主要是針對林希逸的「別解」的角度來質疑的。

劉辰翁不獨反對林希逸「纖悉致意」、「每欲求異」解《莊》方式，同時，對林希逸每每以「理」、「佛」解《莊》從而引起一些問題，劉辰翁也表達了自己的意見。

其次，對林希逸以「理」、「佛」解《莊》思路的反思。

劉辰翁對林希逸以「理」、「佛」解《莊》的成果有吸收，但同時，對於林希逸注中不當以「理」、「佛」解《莊》處而強以之解的情況，也進行了批駁和反思。

林希逸以「理」學中的「天理」等概念解《莊》，劉辰翁對此甚為不滿。

《齊物論》：「一受其成形，不亡以待盡。與物相刃相靡，其行盡如馳而莫之能止，不亦悲乎！終身役役而不見其成功，茶然疲役而不知其所歸，可不哀邪！人謂之不死，奚益！其形化，其心與之然，可不謂大哀乎？人之生也，固若是芒乎？其我獨芒，而人亦有不芒者乎？」此段寫世間眾生，一生疲役，不知所歸，迷失自我。林希逸注云：「芒芒然，無見識也。彼愚惑之人亦當回首自思曰：凡人之生，其胸中本若是昧然無見乎？豈我獨昧而人亦有不昧者？此意蓋『天生蒸民，有物有則，民之秉彝，好是懿德。』天理未嘗不明，汝以人慾自昏，故至於此，知道之人豈如此范昧乎？」〔註51〕劉辰翁評曰：

<hr />

〔註51〕〔宋〕林希逸著，周啟成校注：《莊子鬳齋口義校注》，中華書局 1997 年版，第 21 頁。

林云：芒芒然無見識也。天理未嘗不明，人以人慾自昏，故至
於此。莊子又不說仁義，何必天理？（《齊物論》）

「天理」、「人慾」皆是理學中的概念範疇，程頤、朱熹等人以封建社會中
的倫理綱常附會「天理」，以人的現實物質利益要求附會「人慾」，倡導「存天
理，去人慾」，受到了後來王夫之、李贄、戴震等人的極大反對。朱熹在《朱
子文集》卷五十九曾云：「且所謂天理，復是何物？仁、義、禮、智豈不是天
理？君臣、父子、兄弟、夫婦、朋友豈不是天理？」〔註52〕這種觀念與莊子顯
然是格格不入的，故劉辰翁言「莊子又不說仁義，何必天理」。

在林希逸以「佛」、「禪」解《莊》方面，劉辰翁認為林希逸注解《莊子》，
存在過濫援引佛家觀點解《莊》，沒有使得《莊子》之意明朗，反而顯得十分
迂曲。

如《大宗師》篇：「子貢反，以告孔子曰：『彼何人者邪？修行無有而外其
形骸，臨尸而歌，顏色不變，無以命之。彼何人者邪？』孔子曰：『彼遊方之
外者也，而丘遊方之內者也。外內不相及，而丘使女往弔之，丘則陋矣！彼方
且與造物者為人，而遊乎天地之一氣。彼以生為附贅縣疣，以死為決𤴯潰癰。
夫若然者，又惡知死生先後之所在！假於異物，託於同體；忘其肝膽，遺其耳
目；反覆終始，不知端倪；芒然徬徨乎塵垢之外，逍遙乎無為之業。彼又惡能
憒憒然為世俗之禮，以觀眾人之耳目哉！』」言子桑戶死，子貢奉孔子之命前
去弔唁，卻發現子桑戶的好友孟子反、子琴張彈琴和唱，慶祝子桑戶還歸本真，
子貢返回，告訴孔子此事，孔子悟孟子反、子琴張與造物為友，逍遙天地之間，
早已無拘形骸。林希逸解曰：「……與造化者為人，只是與造物為友。遊乎天
地之一氣，言遊於造物之初。附贅縣疣，喻此身為天地間長物，必決之潰之而
後快，即勞我以生、息我以死之意。假於異物，便是《圓覺》地水火風之論，
四大合而為身，故曰託於同體。」〔註53〕劉辰翁對林希逸將《莊子》的「假於
異物」與佛家《圓覺經》中的「地水火風」相溝通頗為不滿：

林云：假於異物便是《圓覺》地水火風之論。地水火風，援引
迂曲，不如「名山大川，還千古英靈之氣」一句快當。（《大宗師》）

〔註52〕〔宋〕朱熹著，郭齊、尹波點校：《朱熹集》（5）卷五十九，四川教育出版社
1996 年版，第 3045 頁。
〔註53〕〔宋〕林希逸著，周啟成校注：《莊子鬳齋口義校注》，中華書局 1997 年版，
第 117 頁。

「名山大川，還千古英靈之氣」是蘇軾的學生李方叔在蘇軾死後所寫的一篇文章中的哭師之句。其文曰：「道大不容，才高為累，皇天后土，鑒平生忠義之心；名山大川，還千古英靈之氣。識與不識，誰不盡傷？聞所未聞，吾將安放！」蓋言蘇軾形骸至死歸山川，英靈之氣還千古之意。劉辰翁認為林希逸援引佛家「地水火風」顯得迂曲費解，實為解簡為繁之道，反倒不如以李方叔之文句解《莊》來得痛快恰當。

劉辰翁認為林希逸以佛禪解《莊》之所以出現了較多的問題，原因之一就是林氏並沒有真正理解佛禪本身的意義與內涵。劉辰翁在《駢拇》篇批評林希逸以禪家「頓悟」解《莊》云：

> 頓後無許多事，林亦何嘗知禪林本色哉？其言修煉亦然。（《駢拇》）

劉氏認為，林氏並未能真正識得禪家路數，故林氏以禪家「頓悟」與《莊子》相會通在劉氏看來也是乏善可陳。

劉辰翁對林希逸的注《莊》反思可以說基本是切中其弊的，在宋元之際以多重思想融合解《莊》的風潮之下，劉氏能夠保持其獨立的立場和清醒的認識尤顯難能可貴。同時，劉辰翁對林注的反思和批判，對於我們今天正確認識林注也是具有極大的啟發意義的。

（2）對郭象注的反思

劉辰翁對郭象注的反思是極為溫和的，在不否定郭注的基礎上提出了一些自己的看法，主要包括對《莊子》整體旨意的理解和具體詞義的商榷兩個方面。

劉辰翁剛開始對郭象注是極為讚賞的，但是後來參照林希逸等人的注解，則發現郭注實則為游離於《莊子》之外者。在《逍遙遊》篇前，劉辰翁分別申述了郭象和林希逸的觀點，認為在《逍遙遊》篇中，郭象注雖然有其道理，但卻是《莊子》一書的篇外之意：

> 舊見郭解，以《逍遙遊》為大小各適其分意，亦是之。今見林解，又以為形容胸中廣大之樂，近之而非也。此篇文意專主至大，正不以二蟲小知為然，郭解乃篇外意。林則知逍遙之名篇矣，不知《莊子》一部書專說遊意。……《老子》曰：「吾遊於物之初」，莊子著書之意，欲人知天遊之樂。（《逍遙遊》）

　　此篇，劉辰翁以郭注為獨立於《莊子》一書之外者，認為「郭解乃篇外意」，確為有見。馮友蘭先生也認為郭象注「實乃一獨立的著作」。馮氏於《中國哲學史》中言道：「魏晉時，道家之學盛行。在此時期中，郭象之《莊子注》為一極有價值之著作。此注不但能引申發揮《莊子》書中之思想，且亦自有若干新見解，故此注實乃一獨立的著作，道家哲學中一重要典籍也。」〔註54〕郭注雖然卓著，但是於《莊子》而言，並非其應有之義。由此而言，劉辰翁對郭象注的見解還是相當犀利的。

　　除了在《莊子》整體旨意理解上對郭注進行關注之外，劉辰翁還在《莊子》文中具體詞意的理解上提出了一些與郭注不同的看法。

　　如《大宗師》篇：「何謂真人？古之真人，不逆寡，不雄成，不謨士。若然者，過而弗悔，當而不自得也。若然者，登高不栗，入水不濡，入火不熱，是知之能登假於道者也若此。」劉辰翁評曰：

> 不逆寡，郭象以為寡且不逆，則所順著眾，其意美矣。愚意以
> 為逆者，惡也。「逆寡」猶「嫌少」也。（《大宗師》）

　　郭象注云：「凡寡皆不逆，則所願者眾矣。」成玄英疏：「寡，少也。引古御今，崇本抑末，虛懷任物，大順群生，假令微少，曾不逆忤者也。」〔註55〕郭象以「逆」為「忤逆」義，而劉辰翁在肯定郭象「其意美矣」的基礎上「以為逆者，惡也」，二者在具體釋義上略有不同。

　　整體來說，相比於對林希逸注的激厲駁斥而言，劉辰翁對郭象注的反思是較為緩和的，其語氣亦是商榷式的。

　　劉辰翁的《南華真經點校》作為第一部真正意義上的《莊子》評點之作，受到了後來者的推崇，清人錢謙益在其《文選瀹注序》稱：「劉辰翁、李卓吾之書，家傳戶誦。」劉氏評點成果亦常常慘遭篡奪，甚至有人將劉辰翁評注之語假借唐宋諸賢（歐陽修、王安石、蘇洵、蘇軾、司馬光、宗臣等）集錄於書，署名歸有光、文震孟的《南華真經評注》如此張冠李戴者多達一百五十餘處。〔註56〕當然其中可能存在書商謀利等等商業因素，不過由此亦可見劉辰翁的《莊子》評點在當時流傳之廣，當屬「暢銷」書之列。

〔註54〕馮友蘭：《中國哲學史》，中華書局1961年版，第632頁。

〔註55〕〔晉〕郭象注，〔唐〕成玄英疏，曹礎基、黃蘭發點校：《南華真經注疏》，中華書局1998年版，第136頁。

〔註56〕方勇：《莊子學史》（第二冊），人民出版社2008年版，第433～454頁。

第三章　陸西星與《南華真經副墨》

第一節　陸西星其人

　　陸西星及其《南華真經副墨》是明代莊學研究無法迴避的一筆，蕭天石先生稱其為金元明莊學研究中「最著者也」(《道藏精華》第十二集之一《南華真經》)。在整個《莊子》評點研究過程之中，陸氏的《南華真經副墨》更是有著時代性的意義和多元思想交互融合的個性化特色。

　　但是對陸西星的個體事蹟的研究和考稽並不是隨著《莊子》研究而展開的，而是藉由《封神演義》的作者問題而引起了較為廣泛的討論。《封神演義》的作者問題，基本看法有三種：其一是魯迅的許仲琳說〔註1〕；其二為張政烺、孫楷第、柳存仁諸先生的陸西星說〔註2〕；其三為章培恒等先生所主之許仲琳與李雲翔合作說〔註3〕。其中對陸氏生平考述較為詳盡的當屬柳存仁先生，其所作《陸西星傳》、《陸西星之參同契測疏》以及《陸西星、吳承恩事蹟補考》，形成了陸西星生平事蹟研究的最初形態，即通過方志和陸氏傳世著作中的部分相關信息共同構築的陸氏生平。而真正的《莊子》研究者們卻長期未能對陸氏生平作出很好的研究和考證，這同整個明代《莊》學研究不彰有關。

〔註1〕魯迅：《中國小說史略》，人民文學出版社1981版，第170頁。
〔註2〕孫楷第：《中國通俗小說書目》，人民文學出版社1982版，第196～197頁。
〔註3〕章培恒：《〈封神演義〉作者補考》，《復旦學報》(社科版)，1992年第四期，第90～98頁。

陸西星（1520～1606年），字長庚，號潛虛子，又號方壺外史、蘊空居士。其早歲業儒，後轉而慕道，自稱數遇仙人，晚年參佛。

清咸豐年間梁園隸等人所纂修的《重修興化縣志》是方志中對陸氏記載相對較為詳盡而較為準確者：

> 陸西星，字長庚，生而穎異，有逸才。束髮受書，輒悟性與天道之旨。為名諸生，九試不遇，遂棄儒服，冠黃冠，為方外遊。數遇異人，授真訣，乃纂述仙釋書數十種，其《南華真經副墨》為近代注《莊》者所不及，西星於書無所不窺，嫻文辭，兼工書畫，同時宗臣最以才名，而著作之富獨推西星云。〔註4〕

民國三十二年《續修興化縣志》中陸西星像

一、陸西星的家世

陸氏為興化縣大族，西星父精於易學，以布衣卒終；其母張氏，西星侍母孝。

西星弟、從子、從孫皆見載於《重修興化縣志》之中，從中可見，陸氏一門之中不乏讀書之人，可稱書香門第。

〔註4〕〔清〕梁園隸等纂修：《重修興化縣志》，成文出版社民國五十九年版，第941～942頁。

陸西星的弟弟陸原博，據《重修興化縣志》記載：

> （西星）弟原博，亦才士，宗臣擬之「二陸」，其《楚陽詩選》
> 與西星《南華副墨》並載焦竑《經籍志》中。〔註5〕

宗臣為明代著名文學家，「後七子」之一，抗金名將宗澤之後，與二陸兄弟同屬興化縣人。宗臣與陸西星為好友，二人交遊情況在「陸西星的交遊」中作敘述。

從子陸律，與九試不遇的陸西星的仕途生涯截然相反，為嘉靖四十三年（1564）貢生，後官浙江龍游訓導，所著《從吾集》，今不傳，《重修興化縣志》「文苑」有其傳：

> 陸律，字子和，少從宗周受《大戴禮》，穎秀奇拔，日記數千言，
> 饋於庠試輒冠其曹，與從父西星齊名，以嘉靖四十三年貢，為龍游
> 訓導，嗜學稽古無虛日，生產不一問也，著《從吾集》，縱橫有才士
> 風。〔註6〕

從孫陸士驤，抄書勤奮，但其所作皆未付梓：

> 士驤，字渠黃，性嗜學，不避寒暑，嘗錄經、史、子、集與四
> 子書相鼓吹者，幾盈尺，名《稽古集》，南豐湯總憲來賀，萊陽周孝
> 廉正序之，當書未成時，三年不下樓，其專篤如此。其他編輯尤多，
> 皆未付梓。〔註7〕

西星家境一直較為清貧，據其好友宗臣記載，至於不能「張燭啟塗」：

> 當是時，余貧，長庚更大貧。至不能張燭啟塗，往往錯足溝穢，
> 不恨也。〔註8〕

這也是後來陸西星執著參加科考的原因之一：改變自己與母親的生活境遇。

二、陸西星生平事略〔註9〕

正德十五年（1520），陸西星生於揚州興化縣。陸西星在其《楞嚴經述旨

〔註5〕〔清〕梁園隸等纂修：《重修興化縣志》，成文出版社民國五十九年版，第942頁。
〔註6〕〔清〕梁園隸等纂修：《重修興化縣志》，成文出版社民國五十九年版，第940頁。
〔註7〕〔清〕梁園隸等纂修：《重修興化縣志》，成文出版社民國五十九年版，第942頁。
〔註8〕〔明〕宗臣：《宗子相集》卷十二，清文淵閣四庫全書本。
〔註9〕此處對周全彬先生的《陸西星年表》多有參考，詳見〔明〕陸西星撰，蔣門馬點校：《南華真經副墨》附錄，中華書局2010年版，第512～518頁。

題辭》中自署：「萬曆二十九年歲次辛丑夏五月八十二翁淮海陸西星庚書於潞河舟中。」

嘉靖二十四年（1545），「興化陸西星（長庚）在里，此際與宗臣共治學。」〔註10〕

嘉靖二十六年（1547），於北海草堂遇呂洞賓。其自云：「嘉靖丁未，偶以因緣遭際，得遇法祖呂公於北海之草堂，彌留款洽，賜以玄醴，慰以甘言。」（《金丹就正篇》序）

嘉靖二十八年（1549），宗臣鄉試中舉人。陸西星與宗臣皆為名諸生。

嘉靖三十一年（1552），宗臣回鄉養病，陸西星常常過訪。

嘉靖三十三年（1554），陸西星外出歸鄉，原因是其母親去世。

嘉靖三十四年（1555），興化縣大水、蝗災，西星困厄。

嘉靖三十六年（1557），宗臣任職省親，陸西星五次訪之。

嘉靖三十八年（1559），興化知縣胡順華主修《興化縣志》，陸西星及從子陸律參與其事。

嘉靖三十九年（1560），宗臣病死於福建任上，年僅三十六歲。西星作詩哀之。

嘉靖四十三年（1564），陸西星《金丹就正訣》成書。其序云：「甲子嘉平，予乃遁於荒野，覽鏡悲生，二毛侵鬢，慨勳業之無成，知時日之不待。復感恩師示夢，去彼掛此，遂大感悟，追憶囊所授語，十得八九。參以契論經歌，反覆紬繹，寐寐之間，性靈豁暢，恍若有得，乃作是篇。」

隆慶元年（1567），《陰符經測疏》成書。陸西星自序云：「星也寡昧，於道罔聞。獨以因緣遭際，得蒙聖師提挈，指以性命根宗，三元機要，一旦茅塞頓開，豁無疑滯。乃取黃老之書，竊而讀之，反覆紬繹，質以師授之言，參互考訂，似有迎刃而解者，乃知庖丁之目無全牛，其肯綮者得，而批導者熟也……時隆慶元年，歲次丁卯，春三月望後二日，淮海潛虛子陸西星長庚書於安宜舟中。」同年七月望後五日復作後序；同年，撰成《玄膚論》，同鄉趙宋作後序，並資助刊行。

隆慶四年（1570），陸西星《金丹大旨圖》成書。其序云：「歲在庚午嘉平月，下浣潛虛子書於南沙之西禪精舍。」

〔註10〕張慧劍：《明清江蘇文人年表》，上海古籍出版社 1986 年版，第 220 頁。

　　萬曆四年（1576），陸西星開始起草《南華真經副墨》。〔註11〕《南華真經副墨》序云：「星款啟寡聞，素無前識，而二氏之學，載之末年，頗窺堂奧，乃復添注是經……三易歲乃脫草……萬曆戊寅四月望日。」

　　萬曆六年（1578），《南華真經副墨》脫稿。

　　萬曆十九年（1591），興化知縣歐陽東鳳主修《興化縣新志》，年已七十二歲的陸西星參與修志。

　　萬曆二十四年（1596），陸西星撰寫《楞嚴經說約》引語。陸氏《楞嚴說約引語》末署「萬曆丙申獻歲元日」。

　　萬曆二十八年（1600），陸西星遠遊京師，與李戴會面。「庚子杪冬。遠會京邸。以質新得。」（《楞嚴經述旨》李戴題辭）

　　萬曆二十九年（1601），二月，李戴為《楞嚴經述旨》題辭，「萬曆辛丑二月朔旦，貞明道人中州對泉李戴仁夫題於端揆公署。」五月，八十二歲的陸西星撰成《楞嚴經述旨題辭》於北京通縣潞河船上，「萬曆二十九年，歲次辛丑，夏五月，八十二翁淮海陸西星庚書於潞河舟中。」

　　萬曆三十年（1602），陸西星作《楞嚴經句義通說要旨絮言八則》。

　　萬曆三十四年（1606），陸西星卒，年八十七歲。《重修興化縣志》卷一「古蹟」記載了陸西星的墓地位置：

　　　　陸山人墓，北郭外十里平望鋪，葬布衣陸西星。〔註12〕

三、陸西星的交遊

　　陸西星的交遊因其數次外出遊歷而較為廣泛，但是總起來說，主要交往對象還是在興化的諸人，可以分與宗臣的交往以及和趙宋、李春芳等人的交往。

1. 與宗臣的交往

　　陸西星與宗臣的交往集中在陸氏前半生，宗臣少年得志，但中年早逝，陸氏早年鬱鬱，二人惺惺相惜，最終死生契闊。徵之《宗子相集》，二人過從之情形歷歷如見，其間感人肺腑者多。陸西星長宗臣五歲，二人少小相識，同習舉子業，當時二人都屬於貧窮書生，但是互為知音之感讓他們「不恨」：

〔註11〕周全彬先生的《陸西星年表》認為《南華真經副墨》起草於萬曆三年，蓋據「三易歲」簡單推算而來，然徵之陸氏在《南華真經副墨》卷之末尾署云：「起草於萬曆丙子六月六日，脫稿於戊寅八月八日」，可知起草時間以萬曆四年為妥。

〔註12〕〔清〕梁園隸等纂修：《重修興化縣志》，成文出版社民國五十九年版，第165頁。

於是時時過長庚草堂，長庚輒與余幾而談，細剖深語已，命侍
子摘園蔬飯餘，或酒餘。不夜不別，即別，復相與握手竟談塗中。
當是時，余貧，長庚更大貧。至不能張燭啟塗，往往錯足溝穢，不
恨也。而太夫人張頗怪長庚暮歸，輒問曰，「兒所從朝夕者，誰子
哉？而殷殷亞亞焉。」長庚踉進曰：「兒讀天下之書，見天下之士者
至眾矣。乃亡逾斯人者，淵停嶽峙矣，非兒不能友之。」〔註13〕

嘉靖二十八年（1549），二十五歲的宗臣中舉人，嘉靖二十九年（1550）
成進士，授刑部主事，嘉靖三十年（1551），二十七歲的宗臣調史部任考功郎，
文名遠播，與李夢陽、何景明等人並稱「中原五子」，史稱「後七子」。

在京任刑部主事期間，宗臣因病於嘉靖三十一年（1552）回鄉休養，築室
百花洲上，讀書其中。這段時間，陸西星常常探望宗臣：

余先長庚舉進士為郎，無何以病免歸，長庚時時孤艇來訊，停
杯曼嘯，抗志霞表，然未嘗不中夜而歎。余曰：「何歎？」則歎母夫
人老在堂也。〔註14〕

嘉靖三十六年（1557），宗臣被嚴嵩排擠出京，外補福建提學參議，歸鄉
省親，陸西星多次拜訪宗臣，此時恰逢浙江、福建地區倭寇猖獗：

後數年，余以參藩過里，長庚凡五觴余館舍。時島寇急，人倉
皇走，長庚獨歎曰：「天乎，天乎，即不念其家，獨奈何不念吾母
哉。」〔註15〕

嘉靖三十八年，宗臣因戰功卓著被提升為按察副使，提督福建學政。嘉靖
三十九年病卒於任上。葬武夷山止止菴，數年後方歸葬興化城南百花洲上。西
星作詩哀之：

中原有五子，吾友處其一。光焰不自韜，均為時宰黜。閩中有
三策，時務見經術。官人與校士，持衡兩無失。君才可大用，君年
恨早卒。事業不可量，棺蓋乃稱畢。憶初英妙時，穎脫故無匹。文
事相頡頏，飛動故可畢。驥足日千里，駑者遭其桎。青天浮雲多，
白屋駒影疾。人命在呼吸，豈不惜來日。坐我七尺蒲，載君五花筆。
宇宙為之空，阿堵復何物？居諸每相憶，神采見彷彿。落月在屋樑，

〔註13〕〔明〕宗臣：《宗子相集》卷十二，清文淵閣四庫全書本。
〔註14〕〔明〕宗臣：《宗子相集》卷十二，清文淵閣四庫全書本。
〔註15〕〔明〕宗臣：《宗子相集》卷十二，清文淵閣四庫全書本。

幽蘭滿幽室。修文復何處，泉路杳如漆。安得招君來，促膝談閟密。
〔註16〕

2. 與趙宋的來往

陸西星與同鄉趙宋往來也較為頻繁。趙宋，字方宇。嘉靖三十八年（1559）進士，累官至山西巡按副使兼寧武兵備道，不久改任為山西太僕寺卿，歷經嘉靖、隆慶兩朝。趙宋為官剛正不阿，回鄉後，常與陸西星等研討丹法，自號昆丘外史，陸西星著作之梓行，賴其力為多。

3. 與李春芳等人的來往

陸西星與李春芳的來往主要集中在隆慶五年，李春芳歸養於家鄉興化之後。李春芳的學生李戴曾為陸西星《楞嚴經述旨》題辭；其弟李齊芳曾為《南華真經副墨》作序，而《南華真經副墨》「後序」則為李春芳之次子李茂年所作。

四、陸西星的思想

陸西星早期思想為儒家思想，中年以丹學為務，晚年轉而集中研習佛理。

陸西星早年是以儒為業，這是他最初的思想基礎。陸西星一直未能如願中舉，其「累舉弗售」（《玄膚論》趙宋序）的原因，在宗臣的記載中也許可見一斑：

> 余往在草莽時，則長庚時時共余治博士家語，顧非其好也，輒太息罷去，乃獨亟稱司馬子長、杜少陵，當是時，聞其言者相與共目笑之，而余獨嗟嗟異焉。〔註17〕

陸西星本來就不喜「治博士家語」，其志不在於此，勉強為之，自非其所擅長，之所以「屢敗屢戰」，乃是為了解決清貧的生計和無愧於父母親的期待：

> 後長庚與餘次第應有司辟，已乃次第罷歸，則仰天歎息曰：「嗟乎！余豪士，豈困一第哉！顧獨念母夫人教我者勤也，且何以慰先君子地下？」蓋長庚尊君以易學名世，卒乃蘿荔其身以老，以故長庚之念深焉。〔註18〕

〔註16〕〔清〕趙彥俞等纂：《咸豐重修興化縣志、民國續修興華縣志》，《中國地方志集成》江蘇府縣志輯48，江蘇古籍出版社2000年版，第353頁。
〔註17〕〔明〕宗臣：《宗子相集》卷十二，清文淵閣四庫全書本。
〔註18〕〔明〕宗臣：《宗子相集》卷十二，清文淵閣四庫全書本。

　　陸西星以「豪士」自居，當然不會將自己拘泥於科舉之業，但是其父以《易》學名家，同時又以布衣終身，這種遺憾與期望造成了陸西星長期的努力與無奈。他不喜歡科舉考試的科目內容，早年讀書志趣主要還在文學領域。

　　後「九試不遇」，陸西星逐漸將自己的精力轉移到對道教丹學的研討上面。

　　嘉靖二十六年（1547，時陸西星 28 歲），陸西星遇呂洞賓，得授口訣，這是陸西星丹學思考的開端。後雖頻得異人傳授，但是直到嘉靖四十三年（1564，時 45 歲），陸西星「復感恩師示夢，去彼掛此，遂大感悟，追憶囊所授語，十得八九。參以契論經歌，反覆紬繹，寐寐之間，性靈豁暢，恍若有得，乃作是篇」，是為《金丹就正篇》。這是《方壺外史》中最早的一篇，也是道教內丹學史上雙修問題的首部專論性著作。

　　此時的陸西星同時開始研讀《老子》，原因就在於「若夫溯大道之宗，窮性命之隱，完混沌之樸，復真常之道，則孰先《老子》？」（《老子玄覽》序）陸西星認為：「《老子》者，聖人道德之微言，而性命之極致也。」（《老子玄覽》序）這時的陸西星對《老子》的解讀必然依附於其內丹學家的身份和眼光，「參以丹經，質之師授，恍然似有所得其要領者。」嘉靖四十五年（1566，時 47 歲），陸西星歷時三月撰《老子玄覽》，同門趙邃陽為之序，姚更生為之作《讀老子宗眼》。但是陸西星由於「窮於學道，不能自梓」，此書十四年後才得以刊行問世。同時，四十五歲的陸西星開始修煉地元外丹，這也是他一貫主張內外兼修的體現。

　　此後，陸西星連續撰寫了多部內丹學著作，逐漸構築起了自身的內丹學方法和理論系統。隆慶元年（1567，時 48 歲），陸西星撰成《陰符經測疏》及《玄膚論》二書。他之所以要為《陰符經》作「測疏」，是因為「《陰符經》，固古之丹經也」。（《陰符經測疏》後序）而《玄膚論》則為陸西星系統闡述其內丹理論和方法之作，「陸生既聞性命之學於聖師，豁然有契於其衷，乃述所傳，為論二十篇，總七千餘言，名曰《玄膚》。」（《玄膚論》序）隆慶二年（1568，時 49 歲），陸西星開始研習風律、堪輿地理。同時繼續貫徹內外兼修，修煉地元外丹。隆慶三年（1569，時 50 歲），陸西星撰《周易參同契測疏》，繼續託名呂祖真傳，借「測疏」系統闡述其人元陰陽丹法。次年，陸西星作《金丹大旨圖》，描繪「先天無極之圖」、「太極未分之圖」、「太極分陰陽之圖」、「陰陽互藏之圖」等八幅內丹圖，屬於內丹修煉理論闡釋範圍。同年作《七破論》七篇，述旁門愚見，作為反面案例。隆慶五年（1571，時 52 歲），陸西星作《心

印經測疏》、《呂祖百字碑測疏》、《邱長春真人青天歌測疏》《疑金丹四百字測疏》、《入藥鏡測疏》、《龍眉子金丹印證詩測疏》各一卷。

　　在陸氏完成了一系列的內丹學著作之後，他於萬曆四年到萬曆六年著成《南華真經副墨》。陸西星認為，「《南華》者，《道德經》之注疏也。」同時陸西星還把《莊子》比作西方的佛經，「故予嘗謂震旦之有《南華》，竺西之貝典也。貝典專譚實相，而此兼之命宗。蓋妙竅同玄，實大乘之秘旨。學二氏者，烏可以不讀《南華》！」有了注釋《老子玄覽》的基礎，加之對佛學的體認，陸西星注《莊子》的思想特色就較為明晰了。「大旨謂南華祖述道德，又即佛氏不二法門。蓋欲合老、釋為一家。」（《四庫全書總目》卷一百四十七）而《南華真經副墨》的評釋也成為了陸西星從內丹學轉向佛學的一個分水嶺。

　　陸西星生命中的最後二十年，主要精力集中到了對佛學的參研上。其實早在陸氏早年就已經接觸到了佛經典籍，只不過彼時讀來，茫然不知所以。「幼讀竺西典，芒若失故吾。」而從萬曆二十四年起至萬曆三十年，陸西星正式開始著手將自己的學佛心得付諸著述，幾年之中他主要為佛教主要經典之一的《楞嚴經》作注，其間還遠遊京師，與李春芳的學生李戴會面，質以學佛之心得。

　　陸西星雖早年學儒，其父亦是易學名家，但儒學始終沒有成為他思想中的主要組成部分，他生命中最多的時間和精力放在了內丹學的研修上，內丹學的理論和方法滲透到了他的諸多著述之中，《老子玄覽》當算是一個縮影。後期的學佛經歷使他完成了自己思想上最後的融合和溝通，而《南華真經副墨》在這種融合之中既充當了一個分界，同時也成為其多重思想的一個匯流所在。

五、陸西星的著述

　　據《明史》卷九十八《藝文志三》之著錄，陸西星著述有：《老子玄覽》二卷；《南華副墨》八卷；《陰符經測疏》一卷；《周易參同契測疏》一卷；《金丹就正篇》一卷；《張紫陽金丹四百字測疏》一卷；《方壺外史》八卷（包括《無上玉皇心印妙經測疏》、《黃帝陰符經測疏》、《崔公入藥鏡測疏》、《純陽呂公百字碑測疏》、《紫陽真人金丹四百字測疏》、《龍眉子金丹印證詩測疏》、《邱長春真人青天歌測疏》、《悟真篇注》、《玄膚論》、《金丹就正篇》、《金丹大旨圖》、《七破論》、《老子道德經玄覽》、《周易參同契測疏》、《周易參同契口義》，共十五種）。

此外，陸氏還有《愣嚴經述旨》、《楞伽句義通說》、《道緣匯錄》、《終南山人集》、《賓翁草堂自記》、《觳音漫錄》〔註19〕以及《三藏真詮》等。

第二節 《南華真經副墨》的成書、刊刻、版本及體例

一、《南華真經副墨》的成書

陸西星評注《莊子》是在其中年時期，五十七歲至五十九歲，具體時間陸氏在《南華真經副墨》卷之末尾署云：「起草於萬曆丙子六月六日，脫稿於戊寅八月八日」。而他此前先後九次參加科舉無望，最後一次則是在嘉靖四十年（1561），時陸西星業已四十二歲，正如他自己所言，「生無食肉相，居官何足云？」「乃知造物者，語命不論文。」陸西星認為自己「適合仙旨，事皆前定」，而《莊子》一書給窮困已極的陸西星以莫大的精神安慰：「酒酣發大叫，天地坐深愁。轉眼時事非，淪謝歸荒丘。夙感南華翁，慰我《逍遙遊》。鵬有九萬里，安能學蜩鳩。」（《觳音漫錄》卷三）

《楞嚴經述旨》李戴序云：「已而絕意進取，入山著書，寫其所得，始為《南華副墨》。則會合三家，而各極其趣。好事者業已付之剞劂，海內多歆豔之。」陸西星所入之山即是棲霞山。棲霞山位於南京城東北二十二公里，古名曰攝山，後因南朝時山中建有「棲霞精舍」而得名。「一日，即謝去親知，長嘯入棲霞山，彷徨乎塵垢之外，逍遙乎無為之業，鶉居觳食，徐徐於於，舊注《陰符》、《參同》、《玄膚》等書，頃注《南華》。」（《南華真經副墨》陸律序）青霞外史李齊芳也在《南華真經副墨》序中說：「外史氏，予里閈先生也，聞性命之學於滇澤先生，遂屣棄舊所，棲真乎攝山之陽，注《南華》、《道德》。」

由此可知，陸西星的《南華真經副墨》成書時間為萬曆六年（1578），時西星五十九歲，地點在棲霞山中。

陸西星認為「《南華》者，《道德經》之注疏也」（《南華真經副墨》序），所以，他於嘉靖四十四年（1565，時46歲）開始研讀《老子》。加之早年的佛學修養和內丹學思想基礎，陸氏的《南華真經副墨》在多重思想融合的基礎上開闢了以佛、道思想共同闡釋《莊子》的道路，直接影響了後來焦竑的《莊子翼》以及釋德清的《莊子內篇注》。

〔註19〕詳見龔敏：《陸西星研究兩題》，香港大學饒宗頤學術館2008年版，第9頁。

二、《南華真經副墨》的刊刻

　　長庚家貧，從他的《三藏真詮》裏即可知。他曾經於嘉靖二十九年（1550）至嘉靖三十一年（1552）間外出遠行，其原因就是家境貧困，「庚、辛、壬、癸四年，星衣食奔走，與師契闊，至甲寅而星以內艱歸……」〔註20〕「歸來四壁立，蛩吟滿床頭……朋好盡錦衣，而我獨敝裘」（《鷇音漫錄》卷三）可為其境遇的寫照。宣懷外史王郜《新梓方壺外史玄膚論》序中亦云：「君（西星）注疏甚富，窮於學道，不能自梓。」資助陸西星《南華真經副墨》一書刊刻的人是當時「狀元宰相」李春芳的胞弟、曾任南京中軍都督府都督的李齊芳。李齊芳作為陸氏同鄉，對《南華真經副墨》的認同是其樂於助梓的根本原因，「吾鄉壖村李先生，博洽群書，一見愛而讀之，曰：『吾當與世人傳之。』」（《南華真經副墨》陸律序）李齊芳在為陸氏梓書的同時也為《南華真經副墨》作了序：「外史氏……注《南華》、《道德》，以適己志，明大道之要，俾後來者知鄉方。書成，予為梓之……有能得外史氏之書而讀之，相與解執情而融習見，若之何其不灑然暢然，若發蒙覆而睹寥廓乎？而某也又得公之四方，亦大雅君子所樂聞也。」而刻書的時間則是在萬曆六年（1578），這就是萬曆六年李齊芳刻本，即《南華真經副墨》的初刊本。

　　陸西星在世時，《南華真經副墨》就經歷了一次重新刊刻。萬曆十三年（1585），新都（今浙江淳安）人孫大綬重刻了《南華真經副墨》。關於這次重刊的原因，孫大綬這樣敘述了當時的情況：「（《南華真經副墨》）雖已有善本行於世，顧若而人者，非思附注以博名，即高直以規利，非欲公之人人也。彼厚積者力能購奇，隱約高人或限而不獲究竟其妙，余小子傷之，因授梓人，思廣厥傳，以公同志。」〔註21〕而這次重刊的最大意義也就在於其對「音義」和「字畫」的增加，「音義則準之《玉篇》，字畫則遵諸《正韻》。」〔註22〕

三、《南華真經副墨》的版本

　　陸西星的《南華真經副墨》主要版本有：

〔註20〕陽明：《道教養生家陸西星與他的〈方壺外史〉》，四川大學出版社1995年版，第88頁。

〔註21〕〔明〕陸西星撰，蔣門馬點校：《南華真經副墨》，中華書局2010年版，第503頁。

〔註22〕〔明〕陸西星撰，蔣門馬點校：《南華真經副墨》，中華書局2010年版，第503頁。

1. 明萬曆六年李齊芳刻本

《四庫全書存目叢書》以及《續修四庫全書》所收即此版本。《四庫全書總目》之《道家類存目》云：「《南華經副墨》八卷，明陸西星撰。西星字長庚，號方壺外史，不知何許人。焦竑作《莊子翼》，引西星之說頗多，則其人在竑以前。書首有其從子律序，作於萬曆戊寅，則與竑相距亦不遠也。是書編次，一依郭象本，而以天道篇『虛靜恬淡寂寞無為』八字分標八卷，每篇逐節詮次。末為韻語，總論一篇之旨。其名副墨，即取大宗師篇副墨之子語也。大旨謂南華祖述道德，又即佛氏不二法門。蓋欲合老、釋為一家。其言博辨恣肆，詞勝於理。其謂《天下》篇為即《莊子》後序，歷敘古今道術，而以己承之，即《孟子》終篇之意，則頗為有見。故至今注《莊子》是篇者，承用其說云。」

據國家圖書館所藏刊本來看：此本為八卷，八冊。八冊封面分別題「《南華真經副墨》虛」、「《南華真經副墨》靜」、「《南華真經副墨》恬」、「《南華真經副墨》淡」、「《南華真經副墨》寂」「《南華真經副墨》寞」、「《南華真經副墨》無」、「《南華真經副墨》為」（注：虛、靜、恬、淡、寂、寞、無、為字均小於書名），題「方壺外史陸西星長庚述，青霞外史李齊芳子蕃、從吾山人陸律子和、蓬萊侶人陸鎬宗京、太和散人徐棟隆夫同校」；文前有陸西星自序、陸律序、李齊芳序；正文九行，行十八字，小字雙行同；白口，單魚尾，四周單邊；版心署書名，篇目，卷數；正文前有「批點《莊子》法」，次「《莊子》音叶」，次「莊子《南華真經》篇目」，次「讀《南華經》雜說」；正文後有李茂年後序，鄭材跋。

2. 明萬曆十三年孫大綬重刻重校本

此本《南華真經副墨》八卷，題「明方壺外史陸西星長庚述，太初散人孫大綬伯符重校」。

據《欽定天祿琳琅書目》之著錄，「《南華真經副墨》，一函六冊，周莊周著，明陸西星注，八卷。前明程涓序，次西星自序，次篇目，次『讀南華真經雜說』，次『批點法』，次論『音叶』，次論『字畫』；後明孫大綬序。按，西星自序稱：『《南華》為《道德經》之注疏，妙竅同玄，並通大乘之祕，故為是注，以匡昔賢之不逮』云云。蓋合二家之說而參訂一書也。其以『副墨』為名者，即取《莊子》『副墨之子聞諸洛頌之孫』句，考郭象注，副墨即文字之謂。西星序作於萬曆戊寅，涓與大綬二序俱作於萬曆乙酉。涓，字巨源，新安人；大綬，字伯符，各見本序。西星爵里無考，是書紙墨雅潔，可稱明版佳本。」

萬曆乙酉即萬曆十三年，重刻本版本情況為：此本八卷，題「明方壺外史陸西星長庚述，太初散人孫大綬伯符重校」；文前有程涓序、陸西星自序、《南華真經》篇目、「讀《南華真經》雜說」、「重刻批點《南華真經》法」、「《南華真經》音叶」、「《南華真經》字畫」；正文八行，行十七字；白口，四周單邊；版心署篇名，書名，卷數及刻工標識：「黃守信、黃鉛等」（黃守信、黃鉛為明代著名的木刻家）；正文後有孫大綬序。

3. 其他的本子，多為重刊或影印

明萬曆天台館重刻孫大綬本。蔣門馬先生在其點校本《南華真經副墨》（中華書局 2010 版）書前的版本說明中認為天台館刻本與李齊芳刻本是同一個版本，愚見以為不妥。《勅修浙江通志》卷四十六「古蹟」目云：「天台館，在府治南一百三十步，宋紹定中倉使葉棠建。」〔註23〕據《明代版刻綜錄》記載，天台館除於明萬曆年間刊刻《南華真經副墨八卷續南華真經雜說一卷》外，還刊刻了《麟經秘旨梅林臆見十二卷》，此書署明萬曆葉氏天台館刊。〔註24〕由此可知，《南華真經副墨》即由此葉氏天台館刊刻。而據《美國哈佛大學哈佛燕京圖書館中文善本書志》所記載，此本《南華真經副墨》，七冊，八行，行十七字，四周單邊，白口，無魚尾，題「明方壺外史陸西星長庚述，太初散人孫大綬伯符重校」，從版本形態來看，此本異於李齊芳刻本，同於孫大綬本。是書扉頁刊：「南華真經副墨。天台館。太初散人鐵筆、莘野逸民刪鑱。一集郭子玄口說，一集方壺外史述，一集林鬳齋說義，一集孫伯符校釋，一音義悉照《玉篇》，一字畫悉遵《正韻》，一書法悉訪平原，一鋟鑱徽郡原版。」徵之國家圖書館所藏天台館本來看，正文前有陸西星自序、《南華真經》篇目、「重刻批點《南華真經》法」、「《南華真經》音叶」、「《南華真經》字畫」、「讀《南華真經》雜說」。此本與《美國哈佛大學哈佛燕京圖書館中文善本書志》所記載版本情況基本一致，所不同者，國圖藏天台館本共十二冊，鈐有「四明張氏約園藏書之印」，卷之上端有批點。杜澤遜先生據以認為，此本據孫大綬本重刻，確為有見〔註25〕。

明末書林詹氏重刻萬曆六年李齊芳本，前有陸西星自序，末有「書林詹氏重刊」二行。

〔註23〕〔清〕沈翼機等撰：《浙江通志》，《中國省志彙編》，京華書局 1967 年版，第888 頁。

〔註24〕杜信孚纂輯：《明代版刻綜錄》（第一冊），廣陵古籍刻印社 1983 年版，第 54 頁。

〔註25〕杜澤遜撰：《四庫存目標注》（子部下），上海古籍出版社 2007 年版，第 2414 頁。

嚴靈峰先生的《無求備齋莊子集成續編》本、巴蜀書社的《藏外道書》本、湯一介先生主編的《道書集成》本、蕭天石先生編纂的《道藏精華》本均源出萬曆十三年的孫大綬本。

4. 蔣門馬先生點校本《南華真經副墨》

寧波蔣門馬先生長期致力於道家、道教文化事業之播揚，精神感人，其功厥偉。蔣先生於 2004～2006 年間在以李齊芳本為底本，參校孫大綬本的基礎上，點校了《南華真經副墨》，此書已於 2010 年由中華書局出版。

蔣氏點校本《南華真經副墨》為目前較為便利、完善之版本，故後文所論，悉以此本為據。

四、《南華真經副墨》的體例

《南華真經副墨》沒有集中敘述體例問題，主要線索散見於李茂年序及「批點法」、「音叶」、「篇目」之中。

1. 關於評注底本的選擇

陸西星評注所依據的底本為郭象三十三篇本。「篇目」末尾云：

「按，《漢書‧藝文志》：『《莊子》五十二篇』，《唐書》：『四十卷』即今行於世者。今篇卷既不同，而世代遼遠，不復得見古人之全書，姑準郭本，定為三十三篇，而《讓王》、《盜跖》、《說劍》、《漁父》亦從其贗入云。」〔註26〕

2. 關於分卷標準

《南華真經副墨》以「虛、靜、恬、淡、寂、寞、無、為」八字為標識，每字分別各領一卷，故八卷作「虛字集卷之一」、「靜字集卷之二」、「恬字集卷之三」、「淡字集卷之四」、「寂字集卷之五」、「寞字集卷之六」、「無字集卷之七」、「為字集卷之八」。李茂年在《南華真經副墨》後序中說明了陸氏採用此八字為標的原因：「若謂『虛靜恬淡寂寞無為』，一經肯綮實在於是，故首舉八字，以分卷帙。意在天人，開戶見山，因標指月。」

3. 關於符號的使用

陸西星在《南華真經副墨》書前作「批點《莊子》法」一則，籍以說明批點之義例：

〔註26〕〔明〕陸西星撰，蔣門馬點校：《南華真經副墨》，中華書局 2010 年版，第 15 頁。

「批點《莊子》法：標題：『｜』；主意：『‖』；肯綮：『○』；精粹：『。。』；段落：『一』。」

4. 關於字音的標注

《南華真經副墨》對字音的處理是直接隨注本文之下，根據《玉篇》標準，多用直音法，同時對於無法直音的字運用反切法，對於大部分的多音字，則直云聲調。「從四聲等韻，參訂《玉篇》直音，隨注於本文之下，以便誦讀。有不可以字叶者，但云某平某上，因其字而調之，則其音自出。」

5. 關於評注的義例

陸氏此書於每篇正文前先作題解，然後分別疏解字句段義、評述文脈結構，終篇作四言、五言韻語，謂之「亂辭」，以揭示全篇要義之前後相屬，主要集中在《莊子》內容上。但《讓王》、《盜跖》、《說劍》、《漁父》、《天下》四篇無「亂辭」，前四篇陸氏因從贗入說而棄之未作，而《天下》則因其是「《莊子》後序」而未作「亂辭」。此外，陸氏在《逍遙遊》、《齊物論》、《養生主》三篇「亂辭」之後，另作「文評」，集中闡述文章結構脈絡，重點在文章結構上。

第三節　《南華真經副墨》的價值

在明代《莊子》學整體式微的環境下，陸西星的《南華真經副墨》在整個明代莊學史上可以稱得上是一枝獨秀，其在探討《莊子》的思想性、文學性和考證性諸方面皆多所建樹，下面逐一闡述。

一、思想性

就思想傾向而言，《南華真經副墨》之解《莊》富有較強的綜合性，無論是從文獻的徵述情況，還是思想觀念（包括了概念和理論系統兩方面）的闡發方面，此書都體現出了儒、釋、道諸種思想匯流的特徵。「三家一旨」的觀念在《南華真經副墨》中屢次被強調：

> （三家有為、無為思想）於此匯而通之，方知三教聖人宗旨不
>
> 殊。〔註27〕

〔註27〕〔明〕陸西星撰，蔣門馬點校：《南華真經副墨》，中華書局 2010 年版，第164 頁。

靜中有動，動中有靜，動靜相生，方為和妙。此個學問，三家一旨。〔註28〕

下面就通過「以『老』解《莊》」、「以『道』解《莊》」、「以『儒』解《莊》」和「以『佛』解《莊》」四個方面對《南華真經副墨》的思想傾向進行闡述。

1. 以「老」解《莊》

陸西星《南華真經副墨》一書對《老子》的引用屬於所有單書文獻引用中最多的，經統計，達七十餘處，貫穿於整個《莊子》一書的內、外、雜篇。由此可見，陸西星在評注《莊子》時融合《老》、《莊》、以「老」解《莊》的明顯傾向。

陸西星認為，「莊子之學得之老子」〔註29〕，《莊子》乃是《老子》的注疏，為羽翼《老子》之作。關於這一點，陸西星在《南華真經副墨》一書中從多個角度反覆加以申明：

《南華》者，道德經之注疏也。其說建之以常無有，而出為於不為，以破天下之貪執者。〔註30〕

莊子《南華》三十二篇，篇篇皆以自然為宗，以復歸於樸為主，蓋所以羽翼《道德》之經旨。〔註31〕

雜篇，莊子雜著也，章句有長有短，總之則推本《道德》，為《老子》一經之疏注。〔註32〕

「《莊子》為老子注疏，此解為是。讀者得之言表可也。」〔註33〕

在陸氏看來，《莊子》和《老子》在理論基礎和核心概念上具有一致性，其常無之道與無為之用是共通的。同時，《莊子》和《老子》之間的共同點是

〔註28〕〔明〕陸西星撰，蔣門馬點校：《南華真經副墨》，中華書局 2010 年版，第229 頁。

〔註29〕〔明〕陸西星撰，蔣門馬點校：《南華真經副墨》，中華書局 2010 年版，第98 頁。

〔註30〕〔明〕陸西星撰，蔣門馬點校：《南華真經副墨》，中華書局 2010 年版，第1 頁。

〔註31〕〔明〕陸西星撰，蔣門馬點校：《南華真經副墨》，中華書局 2010 年版，第121 頁。

〔註32〕〔明〕陸西星撰，蔣門馬點校：《南華真經副墨》，中華書局 2010 年版，第331 頁。

〔註33〕〔明〕陸西星撰，蔣門馬點校：《南華真經副墨》，中華書局 2010 年版，第466 頁。

「莊老立論，主意只在凝神守氣，千言一旨。」〔註34〕

　　為了體現《莊子》為《老子》之注疏，陸西星主要從兩個方面進行了以「老」解《莊》。

　　首先，《莊》出於《老》。

　　（1）主旨意義上

　　陸西星認為《莊子》中的內、外、雜篇立意與主旨皆源出於《老子》中的相關命意。

　　在《齊物論》篇首總論中，陸氏認為整篇《齊物論》中的「齊同」思想主旨是從《老子》「玄同」二字上得來：

　　　　夫知有大小，見有深淺，物論之所由以不齊也。小知間間，日以心鬥，主司是非，意見起而道益虧矣。不知彼亦一是非，此亦一是非，果且有彼是乎哉？果且無彼是乎哉？……此等議論見識，蓋自《老子》「玄同」上來。〔註35〕

　　與《齊物論》同為內篇的《人間世》篇，在陸氏看來，其「全身免禍」的通篇意旨也是受到了《老子》相關學說的直接影響：

　　　　甚矣，形骸之足以累人也！《老子》有言：「天下大患為吾有身。」故《人間世》以全生免禍為貴。〔註36〕

　　如果說陸西星對於內篇中的《莊》、《老》溝通是從通篇大旨上進行的話，那麼，他在外篇中則選擇了具體的段落進行闡釋，在《至樂》篇「莊子之楚，見空骷髏」一段下，陸氏云：

　　　　此自《老子》「天下大患，為吾有身。自吾無身，復有何患」上撰出一段寓言，直是戲劇，若真謂莊子有生死歆厭之心，則又癡人說夢矣。〔註37〕

　　「莊子之楚，見空骷髏」這一段通過骷髏之口著重闡明了生則需承受無窮

〔註34〕〔明〕陸西星撰，蔣門馬點校：《南華真經副墨》，中華書局 2010 年版，第 355 頁。

〔註35〕〔明〕陸西星撰，蔣門馬點校：《南華真經副墨》，中華書局 2010 年版，第 14 頁。

〔註36〕〔明〕陸西星撰，蔣門馬點校：《南華真經副墨》，中華書局 2010 年版，第 75 頁。

〔註37〕〔明〕陸西星撰，蔣門馬點校：《南華真經副墨》，中華書局 2010 年版，第 259 頁。

患累；死歸至樂，雖南面而王，亦不過此。而「天下大患，為吾有身。自吾無身，復有何患」亦主要闡釋了有身即有形，有形即需承受無窮患累，只有像骷髏那樣「無身」，才能無所患。從有形之患的角度來講，這種溝通是其如其分的。

對於雜篇，陸西星在雜篇第一篇《庚桑楚》篇前云：

> 雜篇，莊子雜著也，章句有長有短，總之則推本道德，為《老子》一經之疏注。〔註38〕

陸氏從總體角度對整個雜篇的旨意進行了判斷，那就是源出《老子》，推本「道德」。

（2）遣詞用字上

陸西星認為，《莊子》中的很多概念和遣詞用字皆出於《老子》，於是，《南華真經副墨》在《莊子》一書的字句線索上對《莊》出於《老》進行了求證。

> 「益生」二字，本於《老子》「益生曰祥」，謂裨益於所生之外，而以人為參之也。〔註39〕

> 出，出世也。入，返造化也。二字本《老子》「出生入死」。〔註40〕

> 「絕聖棄知，絕仁棄義」，本《老子》。又云：「不貴難得之貨，使民不為盜。」此段分明是《老子》疏注。〔註41〕

> 「玄同」二字出《老子》。〔註42〕

> 「貴以其身」二句出《老子》，而加二「於」字，亦文之奇處。〔註43〕

> 無名，即《老子》所謂「無名，天地之始」。〔註44〕

〔註38〕〔明〕陸西星撰，蔣門馬點校：《南華真經副墨》，中華書局 2010 年版，第 331 頁。

〔註39〕〔明〕陸西星撰，蔣門馬點校：《南華真經副墨》，中華書局 2010 年版，第 86 頁。

〔註40〕〔明〕陸西星撰，蔣門馬點校：《南華真經副墨》，中華書局 2010 年版，第 91 頁。

〔註41〕〔明〕陸西星撰，蔣門馬點校：《南華真經副墨》，中華書局 2010 年版，第 141 頁。

〔註42〕〔明〕陸西星撰，蔣門馬點校：《南華真經副墨》，中華書局 2010 年版，第 142 頁。

〔註43〕〔明〕陸西星撰，蔣門馬點校：《南華真經副墨》，中華書局 2010 年版，第 149 頁。

〔註44〕〔明〕陸西星撰，蔣門馬點校：《南華真經副墨》，中華書局 2010 年版，第 175 頁。

天門，亦自《老子》「天門開合」影來。天門者，靈府也。天門
開，則蕩蕩無礙而如自在矣。〔註45〕

「既已與人，己愈有」一句出《老子》。〔註46〕

其中，《胠篋》篇中「絕聖棄知，絕仁棄義」與《老子》十九章中「絕聖
棄智，民利百倍；絕仁棄義，民復孝慈；絕巧棄利，盜賊無有；此三者，以為
文不足。故令有所屬：見素抱樸，少私寡欲」相對應；《胠篋》篇中「玄同」
則與《老子》五十七章「塞其兌，閉其門，挫其銳，解其忿，和其光，同其塵，
是謂玄同」相對應；《在宥》篇中「貴以其身於天下，則可以託；愛以身於天
下，則可以寄天下」與《老子》十三章「貴以身為天下，若可託天下；愛以身
為天下，若可寄天下」相對應；《田子方》中「既以與人，己愈有」與《老子》
八十一章「既以為人己愈有，既以與人己愈多」相對應。

從這種對詞句的準確對應上即可以看出，陸氏對《莊》出於《老》的論證
是極為有力的，即便撇開字句之外衍伸的思想意義，這種通過遣詞用句上的溝
通和探討也是極具說服力的。

（3）表達方式上

陸西星認為《莊子》不惟思想內容、遣詞用字上取法《老子》頗多，就連
表達方式上也多有《莊》出於《老》者，在《齊物論》篇「夫大道不稱，大辯
不言，大仁不仁，大廉不嗛，大勇不忮」下注云：

此等說話，皆字《老子》上理會得來。〔註47〕

《老子》四十一章有云：「大方無隅，大器晚成，大音希聲，大象無形。
道隱無名。」這種辯證、排比的表達方式與《齊物論》篇中的如上表達確有異
曲同工之妙，而陸氏所言「此等說話」即是指《莊子》與《老子》中通過這種
排比辯證的敘述方式表達相反相成的思想。

陸西星敏銳地抓住了《老》、《莊》之間這種表達方式上的規律性和相似
性，並對這種表達方式進行了及時地概括，從語言學這種特殊的角度切入到
了哲學性研究的內容。

〔註45〕〔明〕陸西星撰，蔣門馬點校：《南華真經副墨》，中華書局 2010 年版，第
219 頁。

〔註46〕〔明〕陸西星撰，蔣門馬點校：《南華真經副墨》，中華書局 2010 年版，第
307 頁。

〔註47〕〔明〕陸西星撰，蔣門馬點校：《南華真經副墨》，中華書局 2010 年版，第
35 頁。

其次，以《老》證《莊》。

陸氏通過對《莊子》中與《老子》相近內容和思想的溝通，達到以《老》證《莊》的目的。

此段所言仁義、禮樂、聰明、智慧，對大道而言，皆屬支離竅鑿，把作不好字面看，承《老子》「絕聖棄知，絕仁棄義」，意蓋如此。〔註48〕

聖賢喫緊為人，往往立教，以返璞歸復為本。《老子》云「歸復於嬰兒」，「復歸於無極」，「復歸於樸」，蓋謂是也。〔註49〕

《駢拇》篇以道德為正宗，而以仁義為駢附，正好與《老子》「失道而后德，失德而後仁，失仁而後義」參看。〔註50〕

此外，陸氏還通過對《莊》、《老》之間字義的闡釋進行溝通，如《庚桑楚》篇「道者，德之欽也，生者，德之光也，性者，生之至也，性之動，謂之為，為之偽，謂之失」段下，陸氏注云：

失，即《老子》所謂「失道」、「失德」、「失仁」、「失義」之「失」。《莊子》分明是《老子》疏注。〔註51〕

在陸西星看來，《莊子》對於《老子》的思想並非單純的繼承，其在繼承和吸收的基礎上也對《老子》的相關概念進行了發展，如《天地》篇「泰初有無無，有無名」段下，陸氏注云：

蓋老子只說到個「無名」而止，此老又自「無名」上推出個「無無」者。……有個有，定有個無；有個無，定有個無無者以主張於溟滓之先。〔註52〕

歷來在「無名」和「無無」這個問題的理解以及斷句上是存在爭議的。人類在很長的一段時間內都在思索宇宙萬物之最初起源，在西方促進了物種起

〔註48〕〔明〕陸西星撰，蔣門馬點校：《南華真經副墨》，中華書局 2010 年版，第111 頁。

〔註49〕〔明〕陸西星撰，蔣門馬點校：《南華真經副墨》，中華書局 2010 年版，第121 頁。

〔註50〕〔明〕陸西星撰，蔣門馬點校：《南華真經副墨》，中華書局 2010 年版，第123 頁。

〔註51〕〔明〕陸西星撰，蔣門馬點校：《南華真經副墨》，中華書局 2010 年版，第349 頁。

〔註52〕〔明〕陸西星撰，蔣門馬點校：《南華真經副墨》，中華書局 2010 年版，第175 頁。

源等自然科學的發展，在中國，先民們更深刻地思考宇宙萬物之起源，促成了中國古代哲學的極大豐富與輝煌。《老子》第一章即云：「無名，天地之始；有名，萬物之母。」在次序上，有名是作為萬物之初始狀態，而無名則是作為天地之最初，故無名為更高層次之概念。《老子》二十五章云：「有物混成，先天地生。寂兮寥兮，獨立不改，周行而不殆，可以為天下母。吾不知其名，強字之曰道。」《老子》四十二章有云：「道生一，一生二，二生三，三生萬物。萬物負陰而抱陽，沖氣以為和。」這樣看來，「道」為天下、「一」之母，從而高於「有名」。故《老子》三十二章「道常無名」，而「無名」即為天地之始的最初概念。至此，《老子》的「無名」被推到了起源最初，所以只是強名之曰「道」的「無名」之「道」成為了《老子》宇宙觀念的最高形態。

在對《莊子》「泰初有無無，有無名」的理解時，是否產生了比「無名」更高一級的宇宙概念成為陸西星提出異議的原因和焦點之所在。在斷句上，一種看法是：「泰初有無，無有無名。」這種斷句方式顯然認為《莊子》沒有產生更高一級的宇宙概念，此處的「無」與「無名」、「道」是對等概念，以郭象、成玄英、林希逸等人為代表。另一種看法是：「泰初有無無，有無名。」這種看法以王先謙和陸西星為代表。王先謙和陸西星的斷句方式雖然一致，但是理解上是完全不同的，王先謙認為「無無」的概念與「無」、「無名」對等；而陸西星則認為《莊子》產生了高於「無名」和「道」的哲學概念，即「無無」。陸西星也看到了這種看法的侷限性：

> 此等說話，若教儒者體勘，便硬將朱子作證己說：非太極之上復有無極矣，又安得無始之上復有無無乎？是雖窮蘇、張之舌亦不能辯。〔註53〕

正是這種容易陷入無限循環詭辯的命題，讓陸西星對這個看法置而不辯。實際上，這個命題的思辨方式與《莊子》「子非魚，安知魚之樂」是同一個問題。

客觀來講，陸氏的這種看法對於「吐去舊日聞見」確有貢獻，但是即便僅就《老子》的宇宙觀來看，這種有「有」必有「無」的對舉的思維方式是不適用於此處《莊》文之理解的，因為《老子》「有」生於「無」已經是對舉思維的最高層面了。

〔註53〕〔明〕陸西星撰，蔣門馬點校：《南華真經副墨》，中華書局 2010 年版，第175 頁。

2. 以「道」解《莊》

以道教經典與《莊子》進行印證是陸西星解《莊》的一個重要特色。經統計，《南華真經副墨》全書涉及的道教經典略引如下：

書　名	作　者	時　代
《陰符經》	失考	失考
《清靜經》	失考	失考
《黃庭經》	魏華存	西晉
《參同契》	魏伯陽	東漢
《靈源大道歌》	曹文逸	北宋
《返還證驗說》	張三豐	存疑（爭議在宋、元、明）

陸西星被後世推為內丹東派之祖，著有《陰符經測疏》、《周易參同契測疏》、《黃帝陰符經測疏》等內丹學著作，而這些道教內丹學著作的完成基本都在《南華真經副墨》之前，故這些學術背景積澱為他「以『道』解《莊》」打下了堅實的基礎。

陸西星認為，研習《莊子》對於道家修道者來說有著莫大的益處，只要能夠把握住《莊子》「無知、無為」的全篇宗旨，即能萬變之中歸一其宗。他在外篇《在宥》闡釋了其「以『道』解《莊》」的原因：

> 一部《南華》，始終只說個無知無為的道理，翻出多少議論！苟能得其宗旨，則雖千言萬語皆是一個印板印將去矣。予嘗謂看千卷丹書，不如讀《在宥》一段，玄乎妙哉！〔註54〕

> 丹經萬卷，言不能盡者，此老一語泄破。〔註55〕

陸氏以「道」解《莊》的集中體現就是運用了道家「元神」概念，系統地將「元神」貫穿到了對於《莊子》的闡釋之中。

關於「元神」在《莊子》中的具體內容所指，陸西星認為，「元神」與《莊子》中的「宗」、「真君」、「真宰」以及禪家的「本性」是相對應的。關於這一點，陸氏在《應帝王》中的「壺子曰：『向吾示之以未始出吾宗。吾與之虛與

〔註54〕〔明〕陸西星撰，蔣門馬點校：《南華真經副墨》，中華書局 2010 年版，第162 頁。

〔註55〕〔明〕陸西星撰，蔣門馬點校：《南華真經副墨》，中華書局 2010 年版，第90 頁。

委蛇，不知其誰何，因以為弟靡，因以為流波，故逃也。』」段下、《齊物論》、
《繕性》篇中注云：

> 宗，即禪家所謂「本性」，道家所謂元神。〔註56〕

> 真君即真宰，⋯⋯禪家謂之「真主人」，道家謂之「元神」。⋯⋯
> 真君於人，本無益損，但悟之即聖，迷之則凡耳。〔註57〕

> 認取「知」字，即本初之元性也，儒者謂之良知，佛氏謂之覺
> 性，道家謂之元神，可以恬養之，而不可以俗學障之、俗思亂之。
> 〔註58〕

元神即為先天之本性、「本初之元性」，為無思無慮狀態下的「虛靜恬淡」、
「寂寞無為」的本然狀態。在陸西星看來，人對於「元神」，「悟之即聖，迷之
則凡」，《南華真經副墨》即是從這正、反兩個方面進行闡釋的。對於「迷之則
凡」，陸氏在《養生主》中注云：

> 人生百年為期，會有涯盡，而心之思慮，千變萬化，則無涯盡。
> 此個思慮，禪家謂之「識神」，播弄主人，無有休歇。⋯⋯癡人喚作
> 本來元神，任賊作子，害事多矣。〔註59〕

人千變萬化的思慮、念想皆非元神，而是影響元神的「識神」，如果認
識不到這一點的話，必然本末倒置，無益人生。對於「識神」所致的憂患、
思慮之病，陸氏給出的藥方正是恢復元神的狀態，即「虛靜恬淡」、「寂寞無
為」：

> 幽憂，謂心有隱疾。此個隱疾，總在為物所累上。治之方，虛
> 靜恬淡寂寞無為而已矣。〔註60〕

而對於「悟之即聖」的境界，陸氏在《在宥》以及《齊物論》中均有所指
明。

〔註56〕〔明〕陸西星撰，蔣門馬點校：《南華真經副墨》，中華書局 2010 年版，第
　　　　90 頁。
〔註57〕〔明〕陸西星撰，蔣門馬點校：《南華真經副墨》，中華書局 2010 年版，第
　　　　20 頁。
〔註58〕〔明〕陸西星撰，蔣門馬點校：《南華真經副墨》，中華書局 2010 年版，第
　　　　231 頁。
〔註59〕〔明〕陸西星撰，蔣門馬點校：《南華真經副墨》，中華書局 2010 年版，第
　　　　46 頁。
〔註60〕〔明〕陸西星撰，蔣門馬點校：《南華真經副墨》，中華書局 2010 年版，第
　　　　427 頁。

元神的保持在陸西星看來之為重要，一旦能夠達到默運元神，雖「有國者」亦無法與此相比。《在宥》云：「夫有土者，有大物也，有大物者不可以物，物而不物，故能物物。明夫物物者之非物也，豈獨治天下百姓而已哉？出入六合，遊乎九州。獨往獨來，是為獨有。獨有之人，是之謂至貴。」這本是講「有土者」即諸侯國君的治國之道和精神修養之術，但是陸西星在闡釋的時候將這種精神修養之術巧妙地和「元神默運」結合起來：

> 出乎六合，而遊乎九州。元神默運，獨往獨來，至無也，而實至有也，是謂獨有。獨有之人，是謂至貴，其視有大物者，可以同日哉？〔註61〕

在陸氏的闡釋中，他將後者獨立出來，並加以發揮，在「元神默運」情況下，超越了「有大物」之樂。

道家修煉之成不獨可以超越人世帝王之樂，在陸西星的闡釋中，這種道家修煉的至高境界可以匹之於「神人」、「至人」。

陸氏將《逍遙遊》中的「藐姑射」山之「神人」與道家修煉境界結合起來進行闡釋，「肩吾問於連叔曰：『吾聞言於接輿，大而無當，往而不返。吾驚怖其言猶河漢而無極也，大有徑庭，不近人情焉。』連叔曰：『其言謂何哉？』曰：『藐姑射之山有神人居焉。肌膚若冰雪，淖約若處子；不食五穀，吸風飲露；乘雲氣，御飛龍，而遊乎四海之外；其神凝，使物不疵癘而年穀熟。吾以是狂而不信也。』連叔曰：『然。瞽者無以與乎文章之觀，聾者無以與乎鍾鼓之聲。豈唯形骸有聾盲哉？夫知亦有之。是其言也，猶時女也。之人也，之德也，將旁礴萬物以為一，世蘄乎亂，孰弊弊焉以天下為事！之人也，物莫之傷，大浸稽天而不溺，大旱金石流、土山焦而不熱。是其塵垢秕糠，將猶陶鑄堯舜者也，孰肯以物為事！』陸氏於此段下注云：

> 神人，蓋專氣而食母者，故能闕五穀而吸風露。《黃庭經》云：「人皆食穀與五味，獨食太和陰陽氣。」意蓋如此。……不溺不熱，是極言物不能傷之意。《參同契》云：「入水不濡，跨火不焦。」非得道者，誠不足以語此。〔註62〕

〔註61〕〔明〕陸西星撰，蔣門馬點校：《南華真經副墨》，中華書局 2010 年版，第 119 頁。

〔註62〕〔明〕陸西星撰，蔣門馬點校：《南華真經副墨》，中華書局 2010 年版，第 9 頁。

此之為神人。陸氏又將《齊物論》中的「至人」與此進行呼應，借助對於「至人」的闡釋，認為至人之所以能超乎生死、利害之外，皆因保有元神之故：

> 其元神獨露，縱橫自在，不受變滅，乘雲氣，騎日月，而遊乎
> 四海之外，死生尚無所變，而況利害之端乎？〔註63〕

這就是保有和「默運」「元神」所能達到的至高境界。

在陸西星看來，人的身體可以消亡，但是「元神」是不可消滅的。《養生主》：「指窮於為薪，火傳也，不知其盡也。」陸氏注云：

> 薪喻四大，火喻元神。薪則不可謂此薪為彼薪，火則不可謂此
> 火非彼火，達觀者可以無變化於生死之故矣。〔註64〕

元神並不為個人所專有、不為生死所侷限，如同「大道」一樣，具有普遍、恒久存在的性質，人得之則聖、不得則凡：

> 今人謂死為盡，直哀其盡也而哭之，又非也。不知自大道而觀，
> 同在大匡廓中，一氣混茫，嗣續不絕，滅於東而生於西，喻如火相
> 得薪則傳。〔註65〕

陸西星對於其道家「元神」修養理論的闡釋，集中在《逍遙遊》、《齊物論》、《養生主》、《在宥》等涉及精神修養和心態保持的篇目中。在對這些篇目進行闡釋的時候，陸西星將其巧妙地結合修道者的角度加以融合，使《南華真經副墨》具有了強烈的丹道色彩。

3. 以「儒」解《莊》

陸西星早年業儒，熟諳儒家經典，這反映在《南華真經副墨》中，即表現為「以『儒』解《莊》」。整個《南華真經副墨》稱引儒家經典堪稱俯拾皆是。經統計，所引經典十餘種，見之下表。

書　　名	編、作者	時　　代
《周易》	未詳	未詳

〔註63〕〔明〕陸西星撰，蔣門馬點校：《南華真經副墨》，中華書局 2010 年版，第 38 頁。

〔註64〕〔明〕陸西星撰，蔣門馬點校：《南華真經副墨》，中華書局 2010 年版，第 51 頁。

〔註65〕〔明〕陸西星撰，蔣門馬點校：《南華真經副墨》，中華書局 2010 年版，第 51 頁。

《周禮》	未詳	未詳
《尚書》	傳為孔子所編	春秋
《論語》	孔子弟子	春秋
《大學》	傳為曾子所作	春秋
《中庸》	傳為子思所作	春秋
《孟子》	孟軻	戰國
《禮記》	戴德、戴聖	西漢
《太極圖說》	周敦頤	北宋
《正蒙》	張載	北宋
《定性書》	程顥	北宋

其中徵引頻次較高的是《孟子》（主要是徵引《孟子》中的相關詞句旁證《莊子》之說），次為《論語》等。這些儒家經典涵蓋了儒家先秦、秦漢經典和宋代的理學經典兩個部分。

陸西星認為，儒、釋、道三教思想在保持人性本真方面是完全一致的，而這又是整個《莊子》全書的整體宗旨。在《應帝王》篇末「混沌之死」段下，陸氏注云：

> 此個混沌，人人有之，自夫形生神發之後，知誘物化，緣六根而染六塵，因六塵而起六識，於是愛憎是非紛然作，逐妄迷真，去道日遠。《清靜經》云：「既著萬物，即生貪求，即是煩惱。煩惱妄想，憂苦身心，流浪生死，永失真性。」……《老子》云：「復歸於嬰兒」、「復歸於無極」、「復歸於樸」。蓋謂是也。而孟子之書亦云：「大人者，不失其赤字之心。」三教聖賢同一宗旨。莊子《南華》三十二篇，篇篇皆以自然為宗，以復歸於樸為主。〔註66〕

其於書前所作的自序也可見陸氏深受儒家思想影響，對於其「以『儒』解《莊》」的思想傾向起到了潛移默化的作用：

> ……是知千慮一失，在賢知猶不能免；商、賜啟予，回非助我，仲尼大聖，不無望於人人，而況其散者乎？〔註67〕

〔註66〕〔明〕陸西星撰，蔣門馬點校：《南華真經副墨》，中華書局 2010 年版，第 121 頁。

〔註67〕〔明〕陸西星撰，蔣門馬點校：《南華真經副墨》，中華書局 2010 年版，第 2 頁。

這就基本確立了《南華真經副墨》調和「儒」《莊》、以「儒」解《莊》的基本立場。

首先，堅持「儒」、《莊》相濟。

其一，對於《莊子》中的孔子形象問題，陸西星認為《莊子》對於孔子的譏侮的出發點是矯正。至於詆訾之言，則為矯枉心切的憤激之論。

> 莊老譏侮聖人只在教人習於威儀文詞，故流弊至此。想其去聖人百有餘歲，一時學為儒者大都離實學偽，莊子憤世嫉邪，亟遏亂源，未免歸咎夫子身上，如云「好個僕，被東坡教壞」。知此意，然後許讀《莊子》。〔註68〕

「好個僕，被東坡教壞」見錄於《南村輟耕錄》，講述司馬光的一個家僕一直稱呼司馬光為「秀才」，及蘇東坡拜謁，聞而教之，家僕遂改稱司馬光為「大參相公」，司馬光詢知其故，歎曰：「好個僕，被東坡教壞。」陸氏認為，莊子只是反對當時的離實學偽之風氣，故糾偏所及，牽涉到了對孔子的批評。

其二，陸氏認為《莊子》和儒家在用世方面存在一致。儒家志在兼濟，而《莊子》也並不避談用世，其《人間世》就集中闡釋了人世紛爭以及人際相處、自處之道。其中「葉公子高」出使齊國，畏懼於君臣相處之難，遂問教於孔子，莊子借孔子口吻提出了「忘身」、「遊心」，順任自然之道；顏闔將做衛靈公太子老師，向蘧伯玉詢之以君臣相處之道，莊子借顏闔之後提出了「順其性」的原則，陸氏注云：

> 夫使多詐之國，傳不道之儲，人間世所難也。聖賢處此，亦必有道矣，故以仲尼作訓。而伯玉出處合於聖人之道者，復以伯玉終之。人謂莊子非聖，其然豈其然乎？〔註69〕

蘧伯玉為當時的衛國大夫，後被封為「先賢」，奉祀於孔廟，故陸西星稱其為「合於聖人之道者」。《莊子》通過儒人之口闡釋順任遠禍的用世之道，陸氏由此據以駁斥《莊子》非聖說。但是陸西星也不否認整個《莊子》對孔子的態度不一，總體而言，《莊子》是借助了孔子言說用世之道，此之為《莊子》的隱含之意：

〔註68〕〔明〕陸西星撰，蔣門馬點校：《南華真經副墨》，中華書局 2010 年版，第468 頁。

〔註69〕〔明〕陸西星撰，蔣門馬點校：《南華真經副墨》，中華書局 2010 年版，第66 頁。

> 孔子者，用世之宗主也。一部《南華》，論孔子者不一，而終之
> 以此，亦猶《人間世》之言孔子、伯玉也，其旨微哉！〔註70〕

其次，運用理學解《莊》。

陸西星在《南華真經副墨》中對周敦頤、邵雍、張載、程灝等人之說多有徵述。

陸西星認為，《莊子》和理學既在太極、無極的宇宙觀上具有共同起點，同時二者在貴精守一的人生論上也具有共同落腳點，這實際上包含了世界觀與人生觀的兩個層面的理論溝通，但這兩個層面的溝通和交融在《南華真經副墨》中並不是涇渭分明的，而是交互雜糅進行的。這種融合可以通過正反兩個方面窺其端倪，而這裡的正和反主要是就《莊子》內容角度而言的。

從反面角度而言，在《天地》篇首，陸氏認為《莊子》和宋代的理學家在「返璞歸復」、「根極性命」等方面是存在著契合的：

> 此篇言王者法天，天法道，道法自然，故其所論聖德聖治，一
> 以無為自然為宗，但緒頭別起，不可串為一章。中間根極性命之語，
> 百世以俟聖人，終莫能易。末言大愚大惑，困亦可以為得，譴浪世
> 俗，切中今時局士之病。邵子有云：『敢於世上明開眼，肯向人前浪
> 皺眉？』二老千古疏放豪邁之氣，於此亦可想也。〔註71〕

《天地》篇末諷刺世人所謂忠臣孝子，實為阿諛、盲從君父之人，如此行為而尚不自知者為大愚大惑；而那些獵取功名聲色、衣冠楚楚者，實為名利束縛而喪失了本性，這些人都不以為失，反以為得。陸氏認為莊子的根本目的還是在於「究極性命根宗，而示人以返還歸復之要」。〔註72〕通過這種反面事例的舉陳和剖析，陸氏認為，《莊子》和講求性命之情的理學家是一致的。

正是基於這樣的認識，加之陸氏曾作《金丹大旨圖》，系統闡述過太極、無極之說，導致了陸氏在《刻意》篇中從正面角度將《莊子》和理學家們的太極、無極說和貴精守一的修煉說相結合，指出了貴神守一的重要性：

> 周子云：「無極之真，二五之精，妙合而凝」，而人生焉。其所

〔註70〕〔明〕陸西星撰，蔣門馬點校：《南華真經副墨》，中華書局 2010 年版，第
470 頁。

〔註71〕〔明〕陸西星撰，蔣門馬點校：《南華真經副墨》，中華書局 2010 年版，第
167 頁。

〔註72〕〔明〕陸西星撰，蔣門馬點校：《南華真經副墨》，中華書局 2010 年版，第
175 頁。

謂神，即無極也；其所謂精，即二五也。神，一而已矣，精則散處
於五官之府而咸聽命於主人……故純素之道，莫要於守神；守而勿
失，則我即一，一即我，更無分別……張子曰：「一故神。」〔註73〕

「無極之真，二五之精，妙合而凝」出自周敦頤的《太極圖說》。周敦頤
作為北宋理學的先驅人物，上承儒教傳統，下開二程諸人，在理學史上具有極
其重要的地位。《太極圖說》作為周氏代表性著作，明析天理根源，究察萬物
始終，在溝通《老》、《莊》的同時，還融合了儒家的「人極」思想，可以說是
儒、道思想互補的一個體現。陸西星在《南華真經副墨》中對此作品中的相關
學說進行了多次徵述。其「五行一陰陽也；陰陽一太極也；太極本無極也。五
行之生也，各一其性。無極之真，二五之精，妙合而凝……」包含了其宇宙觀
和人生觀的內容，與《老子》的宇宙觀和《莊子》的人生觀存著深刻的呼應關
係。這種呼應除可見於前文「以『老』解《莊》」的分析外，陸氏亦通過《知
北遊》篇中的冉有與孔子討論「天地之始」的問題，巧妙地借助《太極圖說》
對《莊子》進行了闡釋：

即又為狀未有天地之先空相，如此前言古猶今也，此卻分明說
出無古無今、無始無終、無子無孫。試將太極圖來參看：太極圈中
陰陽分對，相待而生，靜極而動，動極復靜，便是古今始終；下五
行、男女、萬事、萬物便是子孫；最上一圈空寂無有，便是無古無
今，無始無終，未有天地之先的空相。〔註74〕

這種宇宙觀除了適用於對《莊子》的闡釋以外，與《老子》的宇宙觀也是
一脈相承的。

此外，《南華真經副墨》中對邵雍「陰陽之精，互藏其宅」〔註75〕等處旁
證基本都屬於人生論角度的具體闡釋和溝通。

4. 以「佛」解《莊》

陸西星認為中國之有《莊子》，猶西方之有佛典，《莊子》在兼容了佛典的
實相內容之外，兼含了道家性命之學。

〔註73〕〔明〕陸西星撰，蔣門馬點校：《南華真經副墨》，中華書局 2010 年版，第
239 頁。
〔註74〕〔明〕陸西星撰，蔣門馬點校：《南華真經副墨》，中華書局 2010 年版，第
325 頁。
〔註75〕〔明〕陸西星撰，蔣門馬點校：《南華真經副墨》，中華書局 2010 年版，第
156 頁。

……故予嘗言：《南華經》，中國之佛經也。〔註76〕

　若乃斷言語，絕名相，混溟莊汹，迴出思議之表，則竺乾先生
譯之西方，未始相襲也，而符契若合。故予嘗謂，震旦之有《南華》，
竺西之貝典也。貝典專譯名相，而此則兼之命宗，蓋妙竅同玄，實
大乘之秘旨。〔註77〕

　　而《莊子》一書本身作為戰國時代的作品，其在參悟生死、守宗保始、視
物如一等方面與西方的佛教精神有著深刻的契合，在闡釋《德充符》中的「魯
有兀者王駘」一節時，陸氏云：

　　此篇所論，守宗保始，一知之所知，而心未嘗死，乃性命之要樞，
而勇士一喻尤為精確。……此個理會死生學問，等閒於此發出，當時
西竺之經未至而佛法已在中國，孰謂佛者夷狄之一法哉？〔註78〕

　　由此，《莊子》具備了與西竺佛典進行溝通和互證的前提。而陸氏在其《南
華真經副墨》一書採擷的佛家經典所在多有，經粗略統計，計涉及佛典十餘種，
可見下表。

書　名	譯、作者	時　代
《金剛經》	鳩摩羅什 譯	東晉
《心王銘》	傅大士	南朝梁
《涅槃經》	曇無讖 譯	十六國
《證道歌》	永嘉玄覺	唐代
《圓覺經》	覺救 譯	唐代
《六祖壇經》	慧能說 / 法海錄	唐代
《法華經》	鳩摩羅什 譯	東晉
《景德傳燈錄》	釋道原	北宋
《碧巖錄》	圓悟克勤	北宋
《五燈會元》	普濟	南宋
《護法錄》	宋濂	明代

〔註76〕〔明〕陸西星撰，蔣門馬點校：《南華真經副墨》，中華書局 2010 年版，第
　　　　402 頁。
〔註77〕〔明〕陸西星撰，蔣門馬點校：《南華真經副墨》，中華書局 2010 年版，第
　　　　2 頁。
〔註78〕〔明〕陸西星撰，蔣門馬點校：《南華真經副墨》，中華書局 2010 年版，第
　　　　78 頁。

（1）名利觀

《南華真經副墨》在闡釋《莊子》對外界的名利觀念方面與佛教經典中的相關說法進行了呼應。

陸氏認為，名與利皆無益於保宗守性，相反，二者在傷生殘性方面並無不同。在這一點上，陸氏在《莊子》和佛教的相關學說之間找到了共鳴。在《駢拇》篇「臧穀亡羊」一段後，陸氏云：

> 伯夷、盜跖，人之善惡不同，而傷性則一。論至於是，雖若駭觀，然卻有至理。蓋人性上不可添一物，伯夷只為於性分上添了個為善念頭，是以遜國而逃，諫伐而餓，殘生傷性，與死利於東陵之上者等。佛書所謂：「金屑雖貴，著之眼中，何殊砂土？」〔註79〕

「金屑雖貴，著之眼中，何殊砂土？」出自《五燈會元》，原句為「金屑雖貴，落眼成翳」，意較明朗。《莊子》和《五燈會元》之所以共同認可名、利為傷生損性之事物，陸氏在《在宥》篇中又進一步做了闡釋：

> 性命之情，恬淡樸素，清靜之中不可著以一物，其有聰明聖知仁義禮樂，皆屬伎倆。……如佛經所謂「金屑眼中砂」，「景星慶雲，皆非太虛中所宜有者」，亦是此意。〔註80〕

在此，陸氏以性命之情的恬淡清靜的本然為出發點，對《莊子》與佛家學說進行了互證。

（2）生死觀

陸西星在以「佛」解《莊》的過程中，將《莊子》的生死觀與佛家的生死觀進行了溝通與互證。

陸西星認為《莊子》通篇暢論生死之道，反對樂生惡死的俗世觀念：

> 《莊子》篇篇主意只論死生。孰知人生處世，只為悅生惡死，作出多少有為之法，念念相續，以至沒溺煩惱苦海，不能自脫。〔註81〕

在陸西星看來，體道、聞道的前提在於齊死生，在《大宗師》中「子祀、子輿、子犁、子來四人相與語曰」段下，陸氏云：

〔註79〕〔明〕陸西星撰，蔣門馬點校：《南華真經副墨》，中華書局 2010 年版，第129 頁。

〔註80〕〔明〕陸西星撰，蔣門馬點校：《南華真經副墨》，中華書局 2010 年版，第129 頁。

〔註81〕〔明〕陸西星撰，蔣門馬點校：《南華真經副墨》，中華書局 2010 年版，第102 頁。

夫道無死生，故能入於不死不生者，乃可與聞道。〔註82〕

《齊物論》中「瞿鵲子問乎長梧子」一節，莊子借長梧子之口說出了體道之士視死如歸、生死如一的觀念：「予惡乎知說生之非惑邪！予惡乎知惡死之非弱喪而不知歸者邪！麗之姬，艾封人之子也。晉國之始得之也，涕泣沾襟。及其至於王所，與王同筐床，食芻豢，而後悔其泣也。予惡乎知夫死者不悔其始之蘄生乎！夢飲酒者，旦而哭泣；夢哭泣者，旦而田獵。方其夢也，不知其夢也。夢之中又占其夢焉，覺而後知其夢也。且有大覺而後知此其大夢也，而愚者自以為覺，竊竊然知之。君乎，牧乎，固哉！丘也與女皆夢也，予謂女夢亦夢也。是其言也，其名為弔詭。萬世之後而一遇大聖，知其解者，是旦暮遇之也。」

陸西星在對這一段內容進行闡釋的時候，將佛家的生死觀念與《莊子》中所體現出來的這種死生意識進行了對舉：

> 嘗觀古之達人，皆以還於造化為大解脫、大了當，故佛氏以涅
>
> 槃為至樂，其言曰：生滅滅已，寂滅為樂。〔註83〕

「生滅滅已，寂滅為樂」是佛教經典《涅槃經》中的偈語。《涅槃經》又稱《大本涅槃經》、《大涅槃經》，為中國北涼時期天竺人曇無讖所譯，此經重在闡釋法身常住、眾生悉有佛性、頓悟成佛等教義。「生滅滅已，寂滅為樂」完整句為「諸行無常，是生滅法；生滅滅已，寂滅為樂」，意謂人世諸事物無常變化，皆為或生、或滅，屬有為之法；生與滅都消盡之後，謂之寂滅，屬無為之法，此為至樂。而「寂滅為樂」的思想與《莊子》「死歸至樂」的生死觀是共通的，正是在這樣的生死觀念基礎上，《莊子》所言的「懸解」和佛家思想所言的「解脫」在最終結果上達到了一致：

> 不惟是非毀譽當付之兩忘，至於生死大變亦當忘之，……忘而
>
> 化，便是善吾生，善吾生便是善吾死，蓋死生雖不一，而其一者未
>
> 嘗不一也。此等議論，學人更當精心理會，所以解帝懸而登解脫者，
>
> 實不外是。此大藏上乘義諦也。〔註84〕

〔註82〕〔明〕陸西星撰，蔣門馬點校：《南華真經副墨》，中華書局 2010 年版，第101 頁。

〔註83〕〔明〕陸西星撰，蔣門馬點校：《南華真經副墨》，中華書局 2010 年版，第40 頁。

〔註84〕〔明〕陸西星撰，蔣門馬點校：《南華真經副墨》，中華書局 2010 年版，第96 頁。

　　此外，陸氏在闡釋《莊子》之時，對《莊子》與佛家經典中的諸多術語、修行法門及相關概念進行了類比，對融合二者的思想起到了積極的作用。

二、文學性

　　陸西星在《南華真經副墨》中非常注重對《莊子》文學性的探討，相比較以前的解《莊》之作，其在《莊子》文學性探討的形式和範圍上都表現出了較為明顯的特色和新意。下面主要從作品構成論和文學接受論兩個角度對《南華真經副墨》中的文學性特色進行闡述。

1.《莊子》之「奇」

　　陸西星在《南華真經雜說》中說，「《南華經》還是一等戰國文字，為氣習所使，縱橫跌宕，奇氣逼人。」在這樣的認知基礎上，《南華真經副墨》全書對《莊》文之「奇」進行了較為系統的闡釋，主要包括「字之奇」、「詞之奇」、「句之奇」、「篇之奇」。

　　對於《莊子》一書的用字之奇，《南華真經副墨》一書中屢有點明：

> 官天地，府萬物，寓六骸，象耳目，下此四字，看他奇處。官，如『五帝官天下』之官；府之言聚也；言我與天地萬物同出一原，性命根宗，同稟同受，散則為萬，聚則為一。直寄寓此於六骸之中，而以耳目為相。〔註85〕

> 望，如「月望」之望，飽滿圓足之義，用字之奇也。〔註86〕

> 此老下字新奇，每每如此。〔註87〕

> ……一連下六「釣」字，文亦奇。〔註88〕

> 月固不勝火，「月」字下得奇，月者，水也，水不勝火……〔註89〕

〔註85〕〔明〕陸西星撰，蔣門馬點校：《南華真經副墨》，中華書局 2010 年版，第78 頁。

〔註86〕〔明〕陸西星撰，蔣門馬點校：《南華真經副墨》，中華書局 2010 年版，第82 頁。

〔註87〕〔明〕陸西星撰，蔣門馬點校：《南華真經副墨》，中華書局 2010 年版，第154 頁。

〔註88〕〔明〕陸西星撰，蔣門馬點校：《南華真經副墨》，中華書局 2010 年版，第304 頁。

〔註89〕〔明〕陸西星撰，蔣門馬點校：《南華真經副墨》，中華書局 2010 年版，第406 頁。

這些用字之奇，實際上具體表現為準確、生動，富有陌生化的特徵。俄國文藝理論家維克多・鮑里索維奇・什克洛夫斯基認為「陌生化」的實質，就在於不斷更新我們對人生、事物和世界的陳舊感覺。《莊子》在這一點非常明顯，其用字多新鮮的語言或奇異的語言，給讀者以新奇的閱讀體驗，這也是《莊子》形成了諸多成語和典故的一個原因。此外，《莊子》中有的地方還出現了語法上的字的「活用」現象。除了形象化的用字之外，陸西星還特別地指出了《莊子》文中帶有韻腳的字的使用：

> 「於蟻」三句皆隱語，叶韻成文，亦自奇特，表真人之忘情也。
> 〔註90〕

> 數句皆韻叶可讀，蓋《莊》文之有節奏者。〔註91〕

這裡雖然說的是韻語，本質上來說還是用字的問題，陸西星站在閱讀者的角度對《莊子》中這些用韻之奇也進行了探討。

在用奇字的基礎上，《莊子》一書的用詞之奇也就較為普遍了，這種用詞之奇很大程度上表現為《莊子》的創意、始用之功。

《天地》篇云：「夫子無意於橫目之民乎？願聞聖治。」成玄英疏云：「五行之內，唯民橫目。」這裡的「橫目」實際上類似於借代的修辭手法，陸西星非常敏銳地注意到了這一點：

> 「橫目」二字頗奇特。〔註92〕

自《莊子》稱「橫目」代指人民，後世用之。歐陽修、黃庭堅、王安石等後來者稱述「橫目之民」、「橫目之黔首」者，俯拾皆是，見於其詩其文。與「橫目」相類的還有《莊子》外篇《駢拇》中的「蒿目」一詞，也是莊子的創用之詞，對於《莊子》「今世之仁人，蒿目而憂世之患」中的「蒿目」，《南華真經副墨》注云：

> 蒿目者，心有憂勞，不欲瞠視，故半閉其目，則見其睫蒙茸如蒿，
> 故曰蒿目。蓬首、蒿目，皆詞人下字之新巧，莊子以前未有也。〔註93〕

〔註90〕〔明〕陸西星撰，蔣門馬點校：《南華真經副墨》，中華書局 2010 年版，第374 頁。

〔註91〕〔明〕陸西星撰，蔣門馬點校：《南華真經副墨》，中華書局 2010 年版，第463 頁。

〔註92〕〔明〕陸西星撰，蔣門馬點校：《南華真經副墨》，中華書局 2010 年版，第183 頁。

〔註93〕〔明〕陸西星撰，蔣門馬點校：《南華真經副墨》，中華書局 2010 年版，第127 頁。

　　在這裡，陸西星準確地指出了莊子遣詞用字之新巧可比於詞人，這是對《莊子》文學特質的高度評價，是對其文學性的極大強調。同時陸西星也指出了《莊子》用詞之奇前所未有，認定了莊子不但具有詞人的特質，其用詞之新奇具有極強的開創性。而「蒿目」一詞自莊子創用，又為後人開創了新的詞境，宋王安石《憶金陵》詩中即云：「蒿目黃塵憂世事，追思陳跡故難忘。」清戲曲家李漁在《玉搔頭・分任》中亦云：「蒿目為時憂，年未艾霜雪盈頭。」從這個角度上來講，陸西星從《莊子》用詞角度對其進行探討也具有了語言學史的意義。這樣的例子在《南華真經副墨》中還是較為普遍的，反映出陸西星對《莊子》文學性探討的自覺性。

　　對於《莊子》的句子之奇，《南華真經副墨》中的探討主要表現為對《莊子》化用《老子》上和《莊子》本身描繪的準確上。

　　《老子》十三章云：「故貴以身為天下，若可寄天下。愛以身為天下，若可託天下。」《莊子》稱述，略有改動：「故貴以身於為天下，則可以託天下。愛以身於為天下，則可以寄天下。」此言君子不得已而臨蒞天下，則莫若治之以愛身、貴身之道，而貴身、愛身的根本則在於無為，由此闡述君子以無為之道治天下，則天下可以託付。對於《莊子》對《老子》的化用，陸西星云：

> 到此分明說出「無為」二字，乃一篇之宗旨。「貴以其身」二句出《老子》，而加二「於」字，亦文之奇處。以身於為天下者，以己之身為天下之身，而不以己私與之也。不以己私與之，則樸然無為而真性得矣，如此然後可以託寄天下而為之君。〔註94〕

　　《莊子》文中對於《老子》的化用所在多有，陸西星將這種化用看做是莊子的二次創作，認為這也是《莊子》奇文、奇句的一個表現。客觀角度來講，這種化用更近似於對文獻的間接引述，但是在引述的過程中加以適當的改造，使得文句更加切合新的表達意圖和行文環境。在表現情境之時，陸西星認為，莊子具有詩人般的造句能力。

　　《山木》篇云：「君其涉於江而浮於海，望之而不見其崖，愈往而不知其所窮。送君者皆自崖而反。君自此遠矣。」這裡是市南子勸魯侯虛己遊世、遠離俗累，遊乎至道時候的寓言，陸西星認為這幾句送別之語體察入微，造句精妙：

〔註94〕〔明〕陸西星撰，蔣門馬點校：《南華真經副墨》，中華書局 2010 年版，第149 頁。

　　　　嘗謂莊子善體物情，等閒發出送行二句，宛然離情別思，「渭城
　　朝雨」之詞不是過也。〔註95〕

　　陸氏認為，《莊子》字句，如詩如詞，比之於後世之寫景狀情的文人騷客，
亦不遜色。

　　在詞語和字句之奇的基礎上，《南華真經副墨》對《莊子》的篇之奇進行
了探討。在陸西星看來，《莊子》篇之奇涉及到了《莊子》段落行文即修辭手
法和表達方式的問題，主要包含了修辭之奇、命意之奇和結構之奇。

　　《南華真經副墨》對《莊子》修辭之奇的闡述集中在比喻和設問上。比喻
是在《莊子》中最為普遍的修辭方式，而且《莊子》在運用比喻時形式多樣，
出現了比喻運用和喻中含喻的情況。《德充符》篇中孔子為了向魯哀公說明楚
國醜人哀駘它德全而形不全的道理，反舉形存神去的例子，連續運用了比喻：
「丘也嘗使於楚矣，適見豚子食於其死母者。少焉眴若，皆棄之而走。不見己
焉爾，不得其類焉爾。所愛其母者，非愛其形也，愛使其形者也。戰而死者，
其人之葬也不以翣資；刖者之屨，無為愛之。皆無其本矣。為天子之諸御：不
爪翦，不穿耳；取妻者止於外，不得復使。形全猶足以為爾，而況全德之人乎！」
《南華真經副墨》注云：

　　　　數喻，意在言外，蓋文之奇者。〔註96〕

　　這種連續運用的比喻類似於排喻，即以排比的形式對同一本體進行描繪
和說明，是屬於比喻的一種，是對比喻修辭手法的一種特殊運用。除了這種連
續的比喻之外，陸西星還注意到了比喻之中包含比喻的情況，莊子在《寓言》
篇中通過罔兩（影外微影）與景（影子）的對話來寫「無待」的道理，與《齊
物論》篇中所論「無待」理同而語異，罔兩（影外微影）與景（影子）本身就
是寓言，二者都是比擬形象，莊子在二者的對話中又設了比喻：「眾罔兩問於
景曰：『若向也俯而今也仰，向也括撮而今也被髮；向也坐而今也起；向也行
而今也止：何也？』景曰：『搜搜也，奚稍問也！予有而不知其所以。予，蜩
甲也，蛇蛻也，似之而非也。火與日，吾屯也；陰與夜，吾代也。彼，吾所以
有待邪，而況乎以無有待者乎！彼來則我與之來，彼往則我與之往，彼強陽則
我與之強陽。強陽者，又何以有問乎！』」陸西星注云：

〔註95〕〔明〕陸西星撰，蔣門馬點校：《南華真經副墨》，中華書局 2010 年版，第
　　　　285 頁。

〔註96〕〔明〕陸西星撰，蔣門馬點校：《南華真經副墨》，中華書局 2010 年版，第
　　　　82 頁。

此一段與內篇《齊物論》頗同，但添上火日之喻，更覺新奇。
〔註97〕

這種新奇的主要體現就是莊子在寓言中又設置了比喻，而且其寓言採用了擬人化手法，使得修辭之中再設修辭格，從而出現了多重修辭的效果，這在當時乃至後來的文學作品中也是不算常見的，所以陸西星稱其為新奇。

對於設問的修辭手法，陸西星在《南華真經副墨》中也作了評點，《則陽》篇云：「萬物有乎生而莫見其根，有乎出而莫見其門。人皆尊其知之所知，而莫知恃其知之所不知而後知，可不謂大疑乎？已乎！已乎！且無所逃，此所謂然與？然乎！」闡述的是萬物皆在變化不息，人的所知是有限的，人們只知道崇尚自己的所知，而忽略了認知的階段性和發展性，這種盲目的崇信在莊子看來無法避免，最後一設問句肯定了自己的看法。《南華真經副墨》注云：

既又自詰之云：然與？而復應之曰：然乎！始則自審，而終則
自決，亦《莊》文之奇者。〔註98〕

在這裡，陸西星重點強調了《莊子》的這種自問自答的修辭方式，並將其視為《莊》文之奇的一個表現。除了這種修辭之奇，陸西星還探討了《莊子》篇章的命意之奇。

在《外物》篇云：「儒以詩禮發冢。大儒臚傳曰：『東方作矣，事之何若？』小儒曰：『未解裙襦，口中有珠。』曰：『《詩》固有之曰：青青之麥，生於陵陂。生不布施，死何含珠為？』接其鬢，壓其顪，儒以金椎控其頤，徐別其頰，無傷口中珠。」莊子在這裡描寫了兩個儒生盜墓者的形象，其在盜墓過程中還要稱述儒家經典，實際上諷刺了儒者言行背離的情況。這也常常被視為《莊子》刺儒的一個證據，但在陸西星看來這段寓言實際上是諷刺了那些假儒者：

此段戲劇世儒無實得而專以剽竊古人為事者。……此段寓言，
意亦奇特。凡為儒者讀之，皆當泚顙。〔註99〕

陸西星站在調和《莊》、「儒」的立場上，認為這種寓言方式採用了戲劇手

〔註97〕〔明〕陸西星撰，蔣門馬點校：《南華真經副墨》，中華書局2010年版，第424頁。

〔註98〕〔明〕陸西星撰，蔣門馬點校：《南華真經副墨》，中華書局2010年版，第395頁。

〔註99〕〔明〕陸西星撰，蔣門馬點校：《南華真經副墨》，中華書局2010年版，第409頁。

法戲謔了專以剽竊古人為事而未得儒家真義的假儒者，同時重點強調了《莊子》這種行文與命意之奇。

陸西星對《莊子》的行文之奇的獨立闡述在《天地》篇中似體現得更為充分，「夫子問於老聃曰：『有人治道若相放，可不可，然不然。辯者有言曰：離堅白，若懸寓。若是則可謂聖人乎？』老聃曰：『是胥易技係勞形怵心者也。執留之狗成思，猿狙之便，自山林來。丘，予告若而所不能聞與而所不能言。凡有首有趾，無心無耳者眾，有形者與無形無狀而皆存者盡無。其動止也，其死生也，其廢起也。此又非其所以也。有治在人，忘乎物，忘乎天，其名為忘已，忘己之人，是之謂入於天。』」此段借助老聃之口闡述忘己之道，唯有忘己，才能入於道，與天為一。陸氏有感於忘己之說的超脫，注云：

> 此段措辭繪句，迴出思慮之外，所謂不食煙火語者。〔註100〕

這種迴出思慮之外者的根本原因還是體現在《莊子》的命意之奇上，而命意之奇又體現為其「不食煙火語者」。除了命意之奇，在陸西星看來，《莊子》的篇章之奇也體現為一種結構之奇，《天地》篇云：「孝子不諛其親，忠臣不諂其君，臣子之盛也。親之所言而然，所行而善，則世俗謂之不肖子；君之所言而然，所行而善，則世俗謂之不肖臣。而未知此其必然邪？世俗之所謂然而然之，所謂善而善之，則不謂道諛之人也。然則俗故嚴於親而尊於君邪？謂己道人，則勃然作色；謂己諛人，則怫然作色。而終身道人也，終身諛人也。」此前言民無機心的至德之世，這裡又突然轉入到對批評人情的導諛盲從，與上文似乎完全不相關聯：

> 自常情中發出一段奇論，與上文不相蒙。〔註101〕

先敘述一事，突然轉入或者插敘另一事是《莊子》文章結構中常見的一種現象，這種現象在讀者看來「與上下文不相蒙」。陸西星雖然看到了《莊子》文章的這種結構之奇，但是真正對這種結構的透闢理解，實際上直到清康熙年間林雲銘的《莊子因》才真正得以實現。

2. 讀《莊》之法

陸西星在解《莊》之時，往往從解釋語境的角色中跳出，以閱讀者的角度對《莊子》的讀法進行總結和延伸，這實際上就是中國古代文論中最常見的一

〔註100〕〔明〕陸西星撰，蔣門馬點校：《南華真經副墨》，中華書局 2010 年版，第177 頁。

〔註101〕〔明〕陸西星撰，蔣門馬點校：《南華真經副墨》，中華書局 2010 年版，第186 頁。

種批評角度和方式，也稱讀法，在現代文學理論體系中這一部分被歸入文學接受論的範疇。《南華真經副墨》的接受論主要體現在摒棄舊見和細讀、熟讀兩個方面。

（1）讀《莊》原則：摒棄舊見

陸西星認為，《莊子》一書帶有較強的個性和特色，它與其他的傳世之書具有較強的區別，尤其因為其對儒家的態度問題而屢遭誤會。

> 《南華經》如山珍海錯，別是一種，卻不可與菽粟同味者，然使並席而陳，和口而食，亦自不相妨害者，今儒者見其突兀，以為非聖之書，掩卷廢之，殊可惜也。〔註102〕

作為科舉制度占統治地位的明朝，儒家思想作為正統思想，基本統攝了文人、學士的意識基礎。在陸西星看來，當時對於《莊子》的理解存在的問題就是儒生常常以為《莊子》為誣謗儒家、聖賢之書而加以輕視。對於造成這種現象的原因，陸氏認為，與《莊子》本身的「正言若反」的表達方式有著密切的關聯：

> 《南華經》皆自廣大胸中流出，矢口而言，粗而實精，矯俗而論，正而若反……子書中第一醒眼文字，不獨以其文也。〔註103〕

> ……大抵莊子答問，正言若反，類如此。〔註104〕

陸西星認為正是《莊子》這種正言若反的表述風格，造成了世俗儒者對《莊子》的誤讀，而這也成為了陸氏堅持調和《莊》、儒的一個重要理由。在指出了誤解以後，陸氏給出了解讀《莊子》的正確心態，即當具別眼，去除舊日習見：

> 看《南華》者，直須吐去舊日聞見，將此個造化根宗虛心理會……〔註105〕

> 讀《南華》者，先須大其胸襟，空其我相，不得一以習見參之。〔註106〕

〔註102〕〔明〕陸西星撰，蔣門馬點校：《南華真經副墨》，中華書局2010年版，第8頁。
〔註103〕〔明〕陸西星撰，蔣門馬點校：《南華真經副墨》，中華書局2010年版，第9頁。
〔註104〕〔明〕陸西星撰，蔣門馬點校：《南華真經副墨》，中華書局2010年版，第210頁。
〔註105〕〔明〕陸西星撰，蔣門馬點校：《南華真經副墨》，中華書局2010年版，第175頁。
〔註106〕〔明〕陸西星撰，蔣門馬點校：《南華真經副墨》，中華書局2010年版，第9頁。

此等說話，儒者直謂其與接輿、沮溺、丈人之見同科。然以至理而論，有心做事者亦做不出甚事，不得例以習見非之。〔註107〕

在儒生的舊見之中，陸西星特別地指出了儒家思想對於讀《莊》角度的侵蝕和影響。關於這一點，陸氏在《南華真經副墨》中反覆加以申述：

讀《莊》老者，當具別眼，不得以吾儒見解例之。〔註108〕

此篇所論仁義道德，與吾儒殊旨，讀者當具別眼。〔註109〕

這種讀《莊》之「別眼」、「另眼」即是「大其胸襟」、「空其我相」、去除儒者舊見的非先入為主的心態和視角。這實際上就是希望讀者能夠做到以「莊」解《莊》，這一點在《莊子》接受史上具有顯著意義。但是長期浸染儒家思想的儒生很難完全做到這點，包括陸西星自己在內，然而這種閱讀自覺的努力卻是不應該被抹煞的。

（2）讀《莊》途徑：細讀、熟讀

《南華真經副墨》在具體地讀《莊》方式和方法上，提出了細讀和熟讀兩種途徑。

首先，《莊子》須「細讀」。

作為第一奇書的《莊子》，其表達方式也是新奇之至，故造成難於閱讀和理解，很多文人便因此束之不觀，陸氏力倡學者當「仔細理會」，而不應該草草看過，或僅僅限於資「口談」、「筆陣」：

嘗論《莊子》之書，字面新，文法奇，讀者直謂其難解，便廢閣不讀，大是可惜。若仔細理會，此等說話煞有至理，入聖工夫亦只在此。〔註110〕

讀《莊子》者，安得草草看過，徒以藉口談、資筆陣耶？〔註111〕

〔註107〕〔明〕陸西星撰，蔣門馬點校：《南華真經副墨》，中華書局 2010 年版，第410 頁。

〔註108〕〔明〕陸西星撰，蔣門馬點校：《南華真經副墨》，中華書局 2010 年版，第111 頁。

〔註109〕〔明〕陸西星撰，蔣門馬點校：《南華真經副墨》，中華書局 2010 年版，第130 頁。

〔註110〕〔明〕陸西星撰，蔣門馬點校：《南華真經副墨》，中華書局 2010 年版，第29 頁。

〔註111〕〔明〕陸西星撰，蔣門馬點校：《南華真經副墨》，中華書局 2010 年版，第90 頁。

在具體的解《莊》過程中，陸氏也是時時提醒讀者不可草草讀《莊》，反覆地細讀才能夠真正領會《莊子》的深層意味：

> 此種公案，莊子一生真實受用，不得草草看過。〔註112〕

> 此段所論，甚有至理，不得草草讀過。〔註113〕

> 讀《莊子》到此，不得草草，三復愈有深味。〔註114〕

在「細讀」這點上陸氏強調的主要是對《莊子》本文的深究正解，力戒草草讀書，這種相對非功利性的閱讀方式，對於當時的文人讀者具有較強的針對性。

其次，《莊子》須「熟讀」。

陸西星認為，「看《莊子》到純熟處，字字句句皆為奧旨。」〔註115〕而熟讀《莊子》文中那些文氣縱橫的精彩之處，對於作文為事的「摛文之士」顯得尤為要緊，這一點強調對於當時的科舉文士是具有現實指導意義的：

> ……一段文氣跌宕，與巨魚爭雄，摛文之士允宜熟讀。〔註116〕

陸氏此言雖然是在《外物》篇中出現，但是就《莊子》文章而言，文氣跌宕，迥出意表本就是其文章長處，因此，熟讀在整個《莊子》書中也就具有了普遍意義。在強調熟讀的問題上，陸西星將總體申明和具體強調相結合，在具體的篇章上，這種接受論也是出處可見。

對於具體篇章的熟讀，《南華真經副墨》重點強調，對於讀者來說，《莊子》內篇尤其需要熟讀。究其原因，陸氏認為外篇、雜篇「蓋所以羽翼內篇，而盡其未盡之蘊者」，〔註117〕只要內篇熟讀了，外篇、雜篇則可以迎刃而解：

〔註112〕〔明〕陸西星撰，蔣門馬點校：《南華真經副墨》，中華書局 2010 年版，第 241 頁。

〔註113〕〔明〕陸西星撰，蔣門馬點校：《南華真經副墨》，中華書局 2010 年版，第 267 頁。

〔註114〕〔明〕陸西星撰，蔣門馬點校：《南華真經副墨》，中華書局 2010 年版，第 354 頁。

〔註115〕〔明〕陸西星撰，蔣門馬點校：《南華真經副墨》，中華書局 2010 年版，第 278 頁。

〔註116〕〔明〕陸西星撰，蔣門馬點校：《南華真經副墨》，中華書局 2010 年版，第 408 頁。

〔註117〕〔明〕陸西星撰，蔣門馬點校：《南華真經副墨》，中華書局 2010 年版，第 123 頁。

予嘗謂，讀《南華》者，當熟內篇，內篇熟，則外篇、雜篇，

如破竹數節之後，可以迎刃而解矣。〔註118〕

但是陸西星重視內篇的同時，並不廢外篇。在具體的外篇篇章中，陸氏也指出關鍵篇章的重要性，在《知北遊》的篇首，陸氏云：

讀《南華》者，《知北遊》最為肯綮，從此悟入，則大乘法藏皆

可迎刃而解矣。〔註119〕

陸氏認為，熟讀、詳味之後的《莊子》「妙義自見」：

熟讀詳味，妙義自見。〔註120〕

這種細讀、熟讀的思想切合了《莊子》注重形象的文章特色，其理論思想具有普遍的指導意義，如當今的語文教育和教學思想中的「七分讀，三分講」教學思路中可見陸氏這種倡導細讀、熟讀理論的影子。

三、考證性

《南華真經副墨》在評點《莊子》之時，並非一味評文說理，其對《莊子》本文及前賢諸解的反思與質疑也體現出了陸西星嚴謹的考證精神。其考證性主要體現在兩個方面：對《莊子》本文的考證、辨析和對前賢諸解注《莊》的反思。

1. 考訂《莊》文

陸西星對《莊子》文章內容的考辨主要體現為對《莊子》篇章的辨偽和對當時傳世《莊子》文本的校勘兩個方面。

（1）考證偽篇

對《莊子》篇章的辨偽，自北宋蘇軾開導先河。蘇軾在《莊子祠堂記》中認為《讓王》、《說劍》、《盜跖》、《漁父》四篇皆非莊子所作。這種觀點一出，即影響巨大。陸西星對蘇軾的這種觀點是部分認同的，他認為《讓王》篇中竄入數語，而《盜跖》、《說劍》、《漁父》三篇全係偽作，《列禦寇》、《天下》均為莊子之作，其中《天下》是全書之後序。

〔註118〕〔明〕陸西星撰，蔣門馬點校：《南華真經副墨》，中華書局 2010 年版，第123 頁。

〔註119〕〔明〕陸西星撰，蔣門馬點校：《南華真經副墨》，中華書局 2010 年版，第309 頁。

〔註120〕〔明〕陸西星撰，蔣門馬點校：《南華真經副墨》，中華書局 2010 年版，第226 頁。

在《讓王》篇首，陸氏云：

> 《讓王》以下數篇，眉山蘇長公以為非莊子所作。看此老讀《莊
> 子》甚仔細，其著眼處只在語意背馳。既言「不以天下之故而傷其
> 生」，何故卻將赴淵枯槁之士續記其後？或謂：葆真則一生或重於太
> 山，立節則一死或輕於鴻毛。然一節一行又非大道所取，終是不可
> 曲解。予直謂後人擅入者，斷自「舜讓北人無擇」以下三條。若《盜
> 跖》以下，則駁雜膚淺，尤為易見。〔註121〕

陸西星認為《讓王》一篇並非全篇皆偽，僅自『舜讓北人無擇』以下三條
為偽作，對於其具體原因，陸西星云：

> 「舜讓」數條總記一處，不應以後復記「北人無擇」一條，故
> 斷「北人」條為竄入者。〔註122〕

在這裡，陸西星認為舜讓位於子州支伯、讓位於善卷、讓位於石戶之農等
應該放在一起來寫，而「舜讓北人無擇」則完全脫離了其他諸條，在後面補入，
這是不合理的，所以陸西星斷其為竄入者。但是對於《讓王》篇的其他部分，
陸西星還是給與了極大的支持，認為非莊子不能作，在「故養志者忘形，養形
者忘利，致道者忘心矣」等處，陸氏注云：

> 此三句，非莊子道不出。〔註123〕

> 此數語，莊子自為之詞，常人亦說不出。〔註124〕

> 此條多有妙語，如『道德於此，則窮通為寒暑風雨之序』，誰能
> 道出？〔註125〕

說明了陸西星在對蘇軾辨偽說進行辯證接受的基礎上，提出了自己的看
法，體現出了其自身的獨立思考。

〔註121〕〔明〕陸西星撰，蔣門馬點校：《南華真經副墨》，中華書局 2010 年版，第
　　　　427 頁。

〔註122〕〔明〕陸西星撰，蔣門馬點校：《南華真經副墨》，中華書局 2010 年版，第
　　　　429 頁。

〔註123〕〔明〕陸西星撰，蔣門馬點校：《南華真經副墨》，中華書局 2010 年版，第
　　　　433 頁。

〔註124〕〔明〕陸西星撰，蔣門馬點校：《南華真經副墨》，中華書局 2010 年版，第
　　　　431 頁。

〔註125〕〔明〕陸西星撰，蔣門馬點校：《南華真經副墨》，中華書局 2010 年版，第
　　　　435 頁。

對於《盜跖》一篇，陸西星認為其詆侮孔子諸賢，為擬《莊》之作：

> 《盜跖》篇譏侮列聖，戲劇夫子，蓋效顰莊老而失之者……予故表而出之，使魚目真珠不得相混。〔註126〕

在這一篇之中，陸西星著注很少，即便作注，也主要是為辨偽而作：

> 又按：《莊子》「重言十七」，以為耆艾人而無人道者，不以先人；若盜跖，可謂有人道者乎？而以之重言，其不然明矣。故此篇之贗，不攻而破。〔註127〕

> 此等說話，與大道所論全然不同，直是使人恣欲妄行，無所忌憚。不知記此何謂？故以為非莊子手筆者，誠知言哉！〔註128〕

> 此等說話，與《莊子》所論大道無為之旨似之而非。〔註129〕

對於此篇，陸西星雖然認為其為贗入之作，但是也有其可觀之處：

> 《盜跖》篇所設三段，膚淺鄙俚，至其破市井之見，語貨財之患，亦自有可觀者。〔註130〕

這種辯證地看待《莊子》偽篇的態度在當時來說是較為難能可貴的。

對於《說劍》篇，陸西星認為似是戰國辯士之辭，絕非莊子所作：

> 《說劍》篇類戰國策士之雄談，意趣薄而道理疏，識者謂非莊叟所作，誠然誠然。〔註131〕

因此，陸氏於此篇僅識數語於篇末，疏通文意。

對於《漁父》一篇，陸西星認為其論醇正，但筆力稍弱於莊子，為擬《莊》之佳者：

> 《漁父》篇論亦醇正，但筆力稍弱於莊子，然非讀《莊子》熟

〔註126〕〔明〕陸西星撰，蔣門馬點校：《南華真經副墨》，中華書局 2010 年版，第439 頁。

〔註127〕〔明〕陸西星撰，蔣門馬點校：《南華真經副墨》，中華書局 2010 年版，第443 頁。

〔註128〕〔明〕陸西星撰，蔣門馬點校：《南華真經副墨》，中華書局 2010 年版，第445 頁。

〔註129〕〔明〕陸西星撰，蔣門馬點校：《南華真經副墨》，中華書局 2010 年版，第447 頁。

〔註130〕〔明〕陸西星撰，蔣門馬點校：《南華真經副墨》，中華書局 2010 年版，第451 頁。

〔註131〕〔明〕陸西星撰，蔣門馬點校：《南華真經副墨》，中華書局 2010 年版，第452 頁。

者亦不能辨，此篇較《盜跖》、《說劍》諸篇頗勝，辭旨明白，無勞箋解。〔註132〕

陸西星認為，雖然同屬偽作，但其中也有高下之別。在陸氏看來，《漁父》要勝於《盜跖》、《說劍》等篇。

至於《列禦寇》，陸西星認為此篇屬於莊子之作，並非偽篇：

> 《莊子》篇終一段，分別概括全經，後篇復為自敘，甚有輕重條理，讀者不得草草。反覆紬繹，方見良工苦心也。〔註133〕

> 此篇的為《莊子》著述將畢之語，觀末段自見。〔註134〕

其中陸氏所言「後篇復為自敘」即指的是《天下》篇。他認為此篇中語「說盡《南華》，非莊叟自道不出」，而《天下》篇則為《莊子》全書之後序：

> 《天下》篇，《莊子》後序也，歷敘古今道術淵源之所自，而以自己承之，即《孟子》終篇之意。末舉惠施強辯之語而斷之以『存雄而無術』，辟邪崇正之意見矣。〔註135〕

總的來看，陸西星堅持《盜跖》、《說劍》、《漁父》三篇係偽作，《讓王》篇中僅竄入數語。其中的偽作陸氏基本未施評注，僅存其文而已。

（2）校勘字句

對於《莊子》中的字句，陸西星指出了其中字句訛誤之處，並分析了可能導致訛誤的原因。陸氏辨定《莊》文計凡六處，內篇兩處，外篇四處。其中訛誤五處，異文一處。

陸西星指出《莊子》的五處訛誤，見於《齊物論》、《德充符》、《胠篋》、《天地》、《山木》篇中。

對於《齊物論》篇中「昭文之鼓琴也，師曠之枝策也，惠子之據梧也」，陸氏認為「枝策」為訛誤，當為「杖策」，係刊寫過程中出現的錯誤：

〔註132〕〔明〕陸西星撰，蔣門馬點校：《南華真經副墨》，中華書局 2010 年版，第455 頁。
〔註133〕〔明〕陸西星撰，蔣門馬點校：《南華真經副墨》，中華書局 2010 年版，第474 頁。
〔註134〕〔明〕陸西星撰，蔣門馬點校：《南華真經副墨》，中華書局 2010 年版，第461 頁。
〔註135〕〔明〕陸西星撰，蔣門馬點校：《南華真經副墨》，中華書局 2010 年版，第476 頁。

枝，拄也。策，杖也。或是「杖策」，為刊寫者之誤。〔註136〕

《德充符》篇有「魯有兀者王駘，從之遊者與仲尼相若」句，陸西星認為「兀」當為「介」，係誤襲篆書所致：

兀當做介，與前《養生主》篇介者同，誤襲篆書而作兀，理或然也。〔註137〕

《說文解字》中「兀」篆字作�，「介」作⼋，二者似並無形近之虞，但是「介」字在《六書通》中有⼋的寫法，這個寫法與「兀」字小篆寫法形近，不妨視為陸西星作此推斷的一個理由。

在《胠篋》篇中有「田成子有乎盜賊之名，而身處堯舜之安，小國不敢非，大國不敢誅，十二世有齊國」句，陸西星對「十二世」的說法提出了質疑，認為莊子不可能知道齊國十二世的情況：

十二世，莊子何以知之？此三字疑後人改竄。〔註138〕

陸西星的這一看法非常有價值。成玄英疏、陸德明《經典釋文》支持「十二世」的說法，認為「自敬仲至莊公，凡九世知齊政，自太公至威王，三世為齊侯，通計為十二世，莊子宣王時人，今不數宣王，故言十二世也。」〔註139〕錢穆先生支持十二世的說法，但是不同意成、陸的論證，認為其遠述敬仲不妥，其在《先秦諸子繫年》中引述了司馬貞的《史記索隱》中之所說，即十二世應由田成子起算，依照古本《竹書紀年》，在《史記·田世家》世系中增加悼子、侯剡二世，成十二世之數。而清人俞樾和近人嚴靈峰則認為，「十二世有齊國」當為「世世有齊國」或「專有齊國」，並舉《列子·楊朱篇》中有「田恒專有齊國」句，莊子或引述其文。這個問題至今仍存爭論，但是陸西星作為較早的質疑者，其創始、先驅意義遠大，由此佐證的《莊子》外篇的成書問題被持續討論至今。

《天地》篇云：「故其與萬物接也，至無而供其求，時騁而要其宿，大小、長短、修遠。」講的是道體和萬物接應，道體虛寂卻能供應萬物之需求，馳騁

〔註136〕〔明〕陸西星撰，蔣門馬點校：《南華真經副墨》，中華書局 2010 年版，第 30 頁。

〔註137〕〔明〕陸西星撰，蔣門馬點校：《南華真經副墨》，中華書局 2010 年版，第 76 頁。

〔註138〕〔明〕陸西星撰，蔣門馬點校：《南華真經副墨》，中華書局 2010 年版，第 138 頁。

〔註139〕〔晉〕郭象注，〔唐〕成玄英疏，曹礎基、黃蘭發點校：《南華真經注疏》，中華書局 1998 年版，第 201 頁。

不已而能為萬物之歸宿。其中「大小、長短、修遠」實際為衍文，清人吳汝綸在《莊子點勘》中疑為郭注竄入者。陸西星認為其中的「修遠」二字有訛誤，當為「遠近」或者「近遠」：

> 又「修遠」當作「遠近」，或作「近遠」亦得。〔註140〕

《山木》篇云：「舜之將死，真冷禹曰：『汝戒之哉。形莫若緣，情莫若率。』」陸西星認為「真冷」二字訛，當為「其命」：

> 「真冷」二字，訛書也，吾意當做「其命」。〔註141〕

這一看法與清人王引之看法略同，王引之認為「真冷」當為「直令」，為形近訛傳之誤。今人陳鼓應先生《莊子今注今譯》中採陸說。

《南華真經副墨》指出《莊子》異文一處，見於《秋水》篇。

《秋水》篇云：「鴟鵂夜撮蚤，察豪末，晝出瞋目而不見丘山，言殊性也。」問題集中在「蚤」字上，陸氏在疏解文意的時候，將「蚤」釋為昆蟲跳蚤。但是他還保留和討論了崔譔本《莊子》的異文：

> 撮蚤，《淮南子》：「鴟夜聚蚤虱而食之不失。」崔本作「爪」，
> 言鴟鵂夜聚人爪甲於巢中。〔註142〕

這一處在陸西星看來是可以兩通的，作蚤、爪，皆有其解。清人郭慶藩在《莊子集釋》中贊同此說，認為「爪」、「蚤」通用，故崔本作爪。在先秦諸子著作中，「爪」、「蚤」通用的例子不算稀見，《墨子》中「是以差論蚤牙之士」、《荀子》中「爭利如蚤甲而喪其掌」皆是用例。

2. 辨析舊注

陸西星在《南華真經副墨》中涉及多處舊注，較明確者計有三家：郭象注、成玄英疏、林希逸注。其中稱述最多的是林希逸的注。

陸西星認為，《莊子》作為絕世之文，其成就之高「以通神明之德，以類萬物之情」〔註143〕。這樣的一部奇書，雖經過郭象、林希逸等名家注解，但仍然存在很多問題：

〔註140〕〔明〕陸西星撰，蔣門馬點校：《南華真經副墨》，中華書局 2010 年版，第172 頁。

〔註141〕〔明〕陸西星撰，蔣門馬點校：《南華真經副墨》，中華書局 2010 年版，第289 頁。

〔註142〕〔明〕陸西星撰，蔣門馬點校：《南華真經副墨》，中華書局 2010 年版，第245 頁。

〔註143〕〔明〕陸西星撰，蔣門馬點校：《南華真經副墨》，中華書局 2010 年版，第2 頁。

　　　　昔郭象首注此經，影響支離，多涉夢語；《鬳齋口義》頗稱疏
　　　暢，而通方未徹，掛漏仍多，是知者千慮一失，在賢知猶不能免……
　　〔註144〕

　　在這樣的認識基礎上，陸氏在《南華真經副墨》中對以前的舊注進行了辨析。總體來看，陸西星在書中凡涉及郭注、成疏之處，基本都是贊同並引述二家之觀點。

　　陸西星在《秋水》和《至樂》篇引述了郭象注：

　　　　注中郭象一段可錄：「窮百川之量而懸於河，河懸於海，海懸於天地，則各有量也。此發辭氣者，有似乎觀大可以明小，尋其意則不然。夫世之所患者，不夷也，故體大者快然謂小者為無餘，質小者塊然謂大者為至足，是以上下誇跂，俯仰自失，此乃生民之所惑也。惑者求正，正之者莫若先極其差而因其所謂。所謂大者至足也，故秋毫無以累乎天地矣；所謂小者無餘也，故天地無以過乎秋毫矣；然後惑者有由而反，各知其極，物安其分，逍遙者用其本步而遊乎自得之場矣。此莊子之所以發德音也。若如惑者之說，轉以小大相傾，則相傾者無窮矣。若夫睹大而不安其小，視少而自以為多，將奔馳於勝負之竟而助天民之矜誇，豈達乎莊生之旨哉！」〔註145〕

　　　　此段郭注好：「先示有情，然後尋至理以遣之。若云我本無情，故能無憂，則夫有情者遂絕於遠曠之域而迷困於憂樂之境矣。」
　　〔註146〕

　　《南華真經副墨》於《達生》篇引述了成玄英的疏解：

　　　　考成玄英疏，諸鬼皆有形狀：髻，狀如美女兒衣赤衣；倍阿，狀如小兒，長四尺……委蛇，則皇子所言者。〔註147〕

　　陸氏所徵述之郭注、成疏，多以其說證陸氏之己見，當然成疏本身也因襲

〔註144〕〔明〕陸西星撰，蔣門馬點校：《南華真經副墨》，中華書局 2010 年版，第
　　　　2 頁。
〔註145〕〔明〕陸西星撰，蔣門馬點校：《南華真經副墨》，中華書局 2010 年版，第
　　　　237～238 頁。
〔註146〕〔明〕陸西星撰，蔣門馬點校：《南華真經副墨》，中華書局 2010 年版，第
　　　　258 頁。
〔註147〕〔明〕陸西星撰，蔣門馬點校：《南華真經副墨》，中華書局 2010 年版，第
　　　　274 頁。

和發揮了司馬彪等部分舊解，這一點還是應該明確的。陸氏對郭、成之否定則見於對注解的總體否定之中，其於《南華真經副墨》一書中不止一次地表示，「外史以意測之，當得如此，諸解直是無謂。」〔註148〕

除了郭注、成疏外，《南華真經副墨》涉及最多的就是林希逸注。陸西星對林希逸的注總體來說是較為讚賞的，如在《天道》篇，陸氏云：

> 疾徐句，準林解，意指輪扁而言。〔註149〕

在以佛解《莊》的立場上，陸西星對林注也是大為讚賞的，其於《則陽》篇末注云：

> 林鬳齋似識此意，注引佛語：「如我按指，海印發光；似汝舉心，塵勞先起。」又曰：「我為法王，於法自在。」「蓋言造道之人，說亦是，不說亦是；汝未造道，說得是，也不是。」他亦看得透徹。
> 〔註150〕

而對於林注的辨析，陸氏主要集中在對《莊子》理解角度和具體旨意的探索上。

在《齊物論》中，陸西星站在以「老」解《莊》的角度上，否定了林希逸的解《莊》角度：

> 此章正好與《老子》「光而不耀，廉而不劌」同看。熟《老子》者，方可以看《莊子》。林鬳齋自謂看得《莊子》精到，此處卻說不透徹，不知此老如何著眼。〔註151〕

《庚桑楚》篇中，陸西星站在以「佛」解《莊》的角度，否定林氏注解：

> 此段學問，即佛乘中所謂「二乘做死心工夫」者，尚有捉摸，亦趎之身份所易及者。此處林鬳齋解皆不得其旨。〔註152〕

究其根本原因，還是陸西星對於宋儒善於說理的學術特點的不認同，「如

〔註148〕〔明〕陸西星撰，蔣門馬點校：《南華真經副墨》，中華書局 2010 年版，第327 頁。

〔註149〕〔明〕陸西星撰，蔣門馬點校：《南華真經副墨》，中華書局 2010 年版，第206 頁。

〔註150〕〔明〕陸西星撰，蔣門馬點校：《南華真經副墨》，中華書局 2010 年版，第402 頁。

〔註151〕〔明〕陸西星撰，蔣門馬點校：《南華真經副墨》，中華書局 2010 年版，第31 頁。

〔註152〕〔明〕陸西星撰，蔣門馬點校：《南華真經副墨》，中華書局 2010 年版，第340 頁。

宋儒之臆說者，未免有所假借，借則不借於物而誰借乎？」〔註153〕

　　陸西星在具體旨意上也存在著與林注兩通的情況，對此，他採取了較為開明的兩存態度，如在《應帝王》篇中對「衡」字的理解上，陸氏云：

　　　　衡，如「執圭平衡」之「衡」，言氣機之發於衡者可見此。而林虙齋直以衡為平義，以為半動半靜，不若以動靜互融為平，方得太沖莫勝之旨。〔註154〕（蔣門馬先生將「半靜」、「不若」處作一句，為誤斷。）

　　此處林注將「衡」解為「半動半靜」，而陸氏認為，解為「動靜互融」更加切合太虛之旨。這實際上是理解的差異，不存在優劣之別。

　　總的來看，陸西星對前解的辨析更多的是解《莊》角度的辨析，其與郭注、成疏、林注之間的差異應當視為解《莊》思路的差異，如果硬要說出個優劣、高下來，則是有欠科學和客觀的。但是這並不意味著陸氏無所貢獻，他提供了一種新的解《莊》思路，即在諸名家解《莊》角度之外，開闢了一個以儒、釋、道多種思想互融解《莊》的新方向。

〔註153〕〔明〕陸西星撰，蔣門馬點校：《南華真經副墨》，中華書局 2010 年版，第262 頁。

〔註154〕〔明〕陸西星撰，蔣門馬點校：《南華真經副墨》，中華書局 2010 年版，第118 頁。

第四章 宣穎與《南華經解》

第一節 宣穎其人

　　宣穎的《南華經解》在清代《莊子》評點史上具有較為重要的地位，影響也較為深遠。僅在清朝一代，就對後來的劉鳳苞、王先謙等人的莊學著作產生了深刻的影響。劉鳳苞的《南華雪心編》就是以宣穎《南華經解》義例作為段落劃分的標準，同時徵引諸多宣注；而王先謙的《莊子集解》更是援引宣注多達七百七十四條〔註1〕。此外，今人陳鼓應先生的《莊子今注今譯》作為當代最為通行的莊子注本之一，其間引述宣注可稱處處可見。至於宣氏之評注為諸家所推崇之原因，清人劉鳳苞謂：「後來注解，惟宣茂公分肌析理，論文最詳。」（《南華雪心編》凡例）

　　對於宣穎及其《南華經解》的專門研究，熊鐵基先生的《中國莊學史》沒有專門的涉及和專章介紹；方勇先生的《莊子學史》在其第六編「清代莊子學」中闢有「宣穎的《南華經解》」一章，對宣穎《南華經解》一書的思想傾向、文脈梳理、意境揭示以及《南華經解》的影響等方面進行了較為集中的梳理和分析。但是就宣穎生平和《南華經解》的版本流傳的細緻爬梳以及《南華經解》專書的深入探討來說，當推臺灣錢奕華先生的《宣穎南華經解之研究》，這是目前對宣穎《南華經解》專書研究最為深入的著作。此書對宣穎的生平、著述，對《南華經解》的著述背景、撰述緣由、思想特色、文章分析以及對《南華經解》的評價等方面都進行了較為系統的討論。

〔註1〕錢奕華：《南華經解之研究》，萬卷樓圖書有限公司民國八十九年版，第271頁。

目前來說，宣穎其人的專門研究因為文獻的極其有限而未能深入展開，其生平事蹟的相關材料除當地方志之外，幾乎無由追述。錢奕華先生《宣穎南華經解之研究》一書中對宣穎生平事蹟的考查，也是以有限的方志材料加之推論維繫。而宣氏著作存世之有限，僅《南華經解》一書。

宣穎，字茂公，一字懋功，又字茂功〔註2〕，江蘇句容縣崇德鄉古邏村邨人，生卒年不詳。其生活的時間範圍大致跨於順治初年至康熙末年的幾十年間。句容位於江蘇省西南部，漢武帝元朔元年（前128）置縣。關於句容縣的建置情況，據《句容縣志》載：

> 句容縣，漢置，屬丹陽郡……句容縣有句曲山，山形如已字勾
> 曲而有所容，因名曰句容。又名曰句曲，勾、容皆以此也。〔註3〕

> 崇德鄉，在縣治南四十里，……其地崇尚禮義，敦行孝悌，故
> 名。內有一十一里，二十七村。〔註4〕

由此可知，宣穎從小就生活在一個崇尚禮義、敦行孝悌的環境中，而禮義、孝悌則是儒家核心思想準則的組成部分，因此，宣氏後來在《南華經解》中秉持「以『儒』解《莊》」不謂無源之水。而《南華經解》中署「句曲宣茂公」，其中句曲即是指句容縣的句曲山而言。

一、宣穎的家世

宣姓在歷史上不算大姓，對於其姓氏起源莫衷一是，但是統一的看法是宣氏一族是以諡為姓。《風俗通》認為宣氏是周代周宣王的諡號「宣」為姓；《路史》認為宣氏源出自春秋時期宋國國君宋宣公的諡號；而《通志》則認為宣姓是以魯大夫叔孫僑如的諡號「宣伯」為氏。

在現在所知與宣穎有關的宣姓人物中，共只有兩個，都是讀書人。一個是宣穎的族人宣芸，另一個是宣穎的同學宣用極。宣用極只在宣穎老師馬章民的《馬太史匡菴集》前集卷三中出現過，《曲水》一詩小注云：「朱亮工、戴霖生、宣用極、宣茂功諸門人置酒」，由此可知，宣用極應為宣穎師從馬章民時期的同門。而宣芸也是崇德鄉人，曾任寧國宣稱教諭。

〔註2〕錢奕華先生在其《宣穎南華經解之研究》一書的「宣穎之字號」節中僅論述
　　　到了「茂公」與「懋功」，而「茂功」則見於馬章民的《馬太史匡菴集》前集
　　　中。
〔註3〕〔清〕王僖徵、程文：《句容縣志》卷之一，明弘治九年（1496）刻本。
〔註4〕〔清〕曹襲先纂修：《句容縣志》卷一，光緒二十六年（1900）重刊本。

　　宣氏家風崇尚儒家思想，特別是孝道。不獨宣氏一門如此，整個崇德鄉當地就是以「崇尚禮義、敦行孝悌」而得名的。因此，宣穎雖然仕途不順，但是依然能夠「授讀養親」，基本遵奉了「窮則獨善其身，達則兼濟天下」的儒家原則，及「親沒，廬墓三年」，除體現了其孝道，也體現了他對儒家思想的堅守。

二、宣穎生平事略

　　就現有所知的文獻來看，光緒二十六年的《句容縣志》和光緒三十年的《句容縣志》記載了宣穎的生平事蹟。

　　光緒二十六年重刊本《句容縣志》「人物」「文學」載宣穎概況，惜之不詳：

　　　　宣穎，字懋功，康熙甲午選貢，文章與張鹿床相伯仲，所著有《南華經解》。〔註5〕

　　但是此本《句容縣志》卷末「遺書」中著錄了宣穎的著作：「國朝宣穎，《莊子南華經解》。」

　　而對於宣穎生平事蹟記載最為詳盡的當屬《續修句容縣志》：

　　　　宣穎，字懋功，一字茂公，崇德鄉古遜邨人。性至孝，有逸才，少與諸昆季及嚴用求、戴霖生輩砥礪問學，有聲庠序。既長，偕朱亮工從溧陽馬章民講藝於三茅峰下，馬公欽其德器。及亮工獲解去，章民又大魁天下，穎僅以拔萃科貢入成均，章民寓書曰：「大器晚成，行當以衣缽傳生也。」已而終不遇，乃鍵戶著述，網絡群籍，淹貫宏通，時人稱為學海。晚年假館邑之青元觀，葛仙公煉丹處也。著《南華經解》，張菊人序而梓之，至今風行海內。穎不樂仕進，授讀養親，親沒，廬墓三年。沒世之日，遺書數十種，亂後盡佚。

　　　　〔註6〕

　　從《續修句容縣志》的記載中來看，宣穎的生平基本可以分為三個時期：

1. 少年求學時期

　　宣氏早年偕同砥礪問學的同學嚴用求、戴霖生後來均從馬章民遊學講藝。二人的姓名均見於馬章民的集子《馬太史匡庵前集》中。少年宣穎在崇

〔註5〕〔清〕曹襲先纂修：《句容縣志》卷九，光緒二十六年（1900）重刊本。
〔註6〕〔清〕張紹棠、蕭穆：《續修句容縣志》卷二十，清光緒三十年（1904）刻本。

尚禮義、孝悌的環境中長大，「性至孝」，才華出眾，在當地的學校中有一定的聲名，然而也許就是這種宏通博覽、淹貫群籍的「逸才」影響了宣穎的仕進之路。在這一點上，宣穎與明人陸西星有一定的相似之處，二人均有「逸才」。科舉考試的科目對於陸西星來說，「顧非其好也」，而宣穎則是「不樂仕進」，對「仕進」的心理疏離和抵制讓他們淹貫群籍，致有「逸才」，同時也宣告了他們步入仕途的艱難和徒勞。

2. 從師科考時期

馬世俊，字章民，一字甸臣，江蘇溧陽人，生於明萬曆三十七年（1609），卒於清康熙五年（1666），清順治十八年（1661）狀元，授翰林院修撰。宣穎師從馬章民的這一時期，其主要目標就是科考、中舉。這一時期，宣穎的同學除朱亮工、戴霖生等人以外，還有一個叫宣用極的〔註7〕，此人之情況、與宣穎之關係，因目前所知文獻不足，無法斷言。同學之中的朱亮工以及老師馬章民相繼步入仕途，且馬章民還中了狀元，而宣穎僅於順治十二年（1655）年拔貢，而拔貢作為各省學政選拔出來直接報送中央的貢生之一，必須要經過朝考合格之後，才能入仕為官。宣穎沒有能夠順利入仕，這其間，宣穎應該是經過了數次努力，「已而終不遇」。老師馬章民「大器晚成」的安慰無法釋然他的失落，「不樂仕進」、學識宏博的宣穎最終放棄了仕途之路，進入了專心著述的時期。

3. 鍵戶著述時期

鍵戶讀書、著述的宣穎被當時人稱之為「學海」，可見其學識之龐雜。經過了一段時期的讀書著述之後，晚年的宣穎移至青元觀，授徒讀書。其著述數十種，亡佚者多。現所能見，僅存《南華經解》。

宣穎的生平因其相關文獻的有限性而顯得支離無依，錢奕華先生也未能勾勒出宣氏生平的大致段落，即是這個原因。現依據與宣穎相關的一些人的事蹟，大致勾勒宣氏生活的時間段落：

順治八年（1651），邑同學張芳中舉人。

順治九年（1652），張芳中進士，授宜江令。

順治十一年（1654），同學朱亮工鄉試第一。

順治十二年（1655），宣穎拔貢。

〔註7〕〔清〕馬世俊：《馬太史匡菴集》前集卷三，清康熙二十八年馬容刻本。

順治十八年（1661），宣穎老師馬章民中進士，一甲第一名。

康熙元年（1662），張芳離任常寧知縣。

康熙五年（1666），宣穎老師馬章民去世。

康熙二十年（1681），同學朱亮工出任四川射洪知縣。

康熙二十四年（1685），朱亮工離任射洪知縣。

康熙二十九年（1690），宣穎族人宣芸中舉。

康熙六十年（1721），宣穎《南華經解》書成於青元觀，並作自序，同學張芳亦為之作序於青元觀。

三、宣穎的交遊

宣穎交往比較密切的就是張芳和朱亮工了，三人俱為好友，亦為同邑同學。

1. 與張芳的交往

張芳與宣穎一樣頗具「逸才」，早於宣穎拔貢前中舉，任知縣，後以病辭歸，晚年與宣穎的交往較為密切。其文章沛若江河，直攀古人，遠近縣志、家譜往往請其作序。《續修句容縣志》載其事蹟：

> 張芳，字菊人，一字鹿床，又字澹翁，又號械庵、拙叟。順治辛卯舉人，壬辰進士，歷官常寧、宜江知縣，以寬簡為治，旋引疾歸。築園亭於縣治東南，竹樹池塘，密邇城隅，有紫棉書屋、翠喜樓諸勝，偕邑中耆宿，觴詠其中，精神矍鑠，望之若仙。詩古文辭，直造古人堂奧。遠近纂修邑志、家乘，輒走書幣延聘，求指義法，如巢縣志、古隍朱氏家乘，皆其鑒定弁首。著述甚富，無子，多散佚，朱微君垣稱其風流雲上、一代逸才，又稱筆墨謹嚴，齒牙非易。借今於志乘譜牒中得見吉光片羽，洋洋灑灑，沛若江河，真名手也。
>
> 〔註8〕

常寧縣屬湖南，《同治常寧志》「循良」謂：張芳「順治十一年知縣，事八載，清操如一。」〔註9〕乾隆二十五年所修《句容縣志》云，張芳罷歸後「閉戶不出，著作甚富」，因為無子，其著作「多所散失」。宣穎「文章與張鹿床相伯仲」，二人的交往主要集中在張芳罷歸後。

〔註8〕〔清〕張紹棠、蕭穆：《續修句容縣志》卷二十，清光緒三十年（1904）刻本。

〔註9〕〔清〕玉山、李孝經：《同治常寧志》卷四，清同治九年（1870）刻本。

2. 與朱亮工的交往

朱亮工以字行，其名朱獻醇，是宣穎的同學，二人曾一起師從馬章民學習。亮工事蹟在《江南通志》中有記載：

> 朱獻醇，原名朝乾，句容人，順治甲午鄉試第一，授射洪知縣。
> 在官潔清，居家孝友，嘗請於當事，除邑中龍潭運糧及區頭之困，
> 邑人德之。乾隆元年，崇祀鄉賢。〔註10〕

射洪縣屬四川，《射洪縣志》「職官」云：朱獻醇「康熙二十年任」，至康熙二十四年即卸任〔註11〕。朱亮工雖然為官一任，造福一方，但是他上任不久即以疾歸故里，只在射洪縣擔任了四年的知縣。宣穎曾為朱亮工的文稿作敘，其文存於《續修句容縣志》當中：

> 處邑里而欲郵致四方之業，既有山川阻修之感，而志行與文章
> 又未必其遠近齊軌也。曲山枕大江，通吳會，其為聲氣所奔走者，
> 輶軒相屬。而余邑諸子皆晏處環堵，論文結契，不越數十里而衿珮
> 相接，質難朝夕，問至其敦尚古誼，風雨不渝，則余輩所盟之此心
> 者也。余與家昆季暨嚴子用求、戴子霖生輩皆環己山而處行，相隨
> 倡和，數十里之外，不過數人。自朱子亮工以經學倡始，而同人翕
> 然從之，析疑賞奇，抽思揣志，以馳驟於古今之間……獨亮工先得
> 氣去，可謂稽古之報，而亮工猶為諸子抱不遇之憾，然亮工遇猶余
> 輩遇……〔註12〕

從中看見，宣穎與朱亮工的交往較為密切，二人及同邑其他學者朝夕問難，以志學相砥礪。及朱亮工先「得氣」出仕，宣穎諸人猶「不遇」，亮工為之不平。

而朱亮工與張芳也是有來往的。朱亮工年輩應該比張芳小，張芳曾應朱亮工兄長朱元祉之邀，為作《祀田記》，其中有「元祉君之弟亮工從余遊」之描述。〔註13〕

〔註10〕〔清〕趙宏恩修：《江南通志》卷一百五十七人物志，清文淵閣四庫全書本。
〔註11〕〔清〕陳廷鈺、張復、趙變元：《射洪縣志》卷十，清嘉慶二十五年（1820）刻本。
〔註12〕〔清〕張紹棠、蕭穆：《續修句容縣志》卷十八，清光緒三十年（1904）刻本。
〔註13〕〔清〕張紹棠、蕭穆：《續修句容縣志》卷十八，清光緒三十年（1904）刻本。

四、宣穎的著述

宣穎的著述情況，據《續修句容縣志》記載，「沒世之日，遺書數十種，亂後盡佚」。

今所能見者，一是宣穎的解《莊》之作——《南華經解》；還有則是列於《續修句容縣志》「藝文」下的一篇宣穎的文章：《朱亮工文稿敘》。

第二節　《南華經解》的成書、刊刻、版本及體例

一、《南華經解》的成書

宣穎早年即對《莊子》產生了濃厚的興趣，只不過這種興趣是間接發生的：

少時讀《史記》，謂其言「洸洋自恣以適己」，及覽《李太白集》，稱之曰『南華老仙發天機於漆園』，予私心嚮往，取而讀之，茫然不測其端倪也。（《南華經解》宣穎自序）

宣穎對《莊子》的興趣是經由司馬遷和李白對《莊子》的推崇而激發的，但是當他取讀《莊子》的時候，才發現「茫然」不能自解。在這種情況下，宣穎開始轉向以往的注《莊》之作，他希望能夠通過以前歷代的解《莊》之作，讀懂《莊子》，但是，這些《莊子》注本卻讓他大失所望：

乃旁搜名公宿儒之評注，不下數十家，而未嘗不茫然也。（《南華經解》宣穎自序）

宣穎對《莊子》的理解和研習是日積月累而成的，從他少時讀《莊子》到他著成《南華經解》，其間跨越了長達六七十年之久。

而宣穎的老師馬章民對《莊子》也有一定的愛好和研究，其《馬太史匡庵前集》中有「南華枉天放，夢後賦逍遙」、「攜手濠梁情未厭，春風已自拂高梧」、「千里同人詢北客，一篇齊物誦南華」等句。馬章民對《莊子》的研習對宣穎起到了一定的潛移默化的作用。

宣穎摒去諸家注《莊》之作之後，「吟諷之下」，對《莊子》「漸有所解」，「獨與相對，則渙然冰釋，眾妙畢出」。只能說，宣穎是在經歷了於時不遇的挫折之後，才更加感同身受地理解了《莊子》「高論綺言」背後的哲理意蘊。

在經過了多年的鎔鑄之後，晚年的宣穎於康熙六十年著成《南華經解》，「茂公宣子，好學深思，探賾是書有年，折衷諸家，為之箋解」，成書地點是在青元觀。《續修句容縣志》「古蹟」記載了青元觀的情況：

青元觀，在縣治西南隅，康熙間，邑人宣穎成《南華經解》於
此地。極幽靜，今葛仙公丹井猶存。〔註14〕

青元觀始建於宋皇佑年間，曾是晉代道士葛玄、葛洪修行、煉丹之處。晚
年的宣穎即在此處設館授徒，同時這裡也是他的晚年著述之地。

二、《南華經解》的刊刻

宣穎的《南華經解》在康熙六十年即付梓刊刻。宣穎的同學王暉吉承擔了
校勘工作，邑同學張芳為之作序，付梓刊刻的具體細節不詳。今所見此年刊刻
的共有兩個本子，一個是寶旭齋本《莊子南華經解》三卷，另一個是積秀堂本
《莊子南華經解》六卷。

三、《南華經解》的版本

宣穎《南華經解》的目前所見主要版本有四個：康熙六十年的寶旭堂本和
積秀堂本、同治六年的半畝園刊本以及 2008 年廣東人民出版社出版的曹礎基
先生的點校本《南華經解》。

1. 寶旭齋六卷本

國家圖書館藏有此本。根據這個藏本來看，此本一函六冊，共六卷；封面
題《莊子南華經解》，署句曲宣茂公先生手著，寶旭齋梓行；次有張芳序及宣
穎自序，張芳序末有「張芳之印」（白文）、「壬辰進士」（朱文）；宣穎自序末
有「臣宣穎印」（朱文）、「茂公氏」（白文）；次有「莊解小言」；次「內篇，為
文七首」，為內篇總論；正文題「句曲後學宣穎茂公著，同學王暉、吉季孟校」，
正文首頁書名下署「莊周隱曹州之南華山，因名其經曰南華。」正文九行，二
十四字，小字雙行同，白口，單魚尾，四周雙邊，版心刻書名、篇名、頁數。

2. 積秀堂六卷本

國家圖書館藏亦有此本，根據藏本來看，此本一函六冊，共六卷，有朱筆
圈點；封面題《莊子南華經解》，署句曲宣茂公先生手著，積秀堂梓行；次有
張芳序及宣穎自序，張芳序末有「張芳之印」（白文）、「壬辰進士」（朱文）；
宣穎自序末有「臣宣穎印」（朱文）、「茂公氏」（白文）；次有「莊解小言」；次
「內篇，為文七首」，為內篇總論；正文題「句曲後學宣穎茂公著，同學王暉、
吉季孟校」，正文首頁書名下署「莊周隱曹州之南華山，因名其經曰南華。」

〔註14〕〔清〕張紹棠、蕭穆：《續修句容縣志》卷二，清光緒三十年（1904）刻本。

正文九行，二十四字，小字雙行同，白口，單魚尾，四周雙邊，版心刻書名、篇名、頁數。

3. 半畝園刊三十三卷本

《續修四庫全書》以及《中華續道藏》所收《南華經解》即為半畝園本。此本是由一個抄本重新校訂而成的。

同治五年（1866）春，吳坤修的老友胡志章在吳門舊書肆中偶得《南華經解》抄本，是年五月，攜赴皖城吳坤修處，此本即為吳坤修所得。吳坤修（1816～1872）字竹莊，江西永修縣吳城吉山村人，曾擔任安徽按察使等職，後代理安徽布政使、安徽巡撫職務，與曾國藩、李鴻章等人往來，是當時鎮壓太平天國運動的得力將領。對於胡志章帶來的這個《南華經解》抄本，吳坤修「見而好之，亟囑校訂付梓，以廣其傳」，而胡志章就應吳坤修之囑，擔任校訂，不久付梓成書，此之為同治六年的半畝園本《南華經解》。

據國家圖書館所藏是本，此本一函六冊，三十三卷；封面題「南華經解」；內頁署「同治丙寅秋九月，校刊於皖城藩署。」次有吳坤修同治六年做所序；次張芳序；次宣穎自序；次「莊解小言」；次「南華經解內篇，為文七首」，即內篇總論；正文首頁題「句曲宣穎茂公著，新建吳坤修刊，鍾祥胡志章校。」正文十二行，行二十四字，小字雙行同，白口，單魚尾，四周雙邊，版心署書名、卷數、頁數，版心下端有「半畝園藏書」字樣；文後有胡志章跋。

通過選校情況來看，半畝園本雖也偶有錯訛處，但相對來說，算是《南華經解》諸版本較為完善的一個本子。

4. 曹礎基先生點校本

曹礎基先生以積秀堂本為底本，主要參校了半畝園本，點校了《南華經解》，此書於 2008 年由廣東人民出版社出版。

後文所論，主要以曹礎基先生的點校本為據。

四、《南華經解》的體例

宣穎此書並沒有專門的體例說明，其體例可從「莊解小言」以及全篇評注情況中歸納出來：

1. 劃分段落

宣穎認為，對《莊子》原文進行段落劃分有助於逐層深入，理解全篇。加之對以前俗本分段的不滿，使得宣穎對《莊子》進行重新分段。「分節分段，

非《莊》原本。然骨節筋脈所在，正須批釁導窾，故不惜犁然分之。先細讀其一節，又細讀其大段，又總讀其全篇，則窾會分明，首尾貫穿，蓋必目無全牛者，然後能盡有全牛也……俗本所分段落總不辨通篇，文理淺謬可笑。」(《南華經解》「莊解小言」)

2. 文前總論

文前總論包括兩部分，一是內、外、雜篇三部分之前各有一篇總論，闡述三部分行文、義理及結構特點；二是於內篇和外篇各篇之前總述一篇之脈絡，相當於通篇之題解，而雜篇中除《天下》篇外，皆無篇前總論。其原因就是宣穎認為，「《莊子》真精神，止作得內七篇文字，外篇為之羽翼，雜篇除《天下》一篇外，止是平日隨手存記之文。」(《南華經解》「莊解小言」)

3. 解釋字句

宣穎解《莊》，《莊子》正文頂格，其於正文必要處，以小字雙行的形式，直接於字、詞、句下標字音、釋詞義、析句子。此外宣穎還對《莊子》原文進行了必要的校勘。

4. 段落分析

《南華經解》於各段末低一格作對上一段進行分析，這種分析既涉及到義理的闡釋，也關注到《莊子》文脈和意境的點評。

5. 符號使用

《南華經解》只使用了圓圈「○」，其使用範圍集中在小字雙行的字句分析和低一格的段落分析中，其中段落分析中為多，其作用就是通過圓圈，隔離出分析文字的內部層次。

第三節　《南華經解》的價值

《南華經解》是創作於清代初期的一部注《莊》、評《莊》之作，作者宣穎生於明末清初，主要生活的時間段在順治、康熙兩朝，與林雲銘的生活時間段相前後，但是其《南華經解》成書、面世於康熙六十年（1721）。林雲銘《莊子因》成書、初版於康熙二年（1663），由林雲銘再次修訂於康熙二十七年（1688），是之為《莊子因》一書較為廣泛傳播的開始。因為初版時林雲銘自云初版「鐫木之後，分貽良友，即攜歸里，貯建溪別墅」，由此推測初版的傳

播面並不大，僅限於親友之間。從這些時間點上不難判斷，宣穎《南華經解》要稍晚於林雲銘的《莊子因》。

宣氏的《南華經解》作為清代較有代表性的評注《莊子》之作，其在《莊子》一書的思想、文學和考辨三個方面的探討上皆有貢獻。

一、思想性

在《南華經解》一書徵引的文獻情況以及其思想傾向來看，此書具有較為明顯的「以『儒』解《莊》」的思想傾向，同時對道家及佛家思想也兼有涉及。儘管宣穎說要以「莊」解《莊》，「予此本不敢於莊子有加，但循其窾會，細為標解，而不以我與焉。」〔註15〕但這並沒有沖淡其儒家思想解《莊》的整體傾向。因此，曹礎基先生認為，「以『儒』解《莊》是《南華經解》的一大特色，也是《南華經解》的一大失誤。」〔註16〕因為其對道家和佛家思想牽涉為次，故將道、佛思想合為一處，與「以『儒』解《莊》」並列闡述。

1. 以「儒」解《莊》

宣穎認為，莊子如果能夠出身於孔子門下，當為儒家思想優秀的傳道者，「向使以莊子之才而得親炙孔子，其領悟當不在顏子下。」〔註17〕而莊子對儒家的助益則是，「……不避聖人罕言之戒，而於聖人之不欲剪者剪之，聖人之不輕示者示之。」〔註18〕在宣穎的這個認知角度上來看的話，莊子即為實實在在的助孔子者了，在宣氏看來，「六經是以道治世之書，《莊子》是直揭道體之書。」〔註19〕而《南華經解》一書對於在評注《莊子》的過程中，也對儒家經典進行了較為廣泛地徵述，從中可見其貫徹「以『儒』解《莊》」思想之一斑。見於下表。

〔註15〕〔清〕宣穎撰，曹礎基校點：《南華經解》，廣東人民出版社 2008 年版，第 1 頁。

〔註16〕〔清〕宣穎撰，曹礎基校點：《南華經解》，廣東人民出版社 2008 年版，第 4 頁。

〔註17〕〔清〕宣穎撰，曹礎基校點：《南華經解》，廣東人民出版社 2008 年版，第 1 頁。

〔註18〕〔清〕宣穎撰，曹礎基校點：《南華經解》，廣東人民出版社 2008 年版，第 1 頁。

〔註19〕〔清〕宣穎撰，曹礎基校點：《南華經解》，廣東人民出版社 2008 年版，第 59 頁。

書　名	編、作者	時　代
《周易》	未詳	未詳
《周禮》	未詳	未詳
《儀禮》	未詳	未詳
《詩經》	未詳	未詳
《爾雅》	未詳	未詳
《尚書》	傳為孔子所編	春秋
《左傳》	傳為左丘明	春秋
《論語》	孔子弟子	春秋
《中庸》	傳為子思所作	春秋
《孟子》	孟軻	戰國
《禮記》	戴德、戴聖	西漢

　　宣氏「以『儒』解《莊》」的路徑突出地表現在兩個方面：一是提出《莊子》一書與《中庸》相表裏；二是在評注《莊子》的過程中極力彌合莊、孔之間的分歧。

　　其一，《莊子》與《中庸》相表裏。宣穎在利用《中庸》闡發《莊子》一書時，尤為倚重《中庸》。他認為，《莊子》一書與儒家經典《中庸》相表裏：

　　　　予謂莊子之書，與《中庸》相表裏，特其言用處少，而又多過

　　於取快之文。〔註20〕

　　在這樣的認識基礎上，宣氏從對道體的認知和修養境界兩個方面，對《莊子》與《中庸》進行了溝通和融合。

　　在對「道」的認識上，宣穎將《莊子》的「道」與中庸的「道」進行了溝通。在《知北遊》篇「光曜」與「無有」的問答中，宣氏認為莊子的以「無」言「道」、無所不在的道與《中庸》的「費而隱」的君子之道是完全契合的：

　　　　寫「道」只是一「無」，若莊語之，便是《中庸》末後一節文字。

　　細細讀之，自解人頤。〔註21〕

　　《中庸》一書中對道體之「無」的闡述可見於其末節，即第三十三章：

〔註20〕〔清〕宣穎撰，曹礎基校點：《南華經解》，廣東人民出版社 2008 年版，第 2 頁。

〔註21〕〔清〕宣穎撰，曹礎基校點：《南華經解》，廣東人民出版社 2008 年版，第 154 頁。

「『上天之載，無聲無臭』，至矣。」〔註22〕朱熹注云：「蓋聲臭有氣無形，在物最為微妙，而猶曰無之，故惟此可以形容不顯篤恭之妙。」《中庸》在這最後一章中，借《詩經》中的詩句來形容至道的「無聲無臭」之妙，強調了一個「無」字，這也是宣氏所說的「便是《中庸》末後一節文字」的原因之所在。

除了以「無」言「道」之外，宣穎認為，莊子所言的道體與《中庸》所言之「道」都存在著周遍性的特徵。在《天運》開篇，莊子即通過巫咸祒的問答指出了道之所用，為「六極五常」，對此，宣氏注云：

> 蓋分明要逼出「道」字。姑隱躍其詞，使人自遇之。此五六止是道之使用，然能順此五六，則道在其中矣。……此二節為第一段，上節形容得滿眼都有一個主宰在內，分明是《中庸》「費而隱」三字。又酷似其「鳶飛」「魚躍」之三句，便見得人生無一處可以自用也。
> 〔註23〕

《中庸》第十二章云：「君子之道費而隱君子之道費而隱。夫婦之愚，可以與知焉。及其至也，雖聖人亦有所不知焉。夫婦之不肖，可以能行焉。及其至也，雖聖人亦有所不能焉。天地之大也，人猶有所憾。故君子語大，天下莫能載焉；語小，天下莫能破焉。《詩》云：『鳶飛戾天，魚躍于淵。』言其上下察也。君子之道，造端乎夫婦。及其至也，察乎天地。」〔註24〕這段話本在「蓋以申明首章『道不可離』之意也」。朱熹注云：「費，用之廣也。隱，體之微也。……君子之道，近自夫婦居室之間，遠而至於聖人天地之所不能盡，其大無外，其小無內，可謂費矣。然理之所以然，則隱而莫之見也。」這種無所不在、自然而然的道體即為「天命」，也就是「性」，即《中庸》所言「天命之謂性」。這種「天命」在莊子看來，帝王順之則治，逆之則凶；在《中庸》而言則是君子修養的必循之道。宣氏由此將《莊子》與《中庸》從對道體認知的融合過渡到了人生修養的方法論的溝通上。

在修養的境界上，宣氏認為，《在宥》篇所言的「慎守」、「處和」思想與《中庸》的「致中和」思想是一致的；《德充符》中的「才全」所達到的境界與《中庸》的「至誠」所達到的境界也存在著一致性。

〔註22〕〔宋〕朱熹：《四書章句集注》，中華書局 1983 年版，第 40 頁。

〔註23〕〔宋〕朱熹：《四書章句集注》，中華書局 1983 年版，第 103 頁。

〔註24〕〔宋〕朱熹：《四書章句集注》，中華書局 1983 年版，第 22～23 頁。

在《在宥》篇，莊子借助黃帝和廣成子的對話談修身「至道」，即「虛靜」、「慎守」，方能維護至道的純一，達到陰陽的和諧，「我守其一，以處其和」。宣氏注云：

> 本為發明在宥天下。引此卻說修身之要。細細尋味，分明是《中庸》「致中和」三個字。天地位焉，萬物育焉，這邊是自然而然，更不消說。〔註25〕

《中庸》開篇即謂：「喜怒哀樂之未發，謂之中；發而皆中節，謂之和。中也者，天下之大本也；和也者，天下之達道也。致中和，天地位焉，萬物育焉。」強調的是君子的修身之道，朱熹注云：「無所偏倚，故謂之中……無所乖戾，故謂之和。」〔註26〕莊子強調的是對本性的保持，而《中庸》強調的是君子的修養之道，前者強調無為，後者則更強調有為。

在《德充符》篇中魯哀公與孔子問答「才全」境界的時候，宣氏用《中庸》的「至誠」之境來予以互證：

> 不失於兌，在我一和豫通也。與物為春，天下一和豫通也。接而生時於心，妙！妙！分明是造化在我胸中一篇活潑，《中庸》「浩浩其天」一句注腳，莫過於此。〔註27〕

「浩浩其天」出自《中庸》第三十二章：「唯天下至誠，為能經綸天下之大經，立天下之大本，知天地之化育。夫焉有所倚？肫肫其仁！淵淵其淵！浩浩其天！」〔註28〕這裡《中庸》和莊子所言的境界相類，但動力不同，莊子提出的是「才全」，《中庸》提出的是「至誠」。儘管如此，從根本上來講，二者在原則上是存在一致的，無論「才全」，還是「至誠」，都是源自對其道體的體認，即對「天明之謂性」的遵循。宣氏抓住了其修養境界的共同點，在二者的修養原則和追求的結果上加以融合，可以說是求同略異的一種融合方式。

《中庸》等儒家經典以人倫大道為其核心價值之一，強調「經綸天下」，而《莊子》本身很少涉及這種倫理秩序。宣氏在《南華經解》中卻巧妙地將一些無關人倫的說法加以牽合，使得《莊子》與儒家在人倫道德方面產生聯繫。

〔註25〕〔清〕宣穎撰，曹礎基校點：《南華經解》，廣東人民出版社 2008 年版，第 83 頁。
〔註26〕〔宋〕朱熹：《四書章句集注》，中華書局 1983 年版，第 18 頁。
〔註27〕〔清〕宣穎撰，曹礎基校點：《南華經解》，廣東人民出版社 2008 年版，第 44 頁。
〔註28〕〔宋〕朱熹：《四書章句集注》，中華書局 1983 年版，第 38～39 頁。

《德充符》篇寫哀駘它形殘而德全，眾人見而歸之，以至於「丈夫與之處者，思而不能去也。婦人見之，請於父母曰『與為人妻寧為夫子妾』者，十數而未止也。」宣氏注云：

> 看他敘寫哀駘它處，特夾敘婦人寧為其妾語，則夫婦之間，以德不以形，又可見矣。如此散散數段文字，讀之似乎泛雜，卻不知己寫盡人倫之道。莊子精蘊如此。〔註29〕

宣氏此論雖非空穴來風，但是明顯已經偏離了《莊子》的本意和重點。婦人寧願為其妾乃是為了烘托「德全」之義，並非特指，宣氏因其一己所願，強力為之發揮，實為以「儒」解《莊》的弊端流露。

其二，彌合莊、孔分歧。

首先，對於《莊子》一書中批評孔子的言論，宣穎認為乃是莊子行文意圖之需要，而並非是真的攻訐孔子。

在《德充符》中的「魯有兀者，叔山無趾，踵見仲尼」一段中，叔山無趾在遭到孔子的歧視其殘疾後，責備孔子蔽於形而不見德，「蘄以諔詭幻怪之名聞，不知至人之以是為己桎梏。」宣穎注云：

> 不是孔子又忽爾淺陋，都是莊子文字要襯出叔山耳！〔註30〕

在《寓言》篇中，莊子借孔子棄絕用智、不為多言來反諷惠子的狡言多辯。宣穎認為，這是莊子推崇孔子的鐵證：

> 此莊子深服不如孔子也。讀此段可知莊子推仰吾夫子之至。
> 〔註31〕

從這裡的「吾夫子」也可以看出宣氏堅定的儒學立場。在宣穎看來，唯有孔子才是天地間之「真儒」，這樣的立場流露表明了宣穎對孔子的擁護是其「以『儒』解《莊》」的思想淵源：

> 獨有一丈夫，蓋真儒也。其人為誰？非吾夫子不足以當之。
> 〔註32〕

〔註29〕〔清〕宣穎撰，曹礎基校點：《南華經解》，廣東人民出版社 2008 年版，第45 頁。

〔註30〕〔清〕宣穎撰，曹礎基校點：《南華經解》，廣東人民出版社 2008 年版，第42 頁。

〔註31〕〔清〕宣穎撰，曹礎基校點：《南華經解》，廣東人民出版社 2008 年版，第190 頁。

〔註32〕〔清〕宣穎撰，曹礎基校點：《南華經解》，廣東人民出版社 2008 年版，第145 頁。

此外，對於那些若「真詆訾孔子」的篇章，宣穎則從蘇軾之說，將《讓王》、《盜跖》、《說劍》、《漁父》四篇置之書末，僅識數語，略解字義而已。由此亦可見宣穎對蘇軾「莊子蓋助孔子者」觀念的認同。

其次，宣氏通過點明《莊子》一書中對儒家經典的引述，證明莊子乃是儒家思想的支持和贊同者。宣氏在《齊物論》「《春秋》經世，先王之志，聖人議而不辯」下注云：

> 看他忽然舉《春秋》，莊子胸中未嘗須臾忘夫子也。〔註33〕

在整個《莊子》一書中，借助孔子及其弟子立說的地方有很多，宣穎在這些地方每每有所調和，如在《大宗師》篇顏回與孔子問答「坐忘之道」時，宣氏評云：

> 讀此，可見孔顏心學，可見莊子傾服聖門……可歎世人讀此等
> 處，謂是異端語，未必孔顏真言。及讀他處莊子寓言孔子事，又認
> 真拈作話柄，謂其譏諷聖賢。此等人，吾未如之何也已。〔註34〕

此處，宣穎總結了歷來影響深遠的莊子「異端」說之由來，批評了世人讀《莊子》所慣持的「異端」思想，並對其讀《莊》方式和原則的前後不一提出了批判。

2.「道」、「釋」與《莊》

在整個《南華經解》一書中，宣穎較為明確地指出了《莊子》與儒家為一脈，而與「道」、「釋」完全不同，因為在宣穎看來老子和孔子是不相容的，這種觀念實際上與林雲銘所持的「莊子與老子同而異、與孔子異而同」的觀點是存在著一定的契合的。雖然對於「道」、「佛」與《莊子》之不同，宣氏屢加申明，但是《南華經解》全書在評注《莊子》時，對道家、道教及佛家典籍卻是常有徵述，如引證道家的《道德經》、《洞靈經》、《真誥》以及佛家的《法華經》、《圓覺經》、《華嚴經》等諸多典籍，這些徵述見於具體字義、詞義的引證和使用之中，也是宣穎不自覺地以「道」、「佛」解《莊》的一個表現。

首先，宣穎認為《莊子》一書既不能以《老子》解之，亦不能以道教神仙方術門徑釋之，而只能歸之於儒家的道術之正。

〔註33〕〔清〕宣穎撰，曹礎基校點：《南華經解》，廣東人民出版社 2008 年版，第 19 頁。

〔註34〕〔清〕宣穎撰，曹礎基校點：《南華經解》，廣東人民出版社 2008 年版，第 59 頁。

在《德充符》中對於叔山無趾批評孔子「蔽於形而不知德」，宣氏認為老子和莊子不同，老子是與儒家格格不入的：

> 看來叔山原來是老子一鼻孔出氣人。無怪其頡頏夫子。〔註35〕

而對於歷代所推崇的《老》、《莊》並舉，宣氏也是不遺餘力地加以反駁。他認為，莊子與老子分屬不同，且莊子在「體用」方面似乎更勝老子一籌：

> 太史公謂莊子之學，要本歸於老子。今看莊子與老聃，各列一派，又且以己據諸家之巔，似更進於老子也……似謂他體用兼妙，便是勝於老子處也。〔註36〕

這樣，宣穎把莊子與老子分開，而歸併到孔子儒學方向上。不但如此，他還把莊子與後世的道教神仙之術分開，進一步申明《莊子》一書的儒學化傾向：

> 後人每有採莊子語附會神仙之術者，豈知莊子學問之正，一聖門津筏之書也。〔註37〕

後世以《莊子》附會神仙之術者，借助了《莊子》之名，而用道家、道教修煉法門替代了其哲學性的思想特色，實際上與將《莊子》儒學化在本質上來說沒有什麼差別。這些取向對真正理解《莊子》一書的思想、文學等諸多方面的價值是不利的，但是從歷代注《莊》者的實踐來看，這種傾向卻是很難避免的。儘管宣穎認識到了後人以神仙之術附會《莊子》的不足，但是同時他又把一個謬誤糾正為另一個謬誤。所以，曹礎基先生稱以「儒」解《莊》亦為宣氏《南華經解》之一大失誤。

其次，宣穎認為，莊子與佛家在境界觀等方面都存在著很大不同。其在序言中即已指出，莊子與佛家存在差別，也不是「佛氏之先驅」：

> 若具區馮氏謂為佛氏之先驅。嗚乎，莊子豈佛氏之先驅哉！
> 〔註38〕

這裡所說的「具區馮氏」指的是明萬曆年間的浙江學者馮夢禎，「具區」為江浙之間的太湖的古稱。馮夢禎在《南華真經評注序》中說道：「余弱冠時，

〔註35〕〔清〕宣穎撰，曹礎基校點：《南華經解》，廣東人民出版社 2008 年版，第42 頁。
〔註36〕〔清〕宣穎撰，曹礎基校點：《南華經解》，廣東人民出版社 2008 年版，第202 頁。
〔註37〕〔清〕宣穎撰，曹礎基校點：《南華經解》，廣東人民出版社 2008 年版，第60 頁。
〔註38〕〔清〕宣穎撰，曹礎基校點：《南華經解》，廣東人民出版社 2008 年版，第2 頁。

所遭多變，掩戶讀《莊》文郭注，沉面濡首廢應酬者幾兩月，嗣遂如癡如狂，不復與家人忤，亦遂不與世忤。一切委順，蕭然至今。後讀佛乘，漸就冰釋。然則《莊》文郭注，其佛法之先驅耶？」〔註39〕宣穎顯然不同意馮氏此說，他在《知北遊》篇中斥佛家分支——禪家之說為「莊子唾餘」：

> 禪家有「何處是佛麻三斤，何處是佛乾屎橛」之語。讀此段乃
> 知是莊子唾餘。〔註40〕

宣氏在此指出，後於莊子而起的禪家之參悟法門乃是莊子道體之無所不在的餘緒，這種禪家論斷與莊子的道在瓦礫等論斷相彷彿。

而在莊子的「無為」與佛氏的「寂滅」的境界觀上來看，宣氏認為莊子與佛氏更是完全兩樣。莊子奉行的「無為」傾向於更好地實現「無不為」，而不是「掃卻有為」。「無為」與「有為」都是作為「道」的組成部分，只不過「無為」者，處上之道；「有為」者，任下之道，二者為本末關係。這種「無為」之道與佛家的「寂滅」不同：

> 深味此篇，可知「無為」二字，不是寂滅放廢，乃聖道不易之
> 論也……莊子之學，豈寂滅者可同日語哉？〔註41〕

宣穎非常注意排除佛氏「寂滅」觀念對莊子學說的影響，並以此來申明莊、佛之異：

> 此節特借惠子辯明無情之說，不是寂滅之謂也，只是任吾天然，
> 不增一毫而已。可見，莊子與佛氏之學不同。〔註42〕

雖然宣氏看到了這種佛家和莊子的差別，但是在具體的解《莊》過程中，他又不自覺地以「佛」證《莊》。如在《齊物論》「庸也者，用也；用也者，通也；通也者，得也；適得而幾矣。因是已，已而不知其然，謂之道。勞神明為一，而不知其同也，謂之『朝三』。何謂『朝三』？狙公賦芧，曰：『朝三而暮四。』眾狙皆怒。曰：『然則朝四而暮三。』眾狙皆悅。名實未虧，而喜怒為用，亦因是也。是以聖人和之以是非，而休乎天鈞，是之謂兩行」段下，宣氏注云：

〔註39〕謝祥皓、李思樂輯校：《莊子序跋評論輯要》，湖北教育出版社2001年版，第78頁。

〔註40〕〔清〕宣穎撰，曹礎基校點：《南華經解》，廣東人民出版社2008年版，第152頁。

〔註41〕〔清〕宣穎撰，曹礎基校點：《南華經解》，廣東人民出版社2008年版，第96頁。

〔註42〕〔清〕宣穎撰，曹礎基校點：《南華經解》，廣東人民出版社2008年版，第46頁。

緣上文「適得而幾矣」一句，拖此一段發明，為達者更加一鞭，直須連知通為一的心，都歸渾化。如佛家才以一言掃有，隨以一言掃空，方是一絲不掛。〔註43〕

在這裡，宣穎將《莊子》的「因是」思想與佛家的去「空」思想相聯繫，以佛家的修行應用來印證《莊子》的因物自然的思想，達到了比較好的效果。類似於這樣的印證，在《南華經解》一書中尚有幾處，皆是以佛教經典思想解《莊》的妙用，茲不贅述。

宣穎之所以在引「道」、「佛」解《莊》的同時，又極力撇清道家、佛家與莊子的關係，根本原因還是在於其最初對「以『儒』解《莊》」思想定位的基本考慮。在宣穎看來，以《老子》為代表的道家和佛家思想，要想與儒家思想實現溝通基本是不可能的，但他還要堅持《莊子》與《中庸》相表裏的關係，那麼把莊子與老、佛分開，並將排儒的責任推向老子，就成了宣穎在本書中的一個選擇。

二、文學性

宣穎在《南華經解》中對《莊子》一書的文學成就是極為關注和推崇的。宣穎認為，莊子是古往今來「千古一人」的「仙才」，而其書更是不在凡塵的「超世之文」：

鳴呼，莊子之文，真千古一人也。……真自恣也，真仙才也，真一派天機也。〔註44〕

古今格物君子，無過莊子。其傅色摛稱，寫景摛情，真有化工之巧。〔註45〕

其體大，其色蒼，其致淡，超世之文。〔註46〕

宣穎在評注《莊子》的文學性的時候，涉及到《莊子》文章結構、層次、修辭和影響等幾個方面，下面分而述之。

〔註43〕〔清〕宣穎撰，曹礎基校點：《南華經解》，廣東人民出版社 2008 年版，第17 頁。

〔註44〕〔清〕宣穎撰，曹礎基校點：《南華經解》，廣東人民出版社 2008 年版，第1 頁。

〔註45〕〔清〕宣穎撰，曹礎基校點：《南華經解》，廣東人民出版社 2008 年版，第1 頁。

〔註46〕〔清〕宣穎撰，曹礎基校點：《南華經解》，廣東人民出版社 2008 年版，第197 頁。

1.《莊》文的結構

宣穎在《南華經解》書前的《莊解小言》中對《莊子》內、外、雜篇的總體結構進行了闡述。他認為,《莊子》內、外篇均各成結構,各篇皆能獨立成為一個有機的整體;而雜篇則是各自成段而已,一篇之內無法成為一個整體。這是宣穎對《莊子》全書結構的看法:

> 內篇各立一體,各成結構。外篇雖不立題,亦各成結構。惟雜篇不立題,不結構,乃可各段零碎讀之。然天下一篇,為全書總跋,洋洋大觀。〔註47〕

在宣穎看來,莊子於一篇之內,「或割取其一節,或引據其一言,又或非藉重這一人襯貼,則抑揚不得痛快。」〔註48〕但是讀者在解《莊》、讀《莊》的過程中,往往「零碎讀之,多不成片段,便見不得他篇法好處。」〔註49〕即便是以前的解《莊》者,在宣氏看來,也是「全未得其結構之意」〔註50〕。宣穎注重從整體上把握《莊子》的篇章結構,對於《莊子》的「篇中用事」,「大要不得認作事蹟之實,須知都是行文之資助而已。」〔註51〕這是宣氏對《莊子》一書整篇結構的理解,這種理解對於幫助讀者從總體上把握《莊子》的文意有很大幫助,防止了盲人摸象的片面理解。

對於篇章內部結構的剖析是宣氏對《莊子》結構關注的重點。而「逗法」、「醒法」、「跌法」等則成為宣氏分析《莊》文結構的特色化表現。

關於「逗法」,明代李騰芳在《文字法三十五則》中早有闡述:「『逗』如『逗留』之『逗』,蓋將就說出又不說,須逗一逗。如此,文字方有吞吐。《孟子》:『敢問何謂浩然之氣?曰:難言也。』此是逗法。」〔註52〕《文章技法辭典》中這樣解釋:「行文中要說出的話又不說,逗留一下再說,以形成一種吞

〔註47〕〔清〕宣穎撰,曹礎基校點:《南華經解》,廣東人民出版社 2008 年版,第1頁。

〔註48〕〔清〕宣穎撰,曹礎基校點:《南華經解》,廣東人民出版社 2008 年版,第1頁。

〔註49〕〔清〕宣穎撰,曹礎基校點:《南華經解》,廣東人民出版社 2008 年版,第1頁。

〔註50〕〔清〕宣穎撰,曹礎基校點:《南華經解》,廣東人民出版社 2008 年版,第1頁。

〔註51〕〔清〕宣穎撰,曹礎基校點:《南華經解》,廣東人民出版社 2008 年版,第1頁。

〔註52〕鄭奠,譚全基:《古漢語修辭學資料彙編》,商務印書館 1980 年版,第 405 頁。

吐跌宕之勢的手法。它能使文章富於波瀾，避免平鋪直敘。」〔註53〕宣氏就採用了「逗」來點明《莊子》的這種委曲迴環、妙義無窮行文結構之法，其於《德充符》篇「所愛其母者，非愛其形也，愛使其形也」句下批云：

> 數句，逗盡全旨。〔註54〕

此處莊子欲言德而不直言之，反覆說形及「使其形」者，這種結構即是文字吞吐，逗一逗再說的「逗法」，而「愛使其形也」一句則最終使人追索到「德」的層面，從而顯出本旨，所以宣氏說「逗盡全旨」。

《人間世》篇借支離疏的事蹟表明以形殘而無所用於當政者，正得全生免害，文章由支離其形到支離其德，指出了無用之用的意思。「夫支離其形者，猶足以養身，終其天年，又況支離其德者乎！」宣氏評云：

> 支離其德，不中世俗之用者也。逗正意。〔註55〕

這種欲言又止的行文結構契合了中國古代「文似看山不喜平」的審美規範，所以，《莊子》一書被奉為奇書，宣穎稱其為「超世之文」。

關於「醒法」，在其他的書中未見有類似相關之總結。清代畫家鄒一桂在談到西方的繪畫時曾經提到「醒法」：「西洋人善勾股法，故其繪畫於陰陽遠近，不差錙黍。所畫人物屋樹，皆有日影。其所用顏色與筆，與中華絕異。布影由闊而狹，以三角量之。畫宮室於牆壁，令人幾欲走進。學者能參用一二，亦具醒法。但筆法全無，雖工亦匠，故不入畫品。」〔註56〕這裡的「醒法」是指繪畫中的增色之筆。宣氏在《南華經解》的行文結構分析中多次用到這個提法。

宣穎在《齊物論》篇「自無至有，以至於三，而況自有適有乎！無適焉，因適已」段下批云：

> 上文暢寫有謂之弊，似真與彼無異矣。至此，止用抑揚之筆，跌轉彼論，以見其必有甚焉。詞不費而意愈警，是加一倍醒法。〔註57〕

〔註53〕金振邦：《文章技法辭典》，東北師範大學出版社1991年版，第375頁。
〔註54〕〔清〕宣穎撰，曹礎基校點：《南華經解》，廣東人民出版社2008年版，第43頁。
〔註55〕〔清〕宣穎撰，曹礎基校點：《南華經解》，廣東人民出版社2008年版，第38頁。
〔註56〕〔清〕鄒一桂：《小山畫譜》卷下，清粵雅堂叢書本。
〔註57〕〔清〕宣穎撰，曹礎基校點：《南華經解》，廣東人民出版社2008年版，第19頁。

這裡的「加一倍醒法」，指的是用退一步的行文結構來突出「因是已」的必要性。宣氏在注解《莊子》時常常在句段後評曰「提醒」、「點醒」、「振醒」、「醒甚」、「又超又醒」等，綜合來看這些用例，其所言的「醒法」乃是為了突出行文之主題而採取的行文結構之方法，包括退一步映襯、直陳其意、反論點明主題等，其根本目標還是為了使文章主題得到明確和強化，這也就是「醒法」的意義之所在。

關於「跌法」，李騰芳在《文字法三十五則》中亦有專論：「此法有二用：一為顛跌之跌，古人發難之法，即今人所謂反也。有一跌不已，致於三四跌者，愈跌之多，則文意愈醒，而收轉處愈有氣力，又愈省氣力。……又有一法，為轉跌之跌，復從次跌到彼，猶行路從東跌到西，從上跌到下也。」〔註58〕李騰芳在這裡指出了「顛跌」（即反跌）和「轉跌」兩種，而具體的「跌法」在這裡的意思也交代的較為明朗，其最終目的就是為了造成文意上的頓挫、波折之感，從而使主旨突出。宣穎的《南華經解》對這兩種「跌法」均有涉及。

「反跌」即是通過反面的描寫和敘述來加以烘托，蓄足文勢，然後道出正意，使得文章跌宕有致。《德充符》篇借助孔子之口闡述「德全」之義：「丘也嘗使於楚矣，適見豚子食於其死母者。少焉眴若，皆棄之而走。不見己焉爾，不得其類焉爾。所愛其母者，非愛其形也，愛使其形者也。戰而死者，其人之葬也不以翣資；刖者之屨，無為愛之。皆無其本矣。為天子之諸御：不爪翦，不穿耳；取妻者止於外，不得復使。形全猶足以為爾，而況全德之人乎！今哀駘它未言而信，無功而親，使人授己國，唯恐其不受也，是必才全而德不形者也。」宣穎於「豚子食於其死母者。少焉眴若，皆棄之而走。不見己焉爾，不得其類焉爾。所愛其母者，非愛其形也，愛使其形者也。戰而死者，其人之葬也不以翣資；刖者之屨，無為愛之。皆無其本矣。」宣氏於此批云：

> 一喻後，又帶兩喻。無本者無足愛，則有本者之必為人愛可知也。此處作反跌。〔註59〕

並於段末批云：

〔註58〕鄭奠，譚全基：《古漢語修辭學資料彙編》，商務印書館1980年版，第404～405頁。

〔註59〕〔清〕宣穎撰，曹礎基校點：《南華經解》，廣東人民出版社2008年版，第43頁。

入手一喻，又帶兩喻。先做反跌，接連下兩喻，又作正襯。可
見人之親信生，乃是它有充實之本存焉，故不得而不愛之，此所謂
符也。〔註60〕

這裡的「反跌」即是指莊子欲明「德全」之要，先做兩喻，言其不全之德，反說其理，從而為後文的正襯做足了氣勢，以此顯見其文結構之妙。

除了這種「反跌」，宣穎還點到了莊子文中的「轉跌」，《人間世》篇通過顏回和孔子的對話問答「齋」之意：「顏回曰：『吾無以進矣，敢問其方。』仲尼曰：『齋，吾將語若。有心而為之，其易邪？易之者，皞天不宜。』顏回曰：『回之家貧，唯不飲酒不茹葷者數月矣。如此則可以為心齋？』曰：『是祭祀之齋，非心齋也。』」宣氏注云：

「齋」字一跌。「齋」字一點，「心齋」又一點。語到精處，故
作閃跌。〔註61〕

這裡的「閃跌」即是指李騰芳所言之「轉跌」，即不直言「心齋」之「齋」，而轉言「祭祀」之「齋」，做一處跌宕文勢。

這些「逗法」、「醒法」、「跌法」的巧妙運用，即是宣穎對《莊子》文章寫法結構的創意性分析。這些總結是中國古代文論的一個重要組成部分，同時也是古代文論特色化的一個重要體現。雖然林希逸對其中部分結構之法也偶有提及，但是不及宣穎的分析更加自覺和系統。而這些對具體行文結構技巧的總結也是宣氏稱《莊》文為「奇文」、「超世之文」的一個重要依據。

2.《莊》文的層次

在宣穎看來，《莊子》「每一個題目，徹首徹尾，是一篇文章，止寫這一個意思，並無一句兩句斷續雜湊說話」〔註62〕。但是後來的讀《莊》者往往無法從整體上考慮《莊》文層次，導致了許多盲人摸象式的理解，錯解者並據以斷定此為《莊子》文章飄忽之妙。宣氏對此誤解不以為然，「今人零碎讀之，多不成片段，便不見他篇法好處。」〔註63〕在此層次論基礎上，宣穎更

〔註60〕〔清〕宣穎撰，曹礎基校點：《南華經解》，廣東人民出版社 2008 年版，第
　　　　43 頁。
〔註61〕〔清〕宣穎撰，曹礎基校點：《南華經解》，廣東人民出版社 2008 年版，第
　　　　32 頁。
〔註62〕〔清〕宣穎撰，曹礎基校點：《南華經解》，廣東人民出版社 2008 年版，第
　　　　1 頁。
〔註63〕〔清〕宣穎撰，曹礎基校點：《南華經解》，廣東人民出版社 2008 年版，第
　　　　1 頁。

加注重對《莊子》從整體上進行層次分析，而不僅僅囿於具體的一言、一事的筆法、行文，「篇中用事，或割取其一節，或引據其一言，又或非藉重這一個人襯貼，則抑揚不得痛快。大要不得認作事蹟之實，須知都是行文之資助而已。」〔註64〕宣穎對《莊子》的層次分析體現為「化繁為簡」和「化簡為繁」兩個方面。

「化繁為簡」。這是宣穎《南華經解》中所使用的主要的層次分析方式，對於《莊子》中較為繁複的敘述方式，宣穎往往善於在紛繁的敘事和議論中釐清主次，準確地抓住莊子想要表達的真正含義，指明何者為主、何者為賓。

宣氏有時對《莊子》的行文只是進行簡練的層次提示，這其中包括了單層次和複合層次兩種。單層次的提示較多，這種單層次的分析往往使得《莊子》的行文意圖顯得更加清晰，如對於《大宗師》篇「故樂通物，非聖人也；有親，非仁也；天時，非賢也；利害不通，非君子也；行名失己，非士也；亡身不真，非役人也。」宣穎於「故樂通物，非聖人也」句下注「一層」；於「有親，非仁也」句下注「二層」；於「天時，非賢也」注「三層」；於「利害不通，非君子也」注「四層」；於「行名失己，非士也」注「五層」；於「亡身不真，非役人也」注「六層」。〔註65〕又如《達生》篇「齊三日，而不敢懷慶賞爵祿；齊五日，不敢懷非譽巧拙；齊七日，輒然忘吾有四枝形骸也。當是時也，無公朝。」宣穎於「齊三日，而不敢懷慶賞爵祿」句下注「忘利」；於「齊五日，不敢懷非譽巧拙」句下注「忘名」；於「齊七日，輒然忘吾有四枝形骸也」句下注「忘我」；於「當是時也，無公朝」句下注「忘勢」。通過這樣的單層次的提示，宣穎將莊子的具體文意與其主旨相溝通，對於讀者準確地理解和把握莊子空濛紙上的行文方式具有極大的助益。複合層次的提示則往往表現為不同角度的層次分析的交互進行，如《天運》篇「天其運乎？地其處乎？日月其爭於所乎？孰主張是？孰維綱是？孰居無事推而行是？意者其有機緘而不得已乎？意者其運轉而不能自止邪？云者為雨乎？雨者為云乎？孰隆施是？孰居無事淫樂而勸是？風起北方，一西一東，有上徬徨。孰噓吸是？孰居無事而披拂是？敢問何故。」宣穎於「天其運乎」句下注「一句天」；於「地其處乎」句下注「一句地」；於「日月其爭於所乎」句下注「一句日月」；「孰主張是？孰維綱是？

〔註64〕〔清〕宣穎撰，曹礎基校點：《南華經解》，廣東人民出版社2008年版，第1頁。

〔註65〕〔清〕宣穎撰，曹礎基校點：《南華經解》，廣東人民出版社2008年版，第49頁。

孰居無事推而行是」句下注「問三句」；於「意者其有機緘而不得已乎？意者其運轉而不能自止邪」句下注「猜二句」；「雲者為雨乎」句下注「一句雲」；於「雨者為雲乎」注「一句雨」；於「孰隆施是？孰居無事淫樂而勸是？」注「問二句」；於「風起北方，一西一東，有上傍徨」句下注「三句風」；於「孰噓吸是？孰居無事而披拂是」句下注「問二句」；於「敢問何故」句下注「又總問一句」。在這裡，宣穎將語法層次的分析和句意層次的分析交互進行，使得《莊子》文章的層次更加鮮明，更加容易為讀者所把握。而這種分析法已經接近於現代語文教學法中的層次分析思路。

　　除了這種簡單的層次劃分以外，宣氏有時還對《莊》文層次之間的起承關係進行分析。如《天道》篇「故曰：知天樂者，其生也天行，其死也物化。靜而與陰同德，動而與陽同波。故知天樂者，無天怨，無人非，無物累，無鬼責。故曰：其動也天，其靜也地，一心定而王天下；其鬼不崇，其魂不疲，一心定而萬物服。」宣穎於「故曰：知天樂者，其生也天行，其死也物化。靜而與陰同德，動而與陽同波」句下注「一層」；於「故知天樂者，無天怨，無人非，無物累，無鬼責」句下注「二層」；於「故曰：其動也天，其靜也地，一心定而王天下」句下注「二句承一層」；於「其鬼不崇，其魂不疲，一心定而萬物服」句下注「三句承二層」。〔註66〕通過這樣的層次提示，《莊子》「雙起雙承」的這種複合呼應層次便被清晰地揭示出來。「化繁為簡」是《南華經解》一書中使用最多的層次分析和提示方式，它對讀者克服片面、摸象式地理解《莊》文有著極其重要的作用，同時也使得《莊子》不再難懂、難讀，這也是宣穎所謂「屏去諸本，獨與相對，則渙然冰釋，眾妙畢出」的原因之所在。

　　「化簡為繁」。對於《莊子》書中的微言大義之處，宣穎善於通過對其層次的深入分析來體現《莊子》文意的豐富內涵。在《齊物論》篇「道惡乎隱，而有真偽？言惡乎隱，而有是非？道惡乎往而不存？言惡乎存而不可？道隱於小成，言隱於榮華。故有儒墨之是非，以是其所非，而非其所是。欲是其所非，而非其所是，則莫若以明」段下，宣穎分析道：

　　　　此節有四層：道與言本無隱，何處不是，是第一層。偏見之人

　　言道，又文以浮誇之說，而道始隱，言始隱，是第二層。儒墨二家，

自負言道宗匠，憤其隱也，而以此之是非正彼之是非，是第三層。

然以是非而正是非，未得也，莫若以本明者聽之，是第四層。〔註67〕

雖然這段《莊子》本文短短數句，僅數十字，在宣穎看來這卻是理解《齊物論》篇主旨的重要部分，因此他不惜濃墨重彩地對此進行了層次的分析。宣氏將其分成了四層，其中二、三、四層基本是一句一層，並細緻地闡述了每層的含義。在這種「化簡為繁」的層次分析中，將《莊子》演繹的論述方式進行了充分的揭示，對事物的流變和價值判斷的相對性進行了深入的探討，最終引出了「莫若以明」的認識論。

3.《莊》文的修辭

宣穎對《莊子》的修辭之妙讚賞有加，主要集中在對《莊子》一文的譬喻修辭的探討上。他在《莊解小言》中這樣寫道：

莊子之文，長於譬喻，其玄映空明，解脫變化，有水月鏡花之妙，且喻後出喻，喻中設喻，不啻峽雲層起，海市幻生，從來無人及得。〔註68〕

正因為莊子對於譬喻手法的生動運用，使得「古今格物君子，無過莊子」，使「其侔色揣稱，寫景摛情，真有化工之妙」。〔註69〕

在宣穎看來，《莊子》文章對比喻的運用極為奇妙，集中體現在其對《莊子》喻中含喻和正反譬喻的分析上。

在《齊物論》篇「罔兩問景」借二者問答，景以「蛇有待於腹鱗、蟬有待於蟬翼」作答，申明「無待」之旨，宣氏對這種喻中含喻的修辭讚賞有加：

設喻之妙，沁入至微。除是天仙，斷不能寄想到此。及看破，愚人亦須解頤。〔註70〕

宣穎雖然沒有明確指出這個喻中之喻，但是通過他的評注來看，他已注意到了《莊子》中這種喻中含喻的現象，指明這種設喻為「沁入至微」，並贊其為「天仙」筆墨。

〔註67〕〔清〕宣穎撰，曹礎基校點：《南華經解》，廣東人民出版社 2008 年版，第 15 頁。

〔註68〕〔清〕宣穎撰，曹礎基校點：《南華經解》，廣東人民出版社 2008 年版，第 1 頁。

〔註69〕〔清〕宣穎撰，曹礎基校點：《南華經解》，廣東人民出版社 2008 年版，第 1 頁。

〔註70〕〔清〕宣穎撰，曹礎基校點：《南華經解》，廣東人民出版社 2008 年版，第 23 頁。

除了這種喻中含喻，宣穎還注意到了《莊子》中的正反譬喻。在《人間世》篇顏闔將傅衛靈公太子，而問於蘧伯玉輔佐之道，蘧伯玉通過「螳臂當車」、「馴虎」之道、「愛馬者不得其法反而使馬受驚缺銜、毀首、碎胸」等比喻來告知顏闔當明引達、順導之法。

「螳臂當車」從反面說明了不自量力的莽夫行為；「馴虎不飼以生物、全物」則說明了馴虎者順達的技巧；愛馬者為馬驅趕蚊蠅，但是「拊之不時」使馬受驚又說明了方法不當則適得其反。

宣穎於「螳臂當車」、馴虎「不飼以生物、全物」、愛馬者「拊之不時」段下各批云：

> 一喻反譬。言用己則致禍。〔註71〕

> 一喻正譬。言順物則受福。〔註72〕

> 就養虎後又帶一喻反掉。虎至暴，而順之則馴；馬易馴，而驚之則暴。物其可攖乎？」〔註73〕

宣穎敏銳地察覺到這是兩組相互連接的正反喻，前兩喻互為正反，言「用己」、「順物」之不同；後兩喻又互為正反，言「虎至暴，而順之則馴；馬易馴，而驚之則暴」。

在《莊子》中的比喻之處，宣穎常以「峭絕」、「妙極」等加以讚歎。他認為，《莊子》的譬喻是《莊子》之所以為妙文的一個原因所在。在《齊物論》、《人間世》、《大宗師》、《應帝王》和《天地》篇，宣穎批云：

> 至末忽現身一譬喻，乃見己原是絕無我相、一絲不掛人。意愈超脫，文愈飄渺。〔註74〕

> 莊生取喻，真乃無奇不到，其映插之妙，有百千伶俐。舊注何足以知之。〔註75〕

〔註71〕〔清〕宣穎撰，曹礎基校點：《南華經解》，廣東人民出版社 2008 年版，第35 頁。

〔註72〕〔清〕宣穎撰，曹礎基校點：《南華經解》，廣東人民出版社 2008 年版，第35 頁。

〔註73〕〔清〕宣穎撰，曹礎基校點：《南華經解》，廣東人民出版社 2008 年版，第36 頁。

〔註74〕〔清〕宣穎撰，曹礎基校點：《南華經解》，廣東人民出版社 2008 年版，第24 頁。

〔註75〕〔清〕宣穎撰，曹礎基校點：《南華經解》，廣東人民出版社 2008 年版，第33 頁。

　　……譬喻層層剝換，有樹花爭發、春水亂流之勢。文家勝境。
〔註76〕

　　末端忽生一喻。峭絕，冷絕。〔註77〕

　　看他用譬喻，數番頓挫，不勝留連致傷。……忽找一喻陡住。
章法峭絕。〔註78〕

　　其中《齊物論》、《大宗師》、《天地》篇中的譬喻，在宣穎看來更具有章法
結構上的意義，因為這幾處的譬喻基本都位於文章末尾，以一喻結篇也是莊子
文章結構的一個奇特之處，這種對譬喻的巧妙安排和使用使得《莊子》結構奇
峭。而對於莊子最擅長、最常用的這種譬喻手法，宣穎認為，前人的注解對此
的揭示很不夠，而這恰恰是造成《莊子》「章法峭絕」、「文家勝境」的原因。
由這一點也可以略窺宣穎對以前注莊者忽視《莊子》文學性的可貴反思。

4.《莊》文的影響

　　宣穎在《南華經解》一書中饒有興致地多次提到《莊子》一書對於後世諸
多文人的影響，這其中包括了曹操、謝靈運、李白、韓愈等。

　　宣穎在《南華經解》序中即提到李白是《莊子》的真正理解者和接受者：

　　　　嗚呼，莊子之文，真千古一人也，少時讀《史記》，謂其言洸洋
　　恣肆以適己。及覽《李太白集》，稱之曰「南華老仙，發天機於漆
　　園。」……乃知古今能讀《莊子》者，惟子長、太白耳。〔註79〕

　　對於《莊子》對後世文人造成的影響，宣穎主要從詞句繼承和命意繼承兩
個方面進行分析。

　　《莊子》中的很多字句極具開創性，由此形成的諸多成語、熟語為後世所
沿襲。如「莊周夢蝶」、「螳臂當車」、「朝三暮四」、「濠梁之樂」等等。同樣，
《莊子》中的一些文句也對後世文人的文學創作產生了一定的影響，諸多文人
樂於化用《莊子》的句法、句式。

〔註76〕〔清〕宣穎撰，曹礎基校點：《南華經解》，廣東人民出版社 2008 年版，第
　　　　52 頁。

〔註77〕〔清〕宣穎撰，曹礎基校點：《南華經解》，廣東人民出版社 2008 年版，第
　　　　65 頁。

〔註78〕〔清〕宣穎撰，曹礎基校點：《南華經解》，廣東人民出版社 2008 年版，第
　　　　94 頁。

〔註79〕〔清〕宣穎撰，曹礎基校點：《南華經解》，廣東人民出版社 2008 年版，第
　　　　1 頁。

《庚桑楚》篇有「夫函車之獸，介而離山，則不免於罔罟之患；吞舟之魚，碭而失水，則蟻能苦之。故鳥獸不厭高，魚鱉不厭深。」講述了物遂其性方能保全的道理，宣穎於此段下批云：

　　皆以深藏自全。曹孟德山不厭高，水不厭深，本於此也。〔註80〕

「月明星稀，烏鵲南飛。繞樹三匝，何枝可依。山不厭高，海不厭深，周公吐哺，天下歸心」是曹操《短歌行》裏的句子。此詩作於赤壁之戰前後，當時戰亂頻仍，曹操年事漸高，作詩感慨時光易逝，功業未成，流露出求賢若渴的思想。而「山不厭高，水不厭深」恰恰是對《莊子》「鳥獸不厭高，魚鱉不厭深」的靈活化用和巧妙延伸。除了曹氏這種辭令上對《莊子》的借鑒，宣穎還注意到了《莊子》在句法意義上對後世文人創作的影響。

在《天地》篇有「夫得者困，可以為得乎？則鳩鴞之在於籠也，亦可以為得矣。且夫趣舍聲色以柴其內，皮弁鷸冠，搢笏紳修以約其外。內支盈於柴柵，外重纆繳。睆然在纆繳之中，而自以為得，則是罪人交臂歷指，而虎豹在於囊檻，亦可以為得矣！」在此，莊子通過反語表達了功名聲色對人的束縛就像罪人被縛、虎豹在籠一樣。其中「則是罪人交臂歷指，而虎豹在於囊檻，亦可以為得矣」一句含兩喻，即罪人被縛和虎豹在籠兩喻，這句話意在言外，雖云此而意在彼。宣穎在此句下批云：

　　甚笑其以困為得。一句中兩喻，令人目眩。韓文公「為我弔望

　諸君之墓，而觀於其市，復有椎埋屠狗者乎？」用此句法。〔註81〕

宣穎在此將韓愈文章中的句子與《莊子》此句相照應，「為我弔望諸君之墓，而觀於其市，復有椎埋屠狗者乎」乃是韓愈所作的《送董邵南序》中的文句，「望諸君」是樂毅的封號，「屠狗者」則是與高漸離、荊軻飲於燕市的無名之人，其與樂毅皆曾失意，在這裡實際上是對董生表示安慰。這篇文章是韓愈為當時的失意士子董邵南所作的一篇贈序，董生因為在京師屢試不第，遂心灰意冷，意圖投奔河北地方割據勢力，以遂個人抱負。韓愈對地方割據本就甚為痛心，當然不是很贊同董生的選擇，因此，序中雖云贈別，卻是頗多勸勉之意，也是意在言外。韓愈此文和《莊子》中的文句一樣運用兩個例子加以譬喻，因

〔註80〕〔清〕宣穎撰，曹礎基校點：《南華經解》，廣東人民出版社 2008 年版，第158 頁。

〔註81〕〔清〕宣穎撰，曹礎基校點：《南華經解》，廣東人民出版社 2008 年版，第95 頁。

此宣穎說韓愈「用此句法」。除了上述這種詞句上繼承之外，宣穎還注意到了《莊子》文章命意對後世文人的影響。

《田子方》篇：「溫伯雪子適齊，舍於魯。魯人有請見之者，溫伯雪子曰：『不可。吾聞中國之君子，明乎禮義而陋於知人心。吾不欲見也。』至於齊，反舍於魯，是人也又請見。溫伯雪子曰：『也蘄見我，今也又蘄見我，是必有以振我也。』出而見客，入而歎。明日見客，又入而歎。其僕曰：『每見之客也，必入而歎，何耶？』曰：『吾固告子矣：中國之民，明乎禮義而陋乎知人心。昔之見我者，進退一成規、一成矩，從容一若龍、一若虎。其諫我也似子，其道我也似父，是以歎也。』仲尼見之而不言。子路曰：『吾子欲見溫伯雪子久矣。見之而不言，何邪？』仲尼曰：『若夫人者，目擊而道存矣，亦不可以容聲矣！』」這段陳述溫伯雪子在魯國的遭遇，借助溫伯雪子之口寫出了魯國儒士「明乎禮義而陋於知人心」的迂腐，宣穎評云：

> 雪子口中寫得豎儒可笑。李太白《嘲魯儒》，頗得此意。〔註82〕

《嘲魯儒》是李白所作的一首五言古詩，諷刺了東魯儒生拘泥於經籍之中，不懂變通用世之道。其詩云：「魯叟談五經，白髮死章句。問以經濟策，茫如墜煙霧。足著遠遊履，首戴方山巾。緩步從直道，未行先起塵。秦家丞相府，不重褒衣人。君非叔孫通，與我本殊倫。時事且未達，歸耕汶水濱。」李白詩中所寫的這種魯儒「白髮死章句」和《莊子》中所云的「中國之君子，明乎禮義而陋於知人心」無論在對象上，還是對焦點的闡發上都是存在著密切聯繫的。因為當時所云之「中國」即是指魯國，二者所言皆為魯儒的迂腐問題，是以宣穎說「李太白《嘲魯儒》，頗得此意」。

《則陽》云：「夫吹管也，猶有嗃也；吹劍首者，吷而已矣。堯、舜，人之所譽也。道堯、舜於戴晉人之前，譬猶一吷也。」莊子在這裡表達了堯、舜之於戴晉人，尚有不足，因為戴晉人通過蝸角觸、蠻之爭向魏惠王表達了自己反對征戰的思想。宣穎對此批云：

> 高道堯舜，譬猶一吷，絕頂大言，出之輕妙，李太白詩云：下士大笑，如蒼蠅聲。從此說去，已是第二蟹矣。〔註83〕

〔註82〕〔清〕宣穎撰，曹礎基校點：《南華經解》，廣東人民出版社2008年版，第143頁。

〔註83〕〔清〕宣穎撰，曹礎基校點：《南華經解》，廣東人民出版社2008年版，第179頁。

「下士大笑，如蒼蠅聲」是李白敘述學道的詩句，其詩云：「來日一身，攜糧負薪。道長食盡，苦口焦脣。今日醉飽，樂過千春。仙人相存，誘我遠學。海凌三山，陸憩五嶽。乘龍天飛，目瞻兩角。授以仙藥，金丹滿握。蠑蚖蒙恩，深愧短促。思填東海，強銜一木。道重天地，軒師廣成。蟬翼九五，以求長生。下士大笑，如蒼蠅聲。」莊子和李白都是要通過對比要顯現其中一方悟道的高明。宣穎認為李白這種命意是從《莊子》中受到啟發得來的，因此說他「已是第二蟹矣」，而作為開闢之人的莊子，在宣穎看來當然就是敢為天下先的第一人了。

實際上，《莊子》對李白的影響是極其深遠的。同為浪漫主義文學的代表人物，李白豐富的想像與辭藻的精美無不包含著對《莊子》的吸收。《莊子》中的意象、句法、立意以及行文方式都在李白的詩歌中得到了較為充分的體現。

《莊子》在文學上對後世的影響是極為深遠的，宣穎在《南華經解》中對此進行較為系統的探討，這一點主要從上述句法和立意兩個方面得以體現。

三、考證性

宣穎在《南華經解》中除了對《莊子》的思想性和文學性進行關注之外，對《莊子》本文和此前的注解都進行了深入的考證，提出自己的看法。這主要體現為考訂《莊》文和反思舊解兩個方面，其中考訂《莊》文又包含了篇章辨偽和校勘文句兩個方面。

1. 考訂《莊》文

宣穎對《莊子》文本的考訂可以分為兩個方面，即從宏觀的方面來講，對《莊子》篇章真偽的辨析；從微觀的方面來講，對《莊子》文句的校勘。

（1）篇章辨偽

宣穎贊同蘇軾的《莊子》篇章辨偽說，認為傳世的三十三篇之中只有二十九篇是真正的《莊子》作品，關於這一點在張芳的序中即可以看出：

> 今所定著二十九篇，非內非外，非醇非雜，亦有言，亦無言，亦可以有知知，亦可以無知知。〔註84〕

宣穎所認為的四篇偽作即為《讓王》、《盜跖》、《說劍》、《漁父》，「《讓王》、《盜跖》、《說劍》、《漁父》，文理淺薄，的係贗鼎。今從東坡先生說，離附於

〔註84〕〔清〕宣穎撰，曹礎基校點：《南華經解》，廣東人民出版社 2008 年版，第1 頁。

後，賞鑒家自知之。」〔註85〕從總體來說，宣穎認為這四篇文字淺陋，筆力相去《莊子》甚遠，甚至連西漢的《新序》、《說苑》也不如。同時宣穎認為《莊子》雜篇乃是隨記之文，不設篇名，後人取篇首二三字名之，但是現在這四篇卻是特立篇名，因此從蘇說：

> 大抵此四篇，敘事弱，議論冗，其文乃在《新序》、《說苑》等
> 書之下，況可以混《莊子》乎？且《莊子·雜篇》，隨手錯敘，不設
> 篇名。後人乃摘各篇首二字名之，便於分章易覽耳。今四篇特立之
> 名，既非篇首之字，又絕無深意。故斷從東坡離而置之篇後，非敢
> 妄為分別也。〔註86〕

對於這四篇偽作，宣穎並沒有將其棄之不顧，而是「離附於後」，進行了較為詳盡的辨析。在具體的辨析中除了對蘇軾說的參照以外，宣穎還談到了明代著名的評點家孫月峰的看法。

對於《讓王》篇，宣穎引述了蘇軾和孫月峰的觀點來佐證自己的意見：

> 蘇東坡云：《讓王》以下四篇，非莊子所作。蓋其枝葉太粗，恐
> 為人所竄易。

> 孫月峰云：此篇諸段多與《呂氏春秋》同，夫呂書雖有襲莊列
> 者，然不應此篇獨襲之多。子瞻謂此下四篇皆偽作，誠然。〔註87〕

宣穎在這裡間接地表明了自己對《讓王》篇的辨偽觀，並轉述了蘇軾和孫月峰的兩條理由，即文字枝葉太粗、與《呂氏春秋》多趨同處。對於此篇，宣氏僅於篇末著此數語進行辨析，全篇注解不過三百餘字，寥寥數語而已。

對於《盜跖》篇，宣穎主要從其文意粗淺無味的角度進行了辨偽，雖然其中用到了許多寓言，但是這些寓言在宣穎看來，與真正的《莊子》寓言相去甚遠：

> 王荊公曰：柳下季，魯僖公時人，至孔子年八十餘，若至於子
> 路之死，百五六十歲，不得為友，是寓言也。

〔註85〕〔清〕宣穎撰，曹礎基校點：《南華經解》，廣東人民出版社 2008 年版，第 220 頁。

〔註86〕〔清〕宣穎撰，曹礎基校點：《南華經解》，廣東人民出版社 2008 年版，第 220 頁。

〔註87〕〔清〕宣穎撰，曹礎基校點：《南華經解》，廣東人民出版社 2008 年版，第 209 頁。

荊公以為寓言，還是就莊子論之。今細看其行文，粗淺無味，

別之為偽，無可疑者。〔註88〕

宣穎還於《盜跖》篇末批云：

二段擬莊子寓言，只是粗淺無味。〔註89〕

在宣穎看來，「以文為戲」〔註90〕的《莊子》的寓言是極其精妙、逸出塵想的，而《盜跖》篇的語言則過於呆板無味，與真正的《莊子》寓言是存在著較大差距的。

對於《說劍》篇，宣穎引述孫月峰的觀點，認為此篇為戰國策士之談，氣格淺俗：

孫月峰曰：是戰國策士遊談，與《弋說》及《幸臣論》相似，

然氣格視彼二篇更淺。〔註91〕

《弋說》為明人沈長卿所作的《沈氏弋說》，是一部文言小說集，而《幸臣論》則是戰國後期楚國人莊辛所作的一篇策士之論。錢穆先生後來在《先秦諸子繫年》中作《莊子見趙惠王論劍乃莊辛非莊周辯》一文，認為《說劍》篇為戰國策士莊辛所作：「辛又是文學之士，其說天子，諸侯，庶人之劍，層累敷陳，亦與晴蛉，黃雀，黃鵠，蔡聖侯之喻，取經相似，文出莊辛，絕非莊周，無疑。」但是在宣穎看來，《說劍》氣格甚下，尚不及《弋說》、《幸臣論》二篇之文。對於此篇，宣氏注解不足百字。

對於《漁父》篇，宣穎批評此篇的膚淺可笑，認為此篇為後人續貂之作：

此篇之淺陋膚漫，尤為可笑。不知何人續貂，其妄乃至於如此。

〔註92〕

對於《漁父》全篇，除末尾評語外，全篇注解寥寥，不足百字，由此亦可見其認定偽作之態度。

〔註88〕〔清〕宣穎撰，曹礎基校點：《南華經解》，廣東人民出版社 2008 年版，第212 頁。

〔註89〕〔清〕宣穎撰，曹礎基校點：《南華經解》，廣東人民出版社 2008 年版，第215 頁。

〔註90〕〔清〕宣穎撰，曹礎基校點：《南華經解》，廣東人民出版社 2008 年版，第54 頁。

〔註91〕〔清〕宣穎撰，曹礎基校點：《南華經解》，廣東人民出版社 2008 年版，第217 頁。

〔註92〕〔清〕宣穎撰，曹礎基校點：《南華經解》，廣東人民出版社 2008 年版，第220 頁。

此外，宣穎除了辨偽四篇，還認定《在宥》篇末一段為偽作。《在宥》：「賤而不可不任者，物也；卑而不可不因者，民也；匿而不可不為者，事也；粗而不可不陳者，法也；遠而不可不居者，義也；親而不可不廣者，仁也；節而不可不積者，禮也；中而不可不高者，德也；一而不可不易者，道也；神而不可不為者，天也。故聖人觀於天而不助，成於德而不累，出於道而不謀，會於仁而不恃，薄於義而不積，應於禮而不諱，接於事而不辭，齊於法而不亂，恃於民而不輕，因於物而不去。物者莫足為也，而不可不為。不明於天者，不純於德；不通於道者，無自而可；不明於道者，悲夫！何謂道？有天道，有人道。無為而尊者，天道也；有為而累者，人道也。主者，天道也；臣者，人道也。天道之與人道也，相去遠矣，不可不察也。」宣穎認為這一段文意膚淺，與《在宥》全篇意不甚合：

> 此一段，意膚文雜，與本篇之義不甚切。且其粗淺全不似莊子之筆。蓋本篇正文，在上段已完，此段係後人續貂，未可知也。〔註93〕

今人張恒壽在《莊子新探》中也談到了這個問題，並對宣氏的觀點進行了肯定：「第七章說：『無為而尊者，天道也；無為而累者，人道也。主者天道，臣者人道』。以下又羅列了物、名、事、法，仁、義、禮、德等名，加以抽象的解釋，企圖調和道、儒、法間的差異，和莊子的思想距離很遠，顯然是一種從道家過渡到法家的理論。從前注《莊子》者如宣穎等人已疑其意膚文雜，不似莊子之筆，近人也多加以論辯（宣穎：《南華經解》、馬敘倫：《莊子義證》），這種區分，一望而知，不需詳加論列了。」〔註94〕

（2）校勘《莊》文

宣穎在評注《莊子》的同時也對《莊子》的正文進行了校勘，其校勘的參照除了其所言的舊本和俗本《莊子》之外，還包括了以下諸種：

時　代	作　者	書　名
戰國	列子	《列子》
西漢	劉安	《淮南子》

〔註93〕〔清〕宣穎撰，曹礎基校點：《南華經解》，廣東人民出版社 2008 年版，第 86 頁。

〔註94〕張恒壽：《莊子新探》，湖北人民出版社 1983 年版，第 144～145 頁。

西漢	劉向	《說苑》
西漢	司馬遷	《史記》
東漢	李奇	《漢書注》
西晉	司馬彪	《莊子注》
北宋	王雱	《南華真經新傳》

宣穎據以校勘的結果是：訛文約十三處；脫文約三處；衍文約三處；倒文一處；異文（兩可的情況）約十七處。茲枚舉如下：

訛文者：

《大宗師》：「若然者，其心志，其容寂，其顙頯。淒然似秋，暖然似春，喜怒通四時，與物有宜而莫知其極。」宣氏校云：

　　「志」字，趙氏訂正，當做「忘」字，無思也。〔註95〕

《應帝王》：「因以為㭇靡，因以為流波，故逃也。」宣氏校云：

　　㭇，音頹，俗本作「弟」，誤。〔註96〕

《應帝王》：「紛而封哉，一以是終。」宣穎校云：

　　封哉，當從《列子》作「封戎」，渾無端緒也。〔註97〕

《駢拇》：「駢於辯者，累瓦結繩竄句，遊心於堅白同異之間……」宣穎校云：

　　丸，舊誤作「瓦」。〔註98〕

《駢拇》：「……而敝跬譽無用之言非乎？」宣氏校云：

　　（毀）舊誤作「跬」，聲之訛也。〔註99〕

《馬蹄》：「夫加之以衡扼，齊之以月題，而馬知介倪、闉扼、鷙曼、詭銜竊轡。」宣氏校云：

〔註95〕〔清〕宣穎撰，曹礎基校點：《南華經解》，廣東人民出版社 2008 年版，第49頁。

〔註96〕〔清〕宣穎撰，曹礎基校點：《南華經解》，廣東人民出版社 2008 年版，第64頁。

〔註97〕〔清〕宣穎撰，曹礎基校點：《南華經解》，廣東人民出版社 2008 年版，第64頁。

〔註98〕〔清〕宣穎撰，曹礎基校點：《南華經解》，廣東人民出版社 2008 年版，第69頁。

〔註99〕〔清〕宣穎撰，曹礎基校點：《南華經解》，廣東人民出版社 2008 年版，第69頁。

「倪」當做「睨」。〔註100〕

《天地》:「行於萬物者,道也。」宣氏校云:

　　此「道」字,當是「義」之訛。〔註101〕

《達生》:「用志不分,乃疑於神。」宣氏校云:

　　本文「疑」字,俗本作「凝」字,東坡乃定為「疑」字。俗豈

　知有如此精誼乎!〔註102〕

《山木》:「孰能去功與名,而還與眾人!道流而不明居,得行而不名處。」
宣氏校云:

　　不居有道之名。名,舊訛作「明」。〔註103〕

《山木》:「舜之將死,其命禹曰……」宣穎校云:

　　(其命)舊本訛作「真冷」二字。〔註104〕

《田子方》:「夫子德配天地,而猶假至言以修心。」宣氏校云:

　　(假)俗本誤作「偃」字。〔註105〕

《知北遊》:「於是泰清中二歎曰……」宣氏校云:

　　(中)「仰」字之訛。〔註106〕

《列禦寇》:「正考父一命而傴,再命而僂,三命而俯,循牆而走,孰敢
不軌!如而夫者,一命而呂鉅,再命而於車上舞,三命而名諸父。」宣氏校
云:

　　驕貌。竊疑「呂」字或「自」字之訛。〔註107〕

〔註100〕〔清〕宣穎撰,曹礎基校點:《南華經解》,廣東人民出版社 2008 年版,第
　　　　73 頁。

〔註101〕〔清〕宣穎撰,曹礎基校點:《南華經解》,廣東人民出版社 2008 年版,第
　　　　87 頁。

〔註102〕〔清〕宣穎撰,曹礎基校點:《南華經解》,廣東人民出版社 2008 年版,第
　　　　131 頁。

〔註103〕〔清〕宣穎撰,曹礎基校點:《南華經解》,廣東人民出版社 2008 年版,第
　　　　138 頁。

〔註104〕〔清〕宣穎撰,曹礎基校點:《南華經解》,廣東人民出版社 2008 年版,第
　　　　139 頁。

〔註105〕〔清〕宣穎撰,曹礎基校點:《南華經解》,廣東人民出版社 2008 年版,第
　　　　144 頁。

〔註106〕〔清〕宣穎撰,曹礎基校點:《南華經解》,廣東人民出版社 2008 年版,第
　　　　153 頁。

〔註107〕〔清〕宣穎撰,曹礎基校點:《南華經解》,廣東人民出版社 2008 年版,第
　　　　195 頁。

脫文者：

《達生》：「紀渻子為王養鬥雞。十日而問：『雞已乎？』」宣氏校云：

> 當從《列子》作「雞可鬥已乎」。此脫文耳。〔註108〕

《徐无鬼》：「勿已則隰朋可。其為人也，上忘而下畔，愧不若黃帝，而哀不已若者。」宣氏校云：

> （下畔）《列子》作「不下畔」，此處漏一「不」字也。〔註109〕

《列禦寇》：「夫漿人特為食羹之貨，無多餘之贏……」宣氏校云：

> 《列子》「多」字上有「無」字，今從之。〔註110〕

衍文者：

《駢拇》：「是故駢於足者，連無用之肉也；枝於手者，樹無用之指也；多方駢枝於五藏之情者，淫僻於仁義之行，而多方於聰明之用也。」宣氏校云：

> （多方）二字衍。〔註111〕

明代焦竑先於此提出了「多方」為衍文的看法，陳鼓應從此說。

《天運》：「吾奏之以人，徵之以天，行之以禮義，建之以太清。四時迭起，萬物循生。」宣氏校云：

> 「太清」下，俗本誤雜入注中三十五字，今去之。〔註112〕

衍出的三十五字為：「夫至樂者，先應之以人事，順之以天理，行之以五德，應之以自然。然後調理四時，太和萬物。」為郭象注竄入者，蘇轍、馬敘倫、于省吾、王叔岷、陳鼓應等人對此皆有所論證，以于省吾說為詳盡。

《庚桑楚》：「……有所出而無竅者有實。」宣氏校云：

> 此九字，衍文也。〔註113〕

〔註108〕〔清〕宣穎撰，曹礎基校點：《南華經解》，廣東人民出版社 2008 年版，第 133 頁。

〔註109〕〔清〕宣穎撰，曹礎基校點：《南華經解》，廣東人民出版社 2008 年版，第 170 頁。

〔註110〕〔清〕宣穎撰，曹礎基校點：《南華經解》，廣東人民出版社 2008 年版，第 192 頁。

〔註111〕〔清〕宣穎撰，曹礎基校點：《南華經解》，廣東人民出版社 2008 年版，第 68 頁。

〔註112〕〔清〕宣穎撰，曹礎基校點：《南華經解》，廣東人民出版社 2008 年版，第 104～105 頁。

〔註113〕〔清〕宣穎撰，曹礎基校點：《南華經解》，廣東人民出版社 2008 年版，第 163 頁。

倒文者：

《齊物論》：「化聲之相待，若其不相待。和之以天倪，因之以曼衍，所以窮年也。『何謂和之以天倪？』曰：『是不是，然不然。是若果是也，則是之異乎不是也亦無辯……』」宣穎校云：

> （化聲之相待，若其不相待。和之以天倪，因之以曼衍，所以窮年也）俗本此二十五字在後『亦無辨』之下，訛。〔註114〕

異文者：

《養生主》：「老聃死，秦失弔之，三號而出。」宣氏校云：

> （失）一本作「佚」。〔註115〕

《人間世》：「而強以仁義繩墨之言術……」宣氏校云：

> （術）同述，一本作「衍」。〔註116〕

《德充符》：「國無宰，而寡人傳國焉。」宣穎校云：

> 傅，俗本作傳。〔註117〕

《大宗師》：「特犯人之形而猶喜之。」宣氏校云：

> （犯）《淮南子》作「范」，是。〔註118〕

《應帝王》：「全然有生矣。」宣氏校云：

> 全然，《列子》作「灰然」，對上文「濕灰」復然，甚好。〔註119〕

《應帝王》：「吾鄉示之以太沖莫勝……」宣穎校云：

> 沖漠之氣，無所偏勝。「勝」字《列子》作「朕」。〔註120〕

《胠篋》：「將為胠篋探囊發匱之盜而為守備……」宣氏校云：

〔註114〕〔清〕宣穎撰，曹礎基校點：《南華經解》，廣東人民出版社 2008 年版，第23 頁。

〔註115〕〔清〕宣穎撰，曹礎基校點：《南華經解》，廣東人民出版社 2008 年版，第27 頁。

〔註116〕〔清〕宣穎撰，曹礎基校點：《南華經解》，廣東人民出版社 2008 年版，第30 頁。

〔註117〕〔清〕宣穎撰，曹礎基校點：《南華經解》，廣東人民出版社 2008 年版，第43 頁。

〔註118〕〔清〕宣穎撰，曹礎基校點：《南華經解》，廣東人民出版社 2008 年版，第52 頁。

〔註119〕〔清〕宣穎撰，曹礎基校點：《南華經解》，廣東人民出版社 2008 年版，第63 頁。

〔註120〕〔清〕宣穎撰，曹礎基校點：《南華經解》，廣東人民出版社 2008 年版，第64 頁。

（匱）俗作「櫃」。〔註121〕

《胠篋》:「擿玉毀珠,小盜不起。」宣穎校云:

（擿）俗作「擲」。〔註122〕

《庚桑楚》:「老聃之役有庚桑楚者……」宣穎校云:

《史記》作「亢桑」,一作亢倉。〔註123〕

《徐无鬼》:「天下馬有成材,若卹若佚……」宣氏校云:

佚,俗本作「失」。〔註124〕

《徐无鬼》:「若然者,其平也繩,其變也循。」宣氏校云:

諸本俱作其平也繩,其變也循。惟王元澤本如此,從之。〔註125〕

《則陽》:「不馮其子,靈公奪而里之。」宣穎校云:

「里」字與上「子」字叶……俗本作「埋」字,非是。〔註126〕

《則陽》:「文武殊材,大人不賜,故德備。」宣氏校云:

一本缺「材」字。〔註127〕

《外物》:「木與木相摩則然……」宣穎校云:

然,俗作「燃」。同類之火。〔註128〕

《外物》:「莊周家貧,故往貸粟於監河侯。」宣氏校云:

（監河侯）《說苑》作「魏文侯」。〔註129〕

〔註121〕〔清〕宣穎撰,曹礎基校點:《南華經解》,廣東人民出版社 2008 年版,第 75 頁。

〔註122〕〔清〕宣穎撰,曹礎基校點:《南華經解》,廣東人民出版社 2008 年版,第 76 頁。

〔註123〕〔清〕宣穎撰,曹礎基校點:《南華經解》,廣東人民出版社 2008 年版,第 158 頁。

〔註124〕〔清〕宣穎撰,曹礎基校點:《南華經解》,廣東人民出版社 2008 年版,第 166 頁。

〔註125〕〔清〕宣穎撰,曹礎基校點:《南華經解》,廣東人民出版社 2008 年版,第 173 頁。

〔註126〕〔清〕宣穎撰,曹礎基校點:《南華經解》,廣東人民出版社 2008 年版,第 181 頁。

〔註127〕〔清〕宣穎撰,曹礎基校點:《南華經解》,廣東人民出版社 2008 年版,第 181 頁。

〔註128〕〔清〕宣穎撰,曹礎基校點:《南華經解》,廣東人民出版社 2008 年版,第 184 頁。

〔註129〕〔清〕宣穎撰,曹礎基校點:《南華經解》,廣東人民出版社 2008 年版,第 184 頁。

《天下》：「鄒魯之士、縉紳先生多能明之。」宣穎校云：

> 李奇云：「縉紳」，「縉」字本作「搢」，事君者插笏於大帶之間
> 也。〔註130〕

《讓王》：「屠羊說居處卑賤而陳義甚高，子綦為我延之以三旌之位。」宣氏校云：

> 三公也。車服各有旌別，故曰「三旌」。司馬本又作「三珪」。
> 〔註131〕

訛文、脫文、衍文、倒文本質上來說都是異文的表現形式，但是這裡所言的異文是指底本和校本之間可以兩存的情況，不存在對錯的問題。

宣穎對《莊子》的校勘堪稱精當，解決了《莊子》諸多俗本版刻中的因音、形等多種原因所產生的訛誤，吸收了此前《莊子》校勘的部分成果，同時對後來的《莊子》校勘起到了參考作用，陳鼓應先生的《莊子今注今譯》對其參考尤多。

2. 辨析舊注

宣穎在《南華經解》中對舊解的反思表現為在批判謬解的同時，對合理的舊解也進行了吸收。其對於支離《莊》文的舊解往往持批判態度，如郭象的注解；而對於闡發《莊子》文學性的見解則尤多吸收，如孫月峰、褚伯秀等人的見解，體現了宣穎以文論《莊》的基本立場和評注原則。

宣穎在初讀《莊子》之時，由諸家評注入手，但是這些諸家評注在他看來，卻是未能真正使得《莊子》顯得明晰，反而使讀者更感茫然，這些不知所言的舊解中就包含了郭象注：

> 乃旁搜名公宿儒之評注，不下數十家，而未嘗不茫然也。即郭
> 子玄以此擅勝名家，又未嘗不茫然也。〔註132〕

宣穎認為，導致這些郭象注等舊解使人茫然的一個主要原因，就是諸解「全未得」《莊子》「結構之意」、未能透徹於《莊子》的文理。他認為，曉暢《莊子》「文理」是闡明《莊子》「意義」的前提：

〔註130〕〔清〕宣穎撰，曹礎基校點：《南華經解》，廣東人民出版社 2008 年版，第198 頁。

〔註131〕〔清〕宣穎撰，曹礎基校點：《南華經解》，廣東人民出版社 2008 年版，第207 頁。

〔註132〕〔清〕宣穎撰，曹礎基校點：《南華經解》，廣東人民出版社 2008 年版，第 1頁。

注莊者無慮數十家，全未得其結構之意。郭子玄竊據向注，今古同推。要之亦可間摘其一句標玄耳。至於行文妙處，則猶未涉藩籬，便為空負盛名也。

古今同推郭注者，謂其能透宗趣，愚謂聖賢經籍，雖以意義為重，然未有文理不能曉暢而意義得明者。此愚所以不敢阿郭注也。若諸家之餖飣舛謬，又不足道。〔註133〕

在這樣的評注思想指導下，宣穎對舊解進行了一系列的批判，其中又包含了兩種情況：一種是不加引述和申述，直斥舊解「荒謬可笑」、「訛甚」等等；另一種情況是對舊解的荒謬之處進行略述。

對舊解的籠統性的否定在《南華經解》中佔有不小的比例，如：

《德充符》：「無君人之位以濟乎人之死，無聚祿以望人之腹，又以惡駭天下，和而不唱，知不出乎四域，且而雌雄合乎前⋯⋯」宣氏注云：

三句是倒疊上文。舊解可笑。〔註134〕

《至樂》：「若果養乎？予果歡乎？」宣氏注云：

養，心憂不定貌。《詩》曰：「中心養養」是也。言爾果以死為憂乎？舊解訛甚。〔註135〕

《田子方》中借顏淵和仲尼的對話闡明宇宙萬物變化不息，人也隨之變化不息，否則即是心死。宣氏於此段下注云：

妙絕，妙絕。此等一篇，舊解都不知作何語。可歎。〔註136〕

《徐无鬼》篇中，通過莊子與惠子的對話批評各家各自站在自己的立場上「以為是」，而天下沒有「公是」，宣氏於此段下注云：

此等非知音者不解，何怪舊注之夢夢。〔註137〕

〔註133〕〔清〕宣穎撰，曹礎基校點：《南華經解》，廣東人民出版社 2008 年版，第 1 頁。

〔註134〕〔清〕宣穎撰，曹礎基校點：《南華經解》，廣東人民出版社 2008 年版，第 43 頁。

〔註135〕〔清〕宣穎撰，曹礎基校點：《南華經解》，廣東人民出版社 2008 年版，第 127 頁。

〔註136〕〔清〕宣穎撰，曹礎基校點：《南華經解》，廣東人民出版社 2008 年版，第 143 頁。

〔註137〕〔清〕宣穎撰，曹礎基校點：《南華經解》，廣東人民出版社 2008 年版，第 169 頁。

以上諸例中宣氏對舊解未加引述，而是直接地進行擯斥。除了這種直接的否定舊解之外，《南華經解》中也存在著對舊解進行略加辨訛的情況，如：

《人間世》：「適有蚊虻僕緣，而拊之不時，則缺銜毀首碎胸。」宣氏注云：

> 舊解作『僕御』，將「僕緣」二字連下句讀，言僕御拊馬。不知
> 上已有愛馬之人，此又另說僕御拊之，有是文理乎？〔註138〕

《德充符》：「今子外乎子之神，勞乎子之精，倚樹而吟，據槁梧而瞑。」宣氏注云：

> 舊解作「睡眠」，可笑。〔註139〕

除了上述對舊解進行駁斥外，宣穎也對合理的舊解成果進行了吸收。這其中既有訓詁成果的採納，也有對文學性評注的吸收，而以後者為主。

宣氏在《南華經解》中注意了對舊解訓詁成果的吸收，如《列禦寇》：「使人輕乎貴老，而齏其所患。」宣氏注云：

> 齏，俗虀字。《循本》云：猶釀也。蓋虀乃葅菜肉之通稱。蘊菜
> 成虀，有釀字之意也。言炫耀如此，乃釀禍之本也。〔註140〕

又如《天地》篇：「故其與萬物接也，至無而供其求，時騁而要其宿，大小、長短、修遠。」宣穎引林希逸《莊子口義》云：

> 《口義》云：「修遠」當作「遠近」。是也。〔註141〕

除了這種訓詁成果的吸收，宣穎還較多地吸收了柳宗元、歐陽修、褚伯秀、孫月峰等人的解《莊》之見。

《山木》篇首，宣穎引柳宗元語云：

> 柳子厚曰：「與內篇《人間世》參看。」〔註142〕

《駢拇》篇末，宣穎引歐陽修語云：

〔註138〕〔清〕宣穎撰，曹礎基校點：《南華經解》，廣東人民出版社 2008 年版，第36 頁。

〔註139〕〔清〕宣穎撰，曹礎基校點：《南華經解》，廣東人民出版社 2008 年版，第46 頁。

〔註140〕〔清〕宣穎撰，曹礎基校點：《南華經解》，廣東人民出版社 2008 年版，第192 頁。

〔註141〕〔清〕宣穎撰，曹礎基校點：《南華經解》，廣東人民出版社 2008 年版，第88 頁。

〔註142〕〔清〕宣穎撰，曹礎基校點：《南華經解》，廣東人民出版社 2008 年版，第136 頁。

　　　歐陽公曰：「此篇語至刻急，而每結皆緩，若深厚不可知者。」
〔註143〕

宣氏於外篇總說處引述褚伯秀語：

　　　褚伯秀曰：「內篇命題本於漆園，各有深意。外雜篇則郭子玄刪
　　修，但摘篇首字名之。」此說甚是。但謂摘名出於子玄，亦未見其
　　必然也。〔註144〕

《大宗師》篇「回忘禮樂也」，宣穎引述孫月峰之說：

　　　孫月峰曰：忘仁義只是去是非，心忘禮樂，則全然不拘束矣。
　　故忘禮樂在忘仁義後。〔註145〕

　　這些見解多數具有較為明顯的文學分析的特色，而柳宗元、歐陽修、褚伯
秀、孫月峰等人要麼具備文學家身份，要麼具有較強的「以文解《莊》」的思
想傾向。從吸收舊解的這種情況來看，宣穎也顯示出較為明確的「以文解《莊》」
的傾向。

　　宣穎對這些舊解的取捨立場是以「暢達文意」為基礎的，因此這種極為通
達的觀念為後來的諸多注《莊》者所欣賞，如王先謙的《莊子集解》、陸樹芝
的《莊子雪》、劉鳳苞的《南華雪心編》等書都對其注《莊》成果進行了吸收。
其中，王先謙的《莊子集解》吸收尤多，達到七百七十四條之多。〔註146〕

　　總體來說，宣穎的《南華經解》在思想上具有較強的「以『儒』解《莊》」
的特色，同時秉承了「以文解《莊》」的思路，對當時的《莊子》文本進行了
較為細緻的校勘，提出了《莊子》篇章辨偽的新見解，這些都為後來清末《莊
子》訓詁學的大興和近代以來《莊子》專題化研究的深入打下了堅實的基礎。

〔註143〕〔清〕宣穎撰，曹礎基校點：《南華經解》，廣東人民出版社 2008 年版，第
　　　　　71 頁。
〔註144〕〔清〕宣穎撰，曹礎基校點：《南華經解》，廣東人民出版社 2008 年版，第
　　　　　67 頁。
〔註145〕〔清〕宣穎撰，曹礎基校點：《南華經解》，廣東人民出版社 2008 年版，第
　　　　　59 頁。
〔註146〕錢奕華：《宣穎南華經解之研究》，萬卷樓圖書有限公司 2000 年版，第 270 頁。

第五章　嚴復與《莊子評語》

第一節　嚴復其人

　　嚴復作為一位近代《莊子》研究的學者，其《莊子》評點在整個莊學史上具有轉折性和開創性的意義。這種轉折和開創主要體現在嚴復以西學思想會通《莊子》思想，這在以往的《莊子》評點上是無由得見的。對於嚴復個人的研究一直都是近代思想研究的重點，研究成果較為豐富。嚴復去世後，其子嚴璩作《侯官嚴先生年譜》，陳寶琛作《嚴君墓誌銘》，王遽常作《嚴幾道年譜》，王栻作《嚴復傳》，孫應祥所作《嚴復年譜》，羅耀九主編《嚴復年譜新編》等。關於嚴復思想的研究，主要有周振甫先生的《嚴復思想述評》、張志建的《嚴復思想研究》以及歐陽哲生等人所作的《嚴復評傳》多種。而對於其集子的編纂也很早就展開了，早在二十世紀初即有熊元鍔編《侯官嚴氏叢刻》以及願學子的《嚴侯官先生全集》，後商務印書館出版了《嚴譯名著叢刊》，中華書局出版了《嚴復集》。對於嚴復評點的研究，近年來也逐漸深入，學術論文計有《論嚴復的〈老子評點〉》、《嚴復〈老子評點〉中的民主自由及科學思想》、《試論嚴復〈老子評點〉的發展變化觀》、《評點老子與嚴復對立憲的檢視》、《嚴復〈老子評點〉與西方思想》、《論嚴復的〈莊子〉學》、《論嚴復〈莊子評語〉的學術背景和闡釋特點》《嚴復〈莊子〉評點與莊學的近代轉換》、《論嚴復的莊子學》等。此外李寶紅、康慶合著的《二十世紀中國莊學》有《嚴復〈莊子〉評點及其新義》，進行專題介紹和分析；方勇先生的《莊子學史》有《嚴復的〈莊子〉學》一章，分四節進行了詳細的討論。

嚴復（1854～1921），幼名體乾，譜名傳初，考馬尾船廠時改名宗光，字又陵，後改名復，字幾道。漢族，福建侯官人，是順治間《莊子因》作者林雲銘的同鄉。嚴復是清末著名的翻譯家、教育家和啟蒙思想家。蔡元培在《五十年來中國之哲學》一文中稱嚴復為五十年來推介西方哲學的第一人：「五十年來，介紹西洋哲學的，要推侯官嚴復為第一。」〔註1〕《清史稿》有嚴復傳。

一、嚴復的家世

嚴復父親嚴振先（1821～1866），號志範，從父學習中醫，但性好賭，家無餘財。母親陳氏（1833～1899），勤勞樸素，為平民之女，生二女，二男。

嚴復兄一人，名不詳，長嚴復二歲，早卒。

嚴復妹二人。大妹嫁何心川，何為嚴復的同學；二妹適陳弗藩，陳畢業於北洋水師學堂。

嚴復二妻一妾，育有五男四女。十四歲娶妻王氏，生子嚴璩；四十歲納妾江氏，生子嚴瓛、嚴琥，生女嚴璸；四十八歲，娶朱氏，生子嚴璿、嚴玷，生女嚴瓈、嚴瓏、嚴頊。

二、嚴復生平事略

清咸豐三年（1854），嚴復出生於福州。

咸豐九年（1859），入私塾讀書。開始讀《三字經》及諸家史書。

同治二年（1863），從塾師黃少岩讀經，兼涉宋、元、明學案和典籍。

同治五年（1866），時嚴復十四歲，春，娶同邑王氏；八月，父振先病卒，享年四十六歲。從此家貧無可支拄，無力從師就學，遷居鄉下；冬，嚴復以第一名考入福州船政學堂，學習駕駛專業。

同治十三年（1874），生長子嚴璩，字伯玉。

光緒三年（1877），李鴻章等奏請選派英法留學生，為期三年。嚴復被選派英國學習，年二十五歲，交郭嵩燾，入格林尼次海軍學院學習，學習科目包括化學、算學、重學、格致學等。

光緒五年（1879），結束在英留學生涯，回到中國，任教於母校船政學堂。

〔註1〕高平叔編：《蔡元培全集》第四卷，中華書局1984年版，第351頁。

　　光緒六年（1880），李鴻章調嚴復任北洋水師學堂總教習。

　　光緒十二年（1886），嚴復任職同時，走上了科舉求仕的道路。應鄉試，落第。

　　光緒十四年（1888），應順天鄉試，再落第。

　　光緒十五年（1889），再赴順天鄉試，再落第。冬，嚴復母陳氏病逝，年五十六歲。十一月，報捐同知，經海軍保案免選同知，以知府用，被任命為北洋水師學堂會辦（相當於副校長）。

　　光緒十六年（1890），升任洋水師學堂總辦。

　　光緒十八年（1892），妻王氏病逝，年三十九歲。納妾江氏。

　　光緒十九年（1893），參加福建鄉試，又落第。

　　光緒二十年（1894），妾江氏生子嚴瓛，字仲弓。

　　光緒二十一年（1895），中國甲午戰敗，嚴復譯《天演論》，開始系統地介紹進化論思想。

　　光緒二十三年（1897），開始著手翻譯英人亞當・斯密的《原富》，嚴璩赴英留學。妾江氏生子嚴琥，字叔夏。

　　光緒二十五年（1899），翻譯約翰・穆勒的《群己權界論》。妾江氏生女嚴瑸，字香嚴。

　　光緒二十六年（1900），娶朱氏，生子二，女三。八國聯軍入天津，學堂星散，子嚴瓛染病卒；開始翻譯約翰・穆勒的《名學》。長子嚴璩留學歸國。

　　光緒二十七年（1901），朱氏生女嚴璆，字華嚴。

　　光緒二十八年（1902），與林紓等人任教於北京五城學堂，後任京師大學堂譯局總辦。譯成斯賓塞的《群學肄言》。

　　光緒二十九年（1903），七月，學生熊季廉「出所評《老子》，就吾師侯官先生諟正。先生為芟剟十九，而以己意列其眉。久之，丹黃殆遍，以王輔嗣妙得虛無之旨，其說亦間有取焉。受而讀之，大喜過望，南旋，持示義寧陳子。陳子亦絕歎，以為得未曾有，促余刊行，後復請先生附益千數百言。」〔註2〕

　　光緒三十年（1904），辭去京師大學堂譯局總辦一職，歸上海。十一月，與張翼赴英國交涉開平礦務局糾紛事宜。是年，譯孟德斯鳩《法意》。朱氏生子嚴璿，字季將。

〔註 2〕王栻主編：《嚴復集》（第四冊），中華書局 1986 年版，第 1011 頁。

　　光緒三十一年（1905），被聘為安徽高等學堂監督。學生熊季廉把《侯官嚴氏評點〈老子〉》抄付活版於日本東京。夏曾佑為之序。《老子》原文及王弼注用黑字，嚴評用紅字。朱氏生女嚴瓏，字海林。

　　光緒三十二年（1906），任復旦公學監督。

　　光緒三十四年（1908），八月，批閱《王荊公詩》，批註二百餘條，和詩三十餘首。是年，嚴復被聘為新政顧問官，二年後卸任。朱氏生女嚴頊，字眉南。

　　宣統二年（1910），嚴復受賜文科進士。五月，被清政府徵為資政院議員，本職為學部參議上行走，十二月，被授為海軍部一等參謀官。朱氏生子嚴玷，字稚騫。

　　宣統三年（1911），批閱《王荊公詩集》卷首本傳，論王安石及其變法。敵視辛亥革命，視之為災禍，從社會進化論角度，認為應該暫時保留帝制。

　　民國元年（1912），被袁世凱任命為京師大學堂總監督。五月，京師大學堂改名北京大學，嚴復任校長。九月，被袁世凱聘為總統府顧問官，十月，辭去北京大學校長職務。擬再評《莊子》，「予生平喜讀《莊子》，於其道理唯唯否否，每一開卷，有所見，則隨下丹黃。馬通伯借之去不肯還，乃以新帙見與，己意亦頗軼軼，今即欲更擬，進退不可知，又須費一番思索，老來精力日短，恐不能更鑽故紙矣。」〔註3〕馬通伯即《莊子故》的作者馬其昶。

　　民國二年（1913），七月，「讀《李太白集》，極有神會。」〔註4〕九月，於中央教育會倡言：「莊生有言：『哀莫大於心死。』莊生之所謂心，即無所謂靈魂也。人有如此，國尤甚焉。」〔註5〕嚴復認為，經不可廢，經學為中國教化之本源。

　　民國三年（1914），受聘為海軍部編史處總纂。

　　民國四年（1915），參與楊度發起的籌安會。

　　民國五年（1916），因涉嫌支持袁世凱復辟帝制，嚴復遭到時人詬病。其自云「復生平浪得虛名，名者造物所忌，晚節末路，固應如此。不過人之為此，或得金錢，或取好官，復則兩者毫無所有，以此蒙禍，殊可唉耳。」〔註6〕七月，黎元洪發布懲辦帝制禍首令，嚴復並未受到牽連。九月，再次批閱《莊子》。冬，氣喘復烈。

〔註3〕王栻主編：《嚴復集》（第三冊），中華書局1986年版，第608頁。
〔註4〕王栻主編：《嚴復集》（第三冊），中華書局1986年版，第846頁。
〔註5〕王栻主編：《嚴復集》（第二冊），中華書局1986年版，第329頁。
〔註6〕王栻主編：《嚴復集》（第三冊），中華書局1986年版，第641頁。

民國六年（1917），四月，手批《左傳》。冬，氣喘又作。

民國八年（1919），被徐世昌聘為總統府顧問。冬，一病幾殆。

民國十年（1921），入秋，氣喘復作。十月，手書遺囑，同月，病逝於福州，年六十九歲。十二月，與夫人王氏合葬於福州市郊蓋山鎮陽岐村北鼇頭山。墓為嚴復生前所造，自書「清侯官嚴幾道先生之壽域」碑文，現為省級文物保護單位。

三、嚴復的評點活動

嚴復在早年的讀書生活中主要閱讀傳統國學經典，其自言「自束髮就傅以來，所讀書自《三字經》至於二十七史，幾無往不聞君臣之義，以其耳熟，遂若無足深言，無可思忖也者。」〔註7〕在後來的一些講演中，嚴復倡導寧可少讀經書，也不要刪節讀經，求完整之理解。其行文之中，對《孟子》、《荀子》、《老子》、《莊子》等諸子百家之書亦皆多所徵引和稱述。

嚴復認為，中國民智最為開化的時期當推諸子百家爭鳴的春秋戰國時期。「民智之開，莫盛於春秋戰國之際。中土則孔、墨、老、莊、孟、荀以及戰國諸子，尚論者或謂其皆有聖人之才。而泰西則有希臘諸智者，印度則有佛。」〔註8〕而嚴氏當時所處之中國，面對西方社會思想和科學技術的日新月異，加之千年的封建思想束縛，中國民智之發展已經大大落在了時代的後面。在這樣的思想背景下，嚴復適逢其會，成功地擔當了思想啟蒙先驅者的角色，而這種思想啟蒙的發生，很大程度體現在嚴復的譯書和評點活動上。

桐城派的重要代表人物吳汝綸曾為嚴復的譯著《天演論》作序，其中說明了嚴復譯介西方文化書籍的原因：

> 今議者謂西人之學，多吾所未聞，欲淪民智，莫善於譯書。吾則以謂今西書之流入吾國，適當吾文學靡敝之時，士大夫相矜尚以為學者，時文耳、公牘耳、說部耳。捨此三者，幾無所為書。而是三者，固不足與於文學之事。今西書雖多新學，顧吾之士以其時文、公牘、說部之詞譯而傳之，有識者方鄙夷而不之顧，民智之淪何由？此無他，文不足焉故也。〔註9〕

〔註7〕王栻主編：《嚴復集》（第五冊），中華書局1986年版，第1252頁。
〔註8〕王栻主編：《嚴復集》（第五冊），中華書局1986年版，第1365頁。
〔註9〕王栻主編：《嚴復集》（第五冊），中華書局1986年版，第1318頁。

　　從中可以看出，在當時要想開通民智，則「莫善於譯書」，因為當時的中國自己所有之書無非時文、公牘、說部，此三者或應舉之用、或官樣文字、或娛樂之道，皆不足以開化民智，而文本的不足成為當時啟蒙民智的重要阻礙。融通中西學問的嚴復在當時具備了譯介西方學術著作的能力：

　　　　文如幾道，可與言譯書矣。……嚴子一文之，而其書乃駸駸與晚周諸子相上下。〔註10〕

　　同時吳汝綸也看到了當時社會環境與眾人接受的困難，嚴復在譯介西學方面作為先驅角色的無奈與開化民智的長期性決定了其譯著將「待其時」、「待其人」而後則可以起效：

　　　　今學者方以時文、公牘、說部為學，而嚴子乃欲進之以可久之詞，與晚周諸子相上下之書，吾懼其舛馳而不相入也。雖然，嚴子之意蓋將有待也。待而得其人，則吾民之智淪矣。是又赫胥氏以人治歸天演之一義也歟？〔註11〕

　　嚴復的評點實踐起步與其譯書活動相前後。留學歸國以後，嚴復本著會通中西的原則批點了一些傳統經典，涉有《左傳》、《老子》、《莊子》、《王荊公詩》和《古文辭類纂》，這其中以《老子評語》和《莊子評語》最為世所重。

　　光緒二十九年（1903，時嚴復51歲），嚴復在其學生熊季廉批點《老子》的基礎上，附為批點，久之，丹黃殆遍。後熊季廉又請嚴復附益千數百言，終成《侯官嚴氏評點莊子》一書，熊季廉於光緒三十一年（1905）將此書在日本付梓。關於嚴復批點《老子》的原因，誠如王天根先生所言〔註12〕，嚴復對《老子》的評點有針對康有為託孔改制的因素在。康有為古為今用，借孔子消解改革的壓力和阻力，而嚴復則推崇黃老之道，會通中西，二者雖都別有用心，但是嚴復在這其中開拓了評點《老子》的新局面。

　　光緒三十四年（1908，時嚴復56歲），八月，嚴復成《王荊公詩評語》，共批註二百餘條，和詩三十餘首以及一些注釋。曾克耑為《王荊公詩評語》作序云：「獨侯官嚴氏，以通儒雄筆，通貫中西學，既評釋老莊以通其郵，復以其餘力手公詩而評隲之，其於公格律聲色，既有以發其微，而於學術本源之發於詩，而與西哲相通貫……鑽研既久，所獲益深，思所以發其微，圈識

〔註10〕王栻主編：《嚴復集》（第五冊），中華書局1986年版，第1318頁。
〔註11〕王栻主編：《嚴復集》（第五冊），中華書局1986年版，第1318～1319頁。
〔註12〕王天根：《評點老子與嚴復對立憲的檢視》，《安徽大學學報》，2004年7月第28卷第4期，第124頁。

之不足則評贊之，評贊之不足，乃復取其談禪論古之作，一一而追和之。」
〔註13〕

嚴復於清宣統三年（1911）至民國六年（1917）之間，對清代姚鼐所編的《古文辭類纂》進行了批點，所做批語計有四百餘條。〔註14〕

民國元年（1912，時嚴復 60 歲），嚴復在與熊純如的書信中說：「予生平喜讀《莊子》，於其道理唯唯否否，每一開卷，有所見，則隨下丹黃。馬通伯借之去不肯還，乃以新帙見與，己意亦頗軼軼，今即欲更擬，進退不可知，又須費一番思索，老來精力日短，恐不能更鑽故紙矣。」〔註15〕嚴復先前所評點的《莊子》所據底本為郭注本，曾克耑在岷雲堂本《莊子評點》例言中對此交代得較為清楚：「先生晚而篤好莊書，嘗就郭注本評點。」此本被馬其昶借去之後，便再未現世，四年之後，嚴復再次對《莊子》進行了評點。

民國五年（1916，時嚴復 64 歲），嚴氏身體健康狀況每況愈下，但仍然堅持批閱《莊子》，漸成《莊子評點》。

方勇先生的《莊子學史》據曾克耑為《莊子評語》所作的序中的末署「癸巳秋九月」推斷，認為曾序作於光緒十九年（1893，時嚴復 41 歲），嚴復是年即已批點《莊子》。〔註16〕方勇先生在嚴氏年譜的對應年份上並未找到其評點《莊子》的相關記載，並為此感到困惑。實際上，曾克耑所署「癸巳」指的是一九五三年（民國 42 年），即岷雲堂叢刊本《莊子評點》面世之時。且曾克耑生於光緒二十六年（1900），逝世於一九七五年，享年七十五歲，〔註17〕無論如何也不可能於光緒十九年（1893）作序。

可以說，評點活動貫穿了嚴復的晚年學術生活，其所作評語雖然數量上往往寥寥數語，比之先前評點諸家的宏篇大論相去為少，但其評點開創了新的思路，具有濃厚的溝通中西學術、融貫多門學科的特色，這是時代背景與其個體自覺相結合的產物。

四、嚴復的著述

嚴復的著述可分為詩文（含論文和詩詞）、專著、譯著、評點和書信等。

〔註13〕王栻主編：《嚴復集》（第四冊），中華書局 1986 年版，第 1178 頁。
〔註14〕王栻主編：《嚴復集》（第四冊），中華書局 1986 年版，第 1179 頁。
〔註15〕王栻主編：《嚴復集》（第三冊），中華書局 1986 年版，第 608 頁。
〔註16〕方勇：《莊子學史》（第三冊），人民出版社 2008 年版，第 307 頁。
〔註17〕葉興松主編：《近現代閩侯書畫集》，福建美術出版社 2006 版，第 83 頁。

嚴復詩文集有《侯官嚴氏叢刻》、《嚴侯官文集》、《嚴幾道詩文鈔》、《嚴復集·詩文卷》等，其中以王栻主編的《嚴復集·詩文卷》所收為全面。

嚴復有專著兩部：《英文漢詁》和《政治講義》，收入中華書局版《嚴復集》。

嚴復在戊戌政變後翻譯了一些西方論著，計十種：赫胥黎的《天演論》、亞當·斯密的《原富》、斯賓塞的《群學肄言》、孟德斯鳩的《法意》、約翰·穆勒的《群己權界論》、甄克斯《社會通詮》、孟德斯鳩的《法意》、約翰·穆勒的《名學》、耶方斯的《名學淺說》、英國宓克的《支那教案論》和衛西琴的《中國教育議》。這其中，《天演論》的翻譯成就了嚴復在翻譯界的赫赫聲名，以至於大翻譯家林紓對嚴復也是敬重有加。

嚴復評點著作主要有四種：《老子評語》、《莊子評語》、《王荊公詩評語》和《古文辭類纂評語》。

嚴復往來書信多收入王栻主編的《嚴復集》中。

第二節　《莊子評語》的成書、刊刻、版本及體例

一、《莊子評語》的成書

嚴復生平喜讀《莊子》，累讀不厭，「每一開卷，有所見，則隨下丹黃。」〔註18〕

據民國元年（1912，時嚴復60歲），嚴復與學生熊純如的書信中可知，先前所評《莊子》已為馬其昶借去不還，嚴復為此悶悶不樂。現在通行於世的是嚴復民國五年（1916）所評點之《莊子》。

民國五年（1916，時嚴復64歲），嚴復在與熊純如的通信中言到：「平生於《莊子》累讀不厭，因其說理，語語打破後壁，往往至今不能出其範圍。其言曰：『名，公器也，不可以多取；仁義，先王之蘧廬也，止可以一宿，而不可以久處。』莊生在古，則言仁義，使生今日，則當言平等、自由、博愛、民權諸學說矣。莊生言：『儒者以詩書發冢。』而羅蘭夫人亦云：『自由，自由，幾多罪惡假汝而行。』甚至愛國二字，其於今世最為神聖矣。然英儒約翰孫有言：『愛國二字有時為窮凶極惡之鐵炮臺。』可知談理倫人，一入死法，便無是處。是故孔子絕四，而釋迦亦云：『如筏喻者，法尚應捨，何況非法。』」〔註19〕

〔註18〕王栻主編：《嚴復集》（第三冊），中華書局1986年版，第608頁。
〔註19〕王栻主編：《嚴復集》（第三冊），中華書局1986年版，第648頁。

是年，嚴復再次批點《莊子》。據嚴復長子嚴璩所作《侯官嚴先生年譜》，「丙辰（1916）府君六十四歲，手批《莊子》，入冬，氣喘仍烈。」〔註20〕

　　也就是說，嚴復在其去世的前幾年仍然致力對《莊子》的研習和批點。要想確指嚴復《莊子評語》的成書時間本身是一個不符合實際的問題，其評點《莊子》的實踐較為繁複，因此，方勇先生稱《莊子評點》是嚴復長期思考的結果，這個結論基本還是站得住腳的。〔註21〕

二、《莊子評語》的刊刻

　　嚴復評點的《莊子》在其生前未能刊刻。

　　嚴復早年所評之郭注本《莊子》被馬其昶借去之後，沒有歸還，馬其昶藏書解放後已經歸公，但是這批資料下落不明。因此這個版本至今未能付梓。

　　民國四十二年（1953），嚴復的《莊子評點》由曾克耑為之付梓，作為《岷雲堂叢刊》中的第一種，是之為岷雲堂本。據曾克耑在《例言》中所云，「是書為嚴先生未刊遺著之一，不佞往居滬濱，假自其嗣君伯玉迻錄者，先生晚而篤好莊書，嘗就郭注本評點，為馬通伯假閱不歸，因又就馬著《莊子故》加批，即此本所據也。」此嚴氏評點所據為清光緒集虛草堂本馬其昶《莊子故》。

　　曾克耑，晚清、民國著名詩人、書法家，曾被章士釗、沈尹默等人稱之為草聖，啟功先生對其書法造詣也是讚賞有加，認為其為當代褚書第一人。與嚴復為閩侯同鄉，後移居香港，岷雲堂為其堂名。

　　二零零九年，福建人民出版社影印出版了嚴復長子嚴璩所藏、後為福建博物院所藏的嚴氏評點《莊子》，題名為《嚴復評點莊子》，採用了朱墨雙色套印，眉目燦然。

三、《莊子評語》的版本

　　嚴復評點《莊子》的版本總起來說有如下版本：馬其昶借去未還本、未刊《莊子》原文的曾克耑岷雲堂本、福建人民出版社影印的嚴復長子嚴璩藏本、杭州大學嚴群自藏本以及《嚴復集》之《莊子評語》本。

　　《嚴復集》的主編王栻先生認為最好的嚴氏批點《莊子》的版本為馬其昶借去未還的那個版本，但是現在這個版本至今仍未知所蹤。〔註22〕

〔註20〕王栻主編：《嚴復集》（第五冊），中華書局1986年版，第1551頁。
〔註21〕方勇：《莊子學史》（第三冊），人民出版社2008年版，第308頁。
〔註22〕王栻主編：《嚴復集》（第五冊），中華書局1986年版，第1586頁。

嚴靈峰先生《周秦漢魏諸子知見書目》著錄了岷雲堂本：

> 《莊子評點》，一卷，嚴復；西元一九一六年，民國五年；（存）
> 據馬其昶莊子故本，親書眉評，並加圈點，實啟以西方哲理解《莊》
> 之濫觴，併兼及文趣。手稿本為辜鴻銘所藏，由鄉人曾克耑傳抄付
> 印，計分「總評」、「評證」、「注」、「圈點」四項。首有嚴氏遺像，及
> 章士釗己巳秋題詩，曾氏序言、例言。在《岷雲堂叢刊》內。按：王
> 蘧常《嚴幾道年譜》稱：「民國五年，是年先生手評《莊子》。」今從
> 之。〔註23〕

據國家圖書館所藏岷雲堂本《莊子評點》來看，是書封面由曾克耑題「侯
官嚴先生遺著，《莊子評點》」；次為「侯官嚴幾道先生遺像」；次為章士釗題詩
一首；次曾克耑序；次《例言》十則；次目錄；次正文，卷端題「岷雲堂叢刊
第一，侯官嚴復遺著，邑後學曾克耑校錄」，正文繁體豎排；文後附一為嚴復
清史《本傳》，附二為「侯官嚴先生著述目」。共錄嚴氏譯著、評點、詩文集十
五種。

杭州大學嚴群自藏《莊子評點》為未刊本，係嚴復在親友家讀《莊子》時
隨手所作的評注，與岷雲堂本互有異同。〔註24〕

一九八六年中華書局出版的《嚴復集》以嚴群自藏本為底本，參校岷雲堂
本，主要選錄嚴氏評語，注釋文字不錄，岷本中的圈點說明亦不錄，後附岷雲
堂本之曾克耑序，名之曰《莊子評語》。

福建人民出版社影印的《嚴復評點莊子》，一函四冊，共八卷。內頁黑色
版框內題「據福建博物院藏本影印，原書版框高十六點四公分，寬十二點一公
分。」《莊子故》本書正文頁十行，行二十一字，小字雙行同，四周單邊，版
心刻書名、卷數、頁數及「集虛草堂」，書前有《莊子故》序目、馬其昶序，
書後有馬其昶門人李國松序；嚴復評點有朱批、墨批兩種，多置卷端，朱批為
主，墨批僅幾處，多為糾正朱批或正文別字所作，圈點在正文。

後文所論，以中華書局《嚴復集》中的《莊子評語》為主，同時參照曾克
耑所刻之岷雲堂本。

〔註23〕嚴靈峰：《周秦漢魏諸子知見書目》第二卷，正中書局民國六十四年版，第241
　　　～242頁。
〔註24〕王栻主編：《嚴復集》（第四冊），中華書局1986年版，第1104頁。

四、《莊子評語》的體例

曾克耑岷雲堂本《莊子評點》特設《例言》一目對嚴氏《莊子評點》進行了說明：「是書計分總評、評證、注釋、圈點四項，每項各以數字標次第，記所批某句某段，眉目鼇然，無虞混亂……以財力所限，未刊莊書全文。」

綜合嚴氏所評《莊子》，其體例可以梳理為如下幾個方面：

1. 評點底本：今所見嚴氏評點《莊子》所據底本為馬其昶《莊子故》。
2. 評點方式：計分文前總評、文中評析、字詞注釋和文中圈點四大部分。
3. 評點符號：嚴復所評《莊子》所用之符號涉有圈、點、雙圈、橫截、曲截和旁標豎線以及少數圖例。

第三節 《莊子評語》的價值

嚴復評點了多部作品，計有《老子評語》、《莊子評點》、《王荊公詩評語》和《古文辭類纂評語》等。這部二十世紀初期完成的《莊子評點》為嚴復中年以後陸續著成，在繼承傳統的以儒、釋、道等思想解《莊》的同時，引入了全新的西學內容，並進一步推動了《莊子》研究的專題化，成為《莊子》評點史上具有轉折意義的作品。此章所論嚴氏《莊子評點》評語部分以《嚴復集》中的《莊子評語》為主，部分注釋參照岷雲堂本。

嚴復《莊子評點》在思想性、文學性、考證性等方面均都有所突破，顯示出與以往解《莊》者完全不同的特點。

一、思想性

嚴氏在西學解《莊》的同時，具有明顯的儒學思想傾向，間亦融合了佛、老思想。嚴氏突破了以往儒、釋、道等傳統思想的解《莊》之道，以西學解《莊》融合現代和西方的哲學、醫學、時事、教育、翻譯等多方面的學科知識，成為近代解《莊》者中最具特色者。

1. 西學解《莊》

嚴氏評點《莊子》秉承了西學解《莊》的思路，結合了當時的中西方的政治、哲學等思想和時政情況，體現出了極其鮮明的時代特色。曾克耑在嚴氏《老子評點》中對嚴復以西學解《莊》的背景進行了較為詳盡的陳述：

> 自泰西之說入中國，國人初僅以形下之學目之，以為僅工製器械而已，以為僅能窺天測地而已。迨侯官嚴氏起，廣譯其書……其

所譯書既時引吾儒之說疏通而溝貫之，復以其暇乎《老子》而評點
之，又時引西儒之說以相證明……嚴子嘗言，必博通譯鞮之學，而
後可讀吾儒之書，往往因西哲之啟迪而吾說得以益明。〔註25〕

「譯鞮之學」即為翻譯之學，《禮記・王制》：「五方之民，言語不通，嗜
欲不同。達其志，通其欲，東方曰寄，南方曰象，西方曰狄鞮，北方曰譯。」
嚴復的西學解《莊》宗旨即是在評點《莊子》之時，「又時引西儒之說以相證
明」。他也深刻地認識到「必博通譯鞮之學」，才能使「吾儒之書」因「西哲之
啟迪」而「得以益明」。

嚴復青年時期入英國格林尼次海軍學院學習時，學習的科目就包括化學、
算學、重學、格致學等，這是其西學解《莊》的早期知識基礎。正因如此，嚴
氏在西學解《莊》過程中涉及到了時政、哲學、翻譯、醫學、天文、教育等多
個學科內容，下面即從自然科學和社會科學兩大方面述之。

關於在解《莊》過程中對自然科學知識的運用，嚴復認為戰國時期的莊子
已經基本具備超乎常人的自然知識，嚴氏在《則陽》篇批云：

今科學中有天文、地質兩科，少年治之，乃有以實知宇宙之博
大而悠久，回觀大地與夫歷史所著之數千年，真若一映。莊未嘗治
此兩學也，而所言如此，則其心慮之超越常人，真萬萬也。所謂大
人者非歟！〔註26〕

在嚴復看來，莊子除了具備這種超乎常人「萬萬」的天文、地質知識，對
生物學知識也有了懵懂而非凡的認識：

莊子於生物功用變化，實已窺其大略，至其細瑣情形，雖不盡
然，但生當二千餘歲之前，其腦力已臻此境，亦可謂至難能而可貴
矣。〔註27〕

嚴復以自然科學與《莊子》進行的溝通融合涵蓋了天文、數學、醫學等多
個方面。

此外，嚴氏將天文知識運用到了對《莊子》中具體概念的闡釋之中。如在
解釋《齊物論》篇「罔兩問景」中的「罔兩」和「景」中的兩個概念時，嚴氏
言道：

〔註25〕王栻主編：《嚴復集》（第四冊），中華書局 1986 年版，第 1103 頁。
〔註26〕王栻主編：《嚴復集》（第四冊），中華書局 1986 年版，第 1142 頁。
〔註27〕王栻主編：《嚴復集》（第四冊），中華書局 1986 年版，第 1130 頁。

　　凡物之非此非彼者，曰罔兩，「魍魅魍魎」之「罔兩」，介於人

鬼物魅之間者也，問景之罔兩，介乎光影明暗之間者也，此天文學

者所謂「暗虛」者也。室中有二燈，則所成指影皆成暗虛，必兩光

所不及者，乃成真影。前之罔兩，既非人鬼，又非物魅；後之罔兩，

既非明光，又非暗影；此命名之義所由起也。〔註28〕

　　嚴氏在這裡將「罔兩」釋為兩燈相照形成的各自的影子，而真正的影子則是二燈所共同不及之處。他運用天文學中的「暗虛」概念，使得「罔兩」之意甚明。

　　關於數學知識的運用，嚴復在《知北遊》篇「秋毫之端萬分未得處一焉」句下批云：

　　秋毫小矣，乃至其端，乃至其端之萬分未得處一焉，此算學家

所謂第三等微分也。〔註29〕

　　嚴復將《莊子》「秋毫之端萬分未得處一」與數學中的「微分」聯繫起來，使得《莊子》之意闡釋得更加精確明瞭。

　　在醫學知識的運用方面，嚴復在《齊物論》篇「厲風濟，則眾竅為虛」句下評曰：

　　厲風濟，則眾竅為虛，非深察物理者不能道。凡有竅穴，其中

含氣，有風過之，則穴中之氣隨之俱出，而成真空，醫家吸入器，

即用此理為制。〔註30〕

　　嚴復的這種闡釋極大地顛覆了以郭象注為代表的傳統觀點，開闢了新的理解角度。

　　從總體上來看，嚴復運用西方的自然科學知識闡釋《莊子》並非首創，也未必處處至當，其意義在於突破了傳統的義理、訓詁解《莊》的方式方法，從一個全新的角度去理解《莊子》。

　　除了運用西方自然科學知識解《莊》之外，嚴復還將《莊子》與西方的進化論、翻譯學以及當時的時事政治結合了起來。

　　作為《天演論》最初的譯介者，嚴復認為《天演論》中的思想與中國古代先哲思想有著極大的契合，其在《天演論》自序中言道：

〔註28〕王栻主編：《嚴復集》（第四冊），中華書局 1986 年版，第 1108 頁。

〔註29〕王栻主編：《嚴復集》（第四冊），中華書局 1986 年版，第 1137 頁。

〔註30〕王栻主編：《嚴復集》（第四冊），中華書局 1986 年版，第 1106 頁。

赫胥黎氏此書之恉，本以就斯賓塞任天為治之末流，其中所論，與吾古人有甚合者。〔註31〕

嚴復認為，《莊子》是西人眼中的「天演家」：

一氣之行，物自為變，此近世學者所謂天演。而西人亦以莊子為古之天演家。〔註32〕

但是，嚴氏對《莊子》這種「天演」的認同僅存在於其自然演進學說中，他於《達生》篇「天地者，萬物之父母也，合則成體，散則成始」句下批云：

斯賓塞謂天演翕以合質，闢以出力，即同此例。翕以合質者，合則成體也，精氣為物也；闢以出力者，散則成始也，遊魂為變也。
〔註33〕

嚴氏這種天演論的思想同樣貫穿於其社會理想之中，由此與《莊子》中所描述的社會理想發生了衝突。

在《莊子》的描述中，理想社會中人只有在「焚符破璽」、「掊斗折衡」之後，人們才能回到「鄙樸」「不爭」的自由、平等的生活中，嚴氏於《列禦寇》、《在宥》篇批云：

挽近歐西平等自由之旨，莊生往往發之。詳玩其說，皆可見也。
如此段言平等，前段言自由之反是已。〔註34〕

不獨盧梭之摧殘法制，還復本初，以遂其自由平等之性者，與
莊生之論為有合也。〔註35〕

但是嚴復反對這種「掊斗折衡」的主張，認為這種觀點弊在過激：「然而以為大盜利用之故，謂斗斛權衡符璽不必設，設而於人事無所利焉，此又過激之論，而不得物理之平者矣。」〔註36〕

嚴復深受赫胥黎《天演論》之影響，赫氏認為理想的「烏托邦」應該是人治的完善：「烏托邦者，猶言無是國也，僅為涉想所存而已。然使後世果其有之，其致之也，將非由任天行之自然，而由盡力於人治，則斷然可識者也。」〔註37〕

〔註31〕王栻主編：《嚴復集》（第四冊），中華書局1986年版，第1321頁。
〔註32〕嚴復：《莊子評點》，岷雲堂刊本，第3頁。
〔註33〕王栻主編：《嚴復集》（第四冊），中華書局1986年版，第1324～1325頁。
〔註34〕王栻主編：《嚴復集》（第四冊），中華書局1986年版，第1146頁。
〔註35〕王栻主編：《嚴復集》（第四冊），中華書局1986年版，第1106頁。
〔註36〕王栻主編：《嚴復集》（第四冊），中華書局1986年版，第1123頁。
〔註37〕王栻主編：《嚴復集》（第四冊），中華書局1986年版，第1339頁。

嚴復將社會進化論思想融入到瞭解《莊》之中。正是對社會演進理論的秉持，嚴復對《莊子》以及盧梭所言的「至德之世」並不認同，因為「至德之世」在嚴復看來實際為社會退化理論。嚴氏在《馬蹄》篇「總論」以及《胠篋》篇「子獨不知至德之世乎」句下云：

> 此篇持論，極似法之盧梭，所著《民約》等書，即持此義，以初民為最樂，但以事實言之，乃最苦者，故其說盡破，醉心盧氏學說者。不可不知也。〔註38〕

> 此說與盧梭正同，然而大謬，莊所謂至德之世，世間固無此物，而今日非奧各洲，內地未開化之民，其所當乃至苦，如是而曰至治，何足慕乎？〔註39〕

很明顯，嚴復不贊同這種還復本初的理想社會理論，「且無論乎所言之離乎事實也，就令果然，其所謂絕聖棄智者，亦做不到。世運之降，如岷峨之水，已下三峽，滔滔而流入荊揚之江，乃欲逆而挽之，使之在山，雖有神禹，亦不能至。」〔註40〕在嚴復看來，社會的演進是單向的，不可能回復到以前的社會形態中。

嚴復是近代的翻譯大家，在評注《莊子》時，他將《莊子》中的部分詞句翻譯成了英文，這其中主要是對詞的翻譯。同時，嚴復也有對《莊子》句子的英文評點。關於《莊子評點》中對《莊子》中詞的嚴譯，見於下表。

出　處	全　句	所譯之詞	譯　文
《逍遙遊》	其堅不能自舉也	堅	Rigidity
《德充符》	是必才全而德不形者也	才	Potential
《駢拇》	駢拇枝指出乎性哉	性	Nature
《駢拇》	而侈於德	德	Essence
《駢拇》	而侈於德	侈於德	Abnormal
《駢拇》	附贅縣疣出乎形哉，	形	Accident
《天地》	使知索之而不得	知	Inference
《天地》	使離朱索之而不得	離朱	Observation
《天地》	使喫詬索之而不得也	喫詬	Experiment

〔註38〕王栻主編：《嚴復集》（第四冊），中華書局1986年版，第1121頁。
〔註39〕王栻主編：《嚴復集》（第四冊），中華書局1986年版，第1123頁。
〔註40〕王栻主編：《嚴復集》（第四冊），中華書局1986年版，第1124頁。

《天地》	物得以生謂之德	德	Properium（Property）
《天地》	離堅白，若縣宇	縣宇	Abstractin
《庚桑楚》	有實而無乎處者，宇也	宇	Space
《庚桑楚》	有長而無本剽者，宙也	宙	Time
《則陽》	可不謂大疑乎	大疑	Agnothic

　　嚴復對這些詞的翻譯是以讀書筆記的方式，將英文單詞隨手記在相應的《莊》文旁邊。這種隨記的內容體現了嚴氏對《莊子》字句的理解。他將這種理解以英文的方式體現出來，本質上來講這也是注《莊》方式的一種。

　　嚴復除了對《莊子》中的詞進行翻譯之外，還對《莊子》中的部分句段用英文進行了評點。如《養生主》篇云：「依乎天理，批大郤，導大窾，因其固然。」借庖丁之口，言順任之道。嚴復於此評云：

　　　　We must live according natrue.〔註41〕（英文大意：我們必須依順
　　自然而活。）

　　《天地》：「工倕旋而蓋規矩，指與物化而不以心稽，故其靈臺一而不桎。忘足，履之適也；忘要，帶之適也；知忘是非，心之適也；不內變，不外從，事會之適也；始乎適而未嘗不適者，忘適之適也。」這段話講的是堯時代的巧匠工倕畫圖，極其精熟，達到與創造對象融而為一的化境。嚴氏於此評云：

　　　　From practice it becomes habit，and from habit it becomes reflex
　　action.Then the thing can be done without the least interference of ones
　　brain.（英文大意：實踐變成習慣，習慣變為反射的行動，那麼，事
　　情無須用一點腦筋就能夠做了。）

　　《天地》：「是胥易技係，勞形怵心者也。執留之狗成思，猿狙之便自山林來。」嚴氏於此評云：

　　　　Evolution.〔註42〕（意：進化。）

　　嚴復對《莊子》的英文評點長短不拘，體現了他對《莊子》的獨特理解。他把自己的這種理解以英文的方式表現出來，體現了其貫通中西的不凡學力。誠如曾克耑在嚴氏《老子評點》序中所言：「不通古今，不足以言貫通；不通中外，不足以言融匯，非甚易事也。」〔註43〕

〔註41〕王栻主編：《嚴復集》（第四冊），中華書局1986年版，第1108頁。
〔註42〕王栻主編：《嚴復集》（第四冊），中華書局1986年版，第1127頁。
〔註43〕王栻主編：《嚴復集》（第四冊），中華書局1986年版，第1103頁。

　　真正的《莊子》英譯約開始於 1881 年，前後出現了十餘種全譯本和選譯本。1881 年，英人巴爾福 Frederic Henry Baifovr（1846～1909）首次嘗試翻譯《莊子》，但是質量為著名漢學家英人理雅各和翟理斯所詬病。1889 年，翟理斯翻譯了《莊子》，是之為英語世界的第一本《莊子》全譯本。1891 年，理雅各翻譯了《莊子》，書前有較為詳盡的索引和注釋，這個譯本成為英語世界中最具權威的《莊子》譯本。而中國人翻譯《莊子》始於 1933 年，由學者馮友蘭翻譯了《莊子內篇》，影響較大〔註44〕。嚴復評點《莊子》於 1912 年前後，是中國人以英文嘗試譯介《莊子》的先驅者。

　　這種以英文評點、闡釋《莊子》體現了嚴復評《莊》的獨特方式，在整個《莊子》評點史、甚至是莊學史上也是獨一無二的。它既是嚴氏「西學解《莊》」組成部分中較具特色者，同時也是國人譯介《莊子》的萌芽。

　　嚴復生活的時代是一個以英法為代表的西方世界崛起的時代，是一個東方中國逐漸落後於世界潮流的時代。在西方國家的留學經歷，使嚴復對這些國家的時政有著切身的感受。他將西方世界的這些時政、形勢，融入到了對《莊子》的評注之中。

　　嚴氏在評點《莊子》時，結合了國內的時事政治形勢，將自己對時政的看法表現了出來。目睹當時滿清政府的腐朽與軟弱，嚴復對此非常不滿。《人間世》篇云：「其作始也簡，其將畢也必巨。」在這裡，莊子闡述的是範式常常開始的時候很簡單，但是後來的結果常常很複雜。嚴復認為這表明了「千里之堤毀於蟻穴」的道理，其評曰：

　　　　以下又推論事變之不可知，今日所種之因雖微，而其結果可以
　　至巨，觀於吾國金陵、天津諸條約，皆成今日絕大厲階，可以悟其
　　言之無以易。〔註45〕

　　對《南京條約》、《天津條約》這樣喪權辱國的條約所導致的巨大後患，嚴復已經有所體會，1842 的《南京條約》使得中國進入到了半殖民地半封建社會，而 1858 年的《天津條約》則使這種半殖民地半封建程度進一步加深。

　　非唯對腐朽的滿清王朝不滿，嚴復對後來的革命黨人所建立的共和政體也不甚認同。《天運》篇云：「夫水行莫如用舟，而陸行莫如用車。以舟之可行於水也，而求推之於陸，則沒世不行尋常。古今非水陸與？周魯非舟車與？今

───────────────

〔註44〕徐米：《〈莊子〉英譯研究》，復旦大學 2005 年博士學位論文。
〔註45〕王栻主編：《嚴復集》（第四冊），中華書局 1986 年版，第 1113 頁。

蘄行周於魯,是猶推舟於陸也!勞而無功,身必有殃。彼未知夫無方之傳,應物而不窮者也。」這段話是借助師金之口批評孔子的復禮思想,認為禮儀法度當隨時變化,若不能與時俱進,便像陸地行舟一樣,舉步維艱。嚴氏於此段下評曰:

> 此段精極,惜今日欲以共和之政,行於中國者,不曾讀此。
> 〔註46〕

1911 年至 1912 年初,孫中山領導的辛亥革命推翻了滿清王朝的封建統治,建立了中華民國,是為共和政體,但不久之後即為袁世凱所顛覆,共和政體結束。嚴復評點《莊子》恰在此時,「欲以共和之政,行於中國者」當時指孫中山等革命黨人。辛亥革命後,嚴復一度為人拉攏,依附袁世凱,捲入復辟紛爭。但無論如何,嚴復對當時的共和是持消極態度的,他認為當時的中國還不具備相應的條件。

作為近代第一個開眼看世界的人,嚴復對國際局勢的關注也體現在了他對《莊子》的評注當中。

《人間世》云:「丘請復以所聞:凡交近則必相靡以信,遠則必忠之以言。言必或傳之。夫傳兩喜兩怒之言,天下之難者也。夫兩喜必多溢美之言,兩怒必多溢惡之言。凡溢之類妄,妄則其信之也莫,莫則傳言者殃。故法言曰:『傳其常情,無傳其溢言,則幾乎全。』」這一段借孔子之口講出了外交之道,國君的喜怒要靠使臣來互相傳達,但是這種喜與怒在傳達的過程中往往被誇大,使臣最終會因此而遭殃,以此來強調使臣忠實傳達信息的重要性。嚴氏於此評曰:

> 此下孔子所言,近世外交家所當奉為金科玉律,兩喜,如今之
> 英法是,兩怒,如今之英德是。〔註47〕

十九世紀末二十世紀初,英德之間在經濟、殖民地、海軍軍備等方面的競爭日益激烈,最終導致了第一次世界大戰的爆發,故嚴復云「兩怒,如今之英德是」。由於英德矛盾的加深,英國開始尋求與德國的宿敵法國之間的友好關係,第一次世界大戰前夕及戰爭期間,英法都形成了堅固的同盟關係,所以嚴復說「兩喜,如今之英法是」。嚴復評點《莊子》與當時的國際形勢的發展緊密地結合起來,體現了其相當開闊的學術和國際視野。

〔註46〕嚴復:《莊子評點》,岷雲堂刊本,第 25 頁。
〔註47〕嚴復:《莊子評點》,岷雲堂刊本,第 11 頁。

嚴復以西學解《莊》，借助西方的自然和社會科學成果，同時參照當時的國際國內的時政形勢，使得《莊子評點》體現出來獨特的嚴氏風格。這種獨特性在以前及以後都將是獨一無二的。

2. 以「儒」解《莊》

嚴復所受的教育有著深厚的儒家思想背景。他早年研習儒家經典，西去留學也是受清政府委派。

曾克耑在嚴復《老子評語》序中談到了嚴氏的儒學立場：

> 迨侯官嚴氏起，廣譯其書，而後知其於吾《易》、《春秋》之教，《大學》、《中庸》之精義，無二致焉。〔註48〕

嚴復以「儒」解《莊》的思想，集中體現為對「仁義」的推崇、對「遠禍全生」的排斥。

嚴復是一個積極的用世者，他一生都在努力追求功名，數次參加科舉。中年嚴復於 32 歲、34 歲、35 歲、39 歲之時執著地參加科舉考試，但是均以落第而終。這期間他報捐同知，以知府用，任命為北洋水師學堂會辦，從中亦可見其用世之深。

嚴復對「仁義」的態度與儒家相同，而與莊子完全不同。嚴氏於《人間世》總評曰：

> 吾讀此篇，未嘗不廢書而歎也。夫莊生《人間世》之論，固美矣。雖然，盡其究竟，則所言者，期於乘物而遊，託不得已以養中，終其天年而已。顧吾聞之，人之生於世也，俯仰上下，所受於天地父母者至多，非人類而莫與。則所以為萬物之靈者，固必有其應盡之天職，由是而殺身成仁，捨生取義之事興焉。〔註49〕

嚴復認為「殺身成仁、捨生取義」中的仁義乃是人類的天職，是人類作為萬物之靈長的固有內容，是人之生於世上的應有之義。嚴復也將莊子所謂的「仁義」與儒家所謂的「仁義」進行了區別：

> 老莊所謂仁義，煦煦（即畜畜）孑孑者也，與孔孟之所謂「仁義」大殊，必推極而言之，即韓愈之博愛行宜，亦恐有未盡也，夫煦煦孑孑之仁義，其終幾何不偽，故曰唯且無誠。既無誠矣，則未

〔註48〕王栻主編：《嚴復集》（第四冊），中華書局 1986 年版，第 1102 頁。
〔註49〕王栻主編：《嚴復集》（第四冊），中華書局 1986 年版，第 1109 頁。

有不為禽貪者器,既為禽貪者器矣,則方其始用,其利天下不過一

覷,而賊天下可以無窮,則至人與人相食,其言為過也。〔註50〕

在嚴復看來,老莊所言的「仁義」乃是一種小仁小義,並引韓愈之言。韓愈《原道》云:「煦煦為仁,孑孑為義,其小之也則宜。」韓愈在此文中批評老莊的小仁小義,不懂得「仁義」的大處之所在。實際上,老莊所謂的「仁義」乃是獨善其身,強調一種個體修養,眾人如果都能獨善其身,天下便太平了,這是老莊的仁義之道;儒家所謂的「仁義」則是兼濟天下之道,強調的是社會責任,是在對個體的干預基礎上來實現的。老莊的「仁義」思想是一種理想社會狀態下的個體修養狀態,而儒家的「仁義」思想則是現實社會中個體進取之道。

《莊子》認為,「仁義」的禍首是率先提倡「仁義」、用以疲憊世人的先王,而嚴復則認為先王之治是天下發展的基礎,沒有「先王之道」,則天下將會更亂:

言老莊者,每言後世之亂,往往歸訟先王,聞其言亦若成理,

然使捨先王之道,而用老莊之術,則天下從此果遂治乎?殆不然矣。

無則謂幸有先王,天下尚有今日,若用老莊,不知胡底。晉宋之間,

其已事矣。〔註51〕

嚴復認為,幸虧有了「先王」的努力和統治,天下才能變成今天這樣。然而不必說今天的社會狀況莊子不會滿意,三代以下,中國自從進入到階級社會以後,莊子早已經表達了他的巨大不滿,《駢拇》篇云:「自三代以下者,天下莫不以物易其性矣。小人則以身殉利,士則以身殉名,大夫則以身殉家,聖人則以身殉天下……」在莊子看來,三代以下的中國社會早已是「天下盡殉」,幾近不可救藥之境地。正是在這樣的思想背景下,莊子力排為統治階級服務、被統治階層利用的「仁義」之說,希望能回到無競無爭的社會狀態中去,使人放下社會包袱,還復本初之狀態,得遂自然之所賦。但是在當時的現實生活中,這種理想狀態基本是不可能實現的,為此莊子倡導「遠禍全生」。

在以「仁義」為重要人生價值準則的嚴復看來,莊子的「遠禍全生」之道就是逃避社會責任。深受進化論思想影響的嚴復認為,人如果「支離其德」,遠禍全生,則與禽獸無異,是一種社會的倒退:

此亦莊生所謂不可解於心,無所逃於天地之間者,豈但知無用

〔註50〕嚴復:《莊子評點》,岷雲堂刊本,第40頁。
〔註51〕嚴復:《莊子評點》,岷雲堂刊本,第40頁。

之用，遠禍全生，遂為至人已乎？且生之為事，亦有待而後貴耳。
使其禽視獸息，徒曰支離其德，亦何取焉。〔註52〕

　　莊生最工設喻，以之剿擊儒墨，其詞鋒殆不可當。雖然，使人
類所重，而果在生，則伯夷盜跖可以同訾。顧人類所重，誠有甚於
生者。使人人徒知求生，則天下將至於不得生，則伯夷所為，又何
可議！且任其性命之情，其為說亦多端矣。夷曰，吾任吾性命之情。
跖亦曰，吾任吾性命之情，則又何道以處之。〔註53〕

　　嚴復所言的「顧人類所重，誠有甚於生者」，即是指「仁義」。嚴氏認為如
果人人只知道求生遠禍，社會責任則無法被擔當，整個社會則會大亂。

　　嚴氏以此為基本立場，對《莊子》中否定「仁義」的部分進行了批判，
《天運》篇：「老聃曰：『小子少進，余語汝三皇五帝之治天下：黃帝之治天
下，使民心一。民有其親死不哭而民不非也。堯之治天下，使民心親。民有
為其親殺其殺而民不非也。舜之治天下，使民心競。民孕婦十月生子，子生
五月而能言，不至乎孩而始誰，則人始有夭矣。禹之治天下，使民心變，人
有心而兵有順，殺盜非殺人。自為種而天下耳。是以天下大駭，儒墨皆起。
其作始有倫，而今乎婦女，何言哉！余語汝：三皇五帝之治天下，名曰治之，
而亂莫甚焉。三皇之知，上悖日月之明，下暌山川之精，中墮四時之施。其
知憯於蠣蠆之尾，鮮規之獸，莫得安其性命之情者，而猶自以為聖人，不可
恥乎？其無恥也！』子貢蹴蹴然立不安。」莊子通過老聃之口闡述了「仁義
憒人心」的思想，嚴復對這種思想不以為然，其評曰：

　　　　此道家想當然語，其說已破久矣，讀者不可為其荒唐所籠罩也。

〔註54〕

　　從中可以看出，嚴復的儒家立場是極為鮮明的。對於這種以「仁義」為代
表的社會責任的擔當和對「全生」的排斥，一直是嚴復注《莊》的指導思想之
一。關於他排斥「全生」之道的具體理由，嚴復也有間接的申明。

　　嚴復認為，莊子的全生之道有其巨大的弊端，以全生為基礎的「折斗破
符」思想是一種對規範的破壞，是對人類社會進步的一種否定，這種思想不夠
中庸，在理論和實踐中都容易陷於「過激」：

〔註52〕王栻主編：《嚴復集》（第四冊），中華書局 1986 年版，第 1109 頁。
〔註53〕王栻主編：《嚴復集》（第四冊），中華書局 1986 年版，第 1121 頁。
〔註54〕王栻主編：《嚴復集》（第四冊），中華書局 1986 年版，第 1129 頁。

　　　　然而以為大盜所利用之故，謂斗斛權衡符璽不必設，設而於人
事無所利焉，此又過激之論，而不得物理之平矣。〔註55〕

　　莊子這種過激的思想的時代背景及其合理性，在曾克嵩為嚴復所作的
《莊子評點》序中解釋得更為允恰：「莊生之書何為而作也？曰：莊生蓋憂世
之深，用世之急，而思有以拯其敝，挽其危，其用心，視孔釋無二致也。」
〔註56〕但是嚴復站在社會進化論的立場上，對莊子的這種思想態度是極其反
對的。

　　嚴復認為，世人如果沉浸於莊子的學說之中，極容易陷入到行為極端之
中：

　　　　此吾所以終以老莊為楊朱之學，而溺於其說者，未必無其蔽也。
觀於晉之夷甫平叔之流，可以鑒矣。〔註57〕

　　「夷甫」是西晉名士王衍的字，其尚清談，名重一時；「平叔」是三國時
期的魏國人何晏的字，其人姿容俊美，崇尚清談，開魏晉風氣。二人的共同點
是繼承了老莊思想的習氣，崇尚無為，這種人在嚴復看來是社會發展的反面角
色，無益於整個社會的進步和變革，也無法為他人謀取利益。

　　可以說，嚴復的以「儒」解《莊》傾向十分激烈。在整個評點《莊子》的
過程中，他帶有極其明顯的儒學化傾向，這種傾向使他對莊子的學說進行了深
刻的批判和反思，這在以往的解《莊》者中是不常見的。

　　嚴氏攻排莊子避世的這種思想傾向除了受到儒家用世思想影響之外，進
化論觀念在這其中也起到了重要的作用。莊子堅持三代以下的中國社會是不
如之前的社會狀態的，也可以說，在莊子看來，這是一種社會的倒退。但是
進化論自從其產生之日起，就產生了極其深刻的影響，甚至廣泛地蔓延至社
會科學領域，連馬克思也無法避免這種影響。當我們回溯社會進化論的基礎
時，就自然地牽扯到了自然進化論。嚴復就是這樣一個篤信進化論的思想者，
加之深厚的儒家思想浸染，因此，他對莊子相關學說的不認同是合理的。

3. 以「佛」、「老」解《莊》

　　嚴復在評點《莊子》的過程中，除了儒家傾向以外，還摻雜了佛家和道家
思想，其中嚴氏對佛家思想的吸收相對老子更多一些。下面分而述之。

〔註55〕王栻主編：《嚴復集》（第四冊），中華書局1986年版，第1123頁。
〔註56〕王栻主編：《嚴復集》（第四冊），中華書局1986年版，第1148頁。
〔註57〕王栻主編：《嚴復集》（第四冊），中華書局1986年版，第1109頁。

　　嚴復以「佛」解《莊》主要表現為結合佛教的「無所住」、「捨法」思想來闡釋《莊子》的「逍遙」、「忘己」、「法無所用」等思想內涵。

　　嚴復認為，《莊子》中所言的「逍遙遊」與佛教的「無所住」異曲同工，其於內篇總評曰：

　　　　《逍遙遊》云者，猶佛言無所住也，必得此而後聞道之基以立。
〔註58〕

　　「無所住」出自佛教經典《金剛經》：「不應住色生心，不應住聲香味觸法生心，應無所住而生其心」，「住」為執著之意，即只有不執著於各種由人的五官所感受到的相，不偏執，才能把握實相，才能生發出般若（智慧）。莊子所言之逍遙遊，也強調對各種有待的克服，無待，方能逍遙。《莊子》與《金剛經》此處所言皆強調對外部條件的克服，唯有如此，「聞道之基以立」。

　　在《天地》篇，嚴復再次申明《莊》「佛」之間的相同點。「夫子問於老聃曰：『有人治道若相放，可不可，然不然。辯者有言曰：離堅白，若縣寓。若是則可謂聖人乎？』老聃曰：『是胥易技係，勞形怵心者也。執留之狗成思，猿狙之便自山林來。丘，予告若，而所不能聞與而所不能言：凡有首有趾、無心無耳者眾；有形者與無形無狀而皆存者盡無。其動止也，其死生也，其廢起也，此又非其所以也。有治在人。忘乎物，忘乎天，其名為忘己。忘己之人，是之謂入於天。』」莊子借助老聃之口申明最終的忘己之道，嚴氏於此評云：

　　　　於動而知其為止，於死而知其為生，於廢而知其為起，此可謂
　　　能可不可，能然不然矣。然而不足，又非其所以，必言所以，其惟
　　　能忘己乎？此猶佛之言法尚應捨，無住生心之義。〔註59〕

　　在莊子看來，能夠做到以不然為然，以不可為可還不夠，最終還是需要「忘己」，這才是分歧和分界出現的根由所在。嚴復將莊子的這種思想與《金剛經》中的著名偈語「如筏喻者，法尚應捨，何況非法」等相溝通，較為敏銳地把握住了二者之間相對論上的共同點。

　　對於這種「法尚應捨」與《莊子》思想的契合，嚴復在《胠篋》中進一步申述。「彼人含其明，則天下不鑠矣；人含其聰，則天下不累矣；人含其知，則天下不惑矣；人含其德，則天下不僻矣。彼曾、史、楊、墨、師曠、工倕、離朱者，皆外立其德而爚亂天下者也，法之所無用也。」嚴氏評曰：

〔註58〕王栻主編：《嚴復集》（第四冊），中華書局1986年版，第1104頁。

〔註59〕王栻主編：《嚴復集》（第四冊），中華書局1986年版，第1127頁。

佛斥一切有為法。又云，法尚應捨，何況非法，亦以有為者，

莫不削性侵德故也。〔註60〕

《金剛經》：「法尚應捨，何況非法。」言法只是達到道的一種方式，不是目的，應該捨棄，又何況「非法」呢。這與莊子所言的「法」的內涵不盡相同，但是對「法」的捨棄和得意忘言的本質是二者的共同點。

嚴復於1903年評點《老子》，約早於其評點《莊子》十年。但是其《莊子評點》中以「老」解《莊》的比重較小，計約兩處。

《德充符》篇：「仲尼曰：『死生亦大矣。而不得與之變，雖天地覆墜，亦將不與之遺。審乎無假而不與物遷，命物之化而守其宗也。』」這是孔子讚美王駘的話，孔子認為他了然生死大道，生死、事物之變已經無法再拘繫於他，王駘順任事物之變化，抓住了事物的本宗，已經處於無待的狀態，這種狀態在莊子看來也就是逍遙遊的狀態。嚴復於此評曰：

即以下所云「心未嘗死」，及老子所謂知常，佛所謂妙明，耶穌

所謂靈魂不死。〔註61〕

「知常」出自《老子》第十六章：「致虛極，守靜篤。萬物並作，吾以觀復。夫物芸芸，各復歸其根。歸根曰靜，是謂覆命。覆命曰常，知常曰明。」意謂使心靈達到虛靜的極致，觀察萬物往復的發展變化，萬物各自回復本根就是一種清靜，而這本根就是道。這種回復就是自然、生命的規律之道，認識了這種常道（自然規律）就是明。老莊所言皆強調了對事物和自然規律的把握、尊重和順任，惟其如此，才能真正的「逍遙」、「放之四海而皆準」。嚴復對此二者的溝通和融合還是較為準確的。

這種看法直至現在也是具有極大的指導意義的，它申明了對客觀規律的認知和順從、按照規律辦事是成功的前提，然而這種觀念在過度強調「人定勝天」的社會環境下常常處於被漠視的尷尬境地。

莊子曾在《知北遊》中借助「光曜問乎無有」的寓言描述了道的狀態，即「窅然空然，終日視之而不見，聽之而不聞，搏之而不得」的狀態：「光曜問乎無有曰：『夫子有乎？其無有乎？』光曜不得問，而孰視其狀貌，窅然空然，終日視之而不見，聽之而不聞，搏之而不得也。光曜曰：『至矣，其孰能至此乎！予能有無矣，而未能無無也；及為無有矣，何從至此哉！』」嚴復於此評云：

〔註60〕王栻主編：《嚴復集》（第四冊），中華書局1986年版，第1123頁。
〔註61〕王栻主編：《嚴復集》（第四冊），中華書局1986年版，第1115頁。

　　此老子之希、夷、微也。〔註62〕

　　《老子》第十四章云：「視之不見，名曰夷；聽之不聞，名曰希；搏之不得，名曰微。此三者不可致詰，故混而為一。」這是老子所描述的道的形態，與莊子的「視之而不見，聽之而不聞，搏之而不得」的道的狀態幾乎完全一致。

　　嚴復在繼承傳統的以儒、釋、道思想解《莊》的基礎上，全面融入西學解《莊》的新思路，實現了莊子評點的重要轉折，體現出了近代《莊子》評點的新特點，開創了《莊子》評點的新局面。

二、文學性

　　嚴復《莊子評點》的文學性主要表現在對理解《莊子》的入手途徑和《莊子》文章的主旨揭示上。

　　《莊子》難讀、難理解一直是《莊子》研究者的一個共識，嚴復在評點《莊子》時，十分注重從讀者的角度去理解《莊子》。他認為，《莊子》的理解入手點應當是《莊子》中那些較為明順、易於把握的篇目，其於《達生》篇總評曰：

　　　　全篇明順可解，學莊者且當從此等入手。〔註63〕

　　在這種理解下，嚴復指出了《莊子》中文從字順者，如《養生主》篇，嚴氏評曰：

　　　　莊文如此篇，可謂文從字順者也。〔註64〕

　　嚴復認為這種文從字順的篇章也是世人容易接受、傳播較廣者，如《胠篋》篇，嚴氏總評曰：

　　　　通篇如一筆書，有掉臂遊行之樂，此莊文之疏通者，故世多頌之。〔註65〕

　　除了對《莊子》讀法的總結，嚴復也注意到了對《莊子》篇章主旨的提煉：

　　　　物論齊乎因是，是非休乎天鈞，此篇之大旨也。〔註66〕（《齊物論》）

　　　　此篇扼要在「才全德不形」一語。猶《逍遙遊》之「無待」，《齊

〔註62〕王栻主編：《嚴復集》（第四冊），中華書局 1986 年版，第 1137 頁。
〔註63〕王栻主編：《嚴復集》（第四冊），中華書局 1986 年版，第 1131 頁。
〔註64〕王栻主編：《嚴復集》（第四冊），中華書局 1986 年版，第 1109 頁。
〔註65〕王栻主編：《嚴復集》（第四冊），中華書局 1986 年版，第 1122 頁。
〔註66〕王栻主編：《嚴復集》（第四冊），中華書局 1986 年版，第 1108 頁。

物論》之「和以天倪」，《養生主》之「依乎天理」，《人間世》之「乘物而遊」。〔註67〕（《德充符》）

此篇宗旨在「任性命之情」，而以仁義為贅，先以形喻，次以官喻。〔註68〕（《駢拇》）

此亦「乘物而遊」之旨。〔註69〕（《山木》）

嚴復明確指明的《莊子》篇章大旨共七篇：《逍遙遊》、《齊物論》、《養生主》、《人間世》、《德充符》、《駢拇》、《山木》。其中對《齊物論》篇主旨的兩次解釋雖措辭不同，但旨意一致，「天鈞」、「天倪」均謂自然之分界。

對作為一個思想者的嚴復來說，《莊子》的文學性並非其評點的重點，也不是嚴氏《莊子評點》的主要成就之所在。

三、考證性

嚴氏《莊子評點》體現出了較強的學術性，主要表現為對《莊子》相關問題研究和探討的專題化增強，這在其評點《莊子》中的考證性上有著具體的體現。換言之，嚴復《莊子評點》的考證性體現出了較強的專題化特徵，具體表現在其對莊子其人的考證、《莊》文的考證和對舊解的辨析。

1.「莊子即楊朱」

莊子和楊朱在古代常常並稱。揚雄在《法言·五百》篇中說：「莊、楊蕩而不法，墨、晏儉而廢禮，申、韓險而無化，鄒衍迂而不信」；朱熹在《朱子語類》中亦云：「列、莊本楊朱之學，故其書多引其語。」從這些稱述中來看，揚雄、朱熹等人是把莊子和楊朱作為兩個人來看待的。但是到了近代，嚴復認為，莊子即是楊朱。

嚴復認為，莊子即是楊朱。理由主要有兩點：其一是莊子與孟子同時，《孟子》書中未提及莊子，而常常提及楊朱，楊朱與莊子雙聲疊韻，是為一人；其二是莊子與楊朱的思想學說相近。

嚴復認為，莊子與孟子生活的時代大體相當，二者所著之書竟然沒有互相提及，這是不合理的事情。嚴氏認為，莊子就是《孟子》書中所言的「楊朱」，其在《在宥》篇評云：

〔註67〕王栻主編：《嚴復集》（第四冊），中華書局1986年版，第1115頁。
〔註68〕王栻主編：《嚴復集》（第四冊），中華書局1986年版，第1119頁。
〔註69〕王栻主編：《嚴復集》（第四冊），中華書局1986年版，第1133頁。

　　嘗謂莊子與孟子世當相及，乃二氏從無一言，互為評騭，何耶？

　　頗疑莊與楊為疊韻，周與朱為雙聲，莊周即孟子七篇之楊朱。〔註70〕

　　莊孟不相及一直是存有爭議的一個問題，朱熹曾經論述過這個問題。朱熹認為，莊子當時也無人宗之，他只在僻處自說；而莊子為楚人，孟子足跡只在齊魯滕宋大梁之間，聲聞不相接，這兩個原因導致了二子之書互未提及。但是嚴復提出了新的看法，即莊子即是《孟子》書中所言的「楊朱」，還指出了「莊」、「楊」為雙聲，「周」、「朱」為疊韻。嚴復認為，莊子和楊朱都是個人主義的倡導者，與同時的顯學墨家學派有著較大的不同：

　　莊周吾意即孟子所謂楊朱，其論道終極，皆為我而任物，此在今世政治哲學，謂之個人主義 Individualism。至於墨道，則所謂社會主義 Socialism。〔註71〕

　　楊朱為世所知的「貴我」思想，最具代表性的當屬「拔一毛而利天下，不為也」(《孟子·盡心上》)，其思想事蹟的記載散見於《孟子》、《莊子》、《荀子》、《韓非子》、《淮南子》、《呂氏春秋》、《說苑》、《法言》等著作中。嚴復認為，楊朱的「為我」之學源自於老子，而孟子對楊朱的詬病是不甚合理的：

　　為我之學，固原於老。孟子謂其「拔一毛利天下而不為」，固標其粗，與世俗不相知之語，以為詬厲，未必楊朱之真也。〔註72〕

　　嚴復在推論「莊子即楊朱」這個命題的時候，態度還是比較審慎的。他認為，莊子即使不是楊朱，其學說與楊朱的「為我」說也有著極大地相似之處：

　　莊周即不為楊朱，而其學說，則真楊氏為我者也。故《庚桑楚》之所欲得者，全其形生而已，而南榮趎所願聞於老聃者，衛生之經而已。即其初見之為問，其所苦於智仁義者，則愁我軀也，愁我身也，愁我己也。由此言之，則師弟之所謂至德要道，婷婷於為我，不亦既著矣乎！且不僅是篇為然，蓋其言，莫不如是。是以殘生傷性，等伯夷於盜跖。而黃帝之問於廣成子也，雖求至道之精，將以養人民，遂群生，而廣成子且訾以賊殘，不足以與於至道，獨問治身何以長久，而後蹵然善之。是故極莊之道，則聖人生天行，死物

〔註70〕王栻主編：《嚴復集》(第四冊)，中華書局 1986 年版，第 1125 頁。
〔註71〕王栻主編：《嚴復集》(第四冊)，中華書局 1986 年版，第 1126 頁。
〔註72〕王栻主編：《嚴復集》(第四冊)，中華書局 1986 年版，第 1147 頁。

化，去知與故，循天之理，於以無天災，無物累，無人非，無鬼責而已。……是故楊之為道，雖極於為我，而不可訾以為私，袛以長偽而益亂，則莫若清靜無為，儵往侗來，使萬物自炊累也。〔註73〕

對於莊子和楊朱思想的趨同之處，蔡元培在《中國倫理學史》中同樣進行了詳盡的論證。〔註74〕

從客觀來說，嚴復對莊子即楊朱的推斷是不夠嚴謹的，推論是不充分的。如果承認《孟子》中所謂的「楊朱」即莊子，則前提是默認莊子應該稍早於孟子，但是這個前提是不可靠的，而雙聲疊韻的推論本身只能作為一個不充分的條件。對此，唐鉞在《論楊朱》一文中雖然沒有提及嚴復的觀點，但是同樣對聲韻考證「莊子即楊朱」進行了批判：

古音「莊」與「楊」韻雖同而聲紐則異；「朱」與「周」聲紐雖同（古音同屬端母）而韻則異。並且以聲近（不同）證二名之屬一人是極危險的事。〔註75〕

此外，唐鉞還舉出莊、楊思想的差異性、《莊子》中排斥楊朱的話等共五項理由來證明莊子非楊朱。

嚴復論證莊子即楊朱的問題與「莊孟不相及」的問題是糾纏在一起的，因為嚴氏論證的楊朱證據來源主要來自於《孟子》的記載，嚴氏認為莊子即楊朱的同時即默認了莊孟必相及，然而朱熹的看法是莊孟不相及有其合理性。因此，從這個角度來說，這兩個問題本質上是一個問題。

「莊子即楊朱」的爭議還在繼續，目前多數學者已經接受了楊朱為楊朱、莊子為莊子的結論，但是嚴復對這個問題的質疑之功卻是不可埋沒的。蔡元培對這個問題的提出約在1910年（《中國倫理史》成書時間），而嚴復的莊子評點《莊子》的活動也早於1912年。因此，嚴復作為最早提出「莊子即楊朱」問題的人，應該是具有其開創性的。

2. 考訂《莊》文

（1）篇章辨偽

嚴復在《莊子》篇章辨偽上接受了傳統的意見，認為《讓王》、《說劍》、《盜跖》、《漁父》四篇為偽作。除了這四篇以外，嚴復也對外、雜篇中的部分

〔註73〕王栻主編：《嚴復集》（第四冊），中華書局1986年版，第1138頁。
〔註74〕蔡元培：《中國倫理學史》，商務印書館1999年版，第17～18頁。
〔註75〕唐鉞：《國故新探》卷三，商務印書館1927年版，第10～11頁。

句段提出了質疑。至於這些偽作的真正作者，嚴復認為應當是戰國策士或者漢代人。

嚴復對《讓王》、《說劍》、《盜跖》、《漁父》沒有進行正面評點，只有一段辨偽的評語，由此即可見其態度：

> 世傳《讓王》、《盜跖》、《說劍》、《漁父》四篇為偽作，信哉；就此四篇中，以《說劍》為最無意義。其為戰國策士之流所為而羼入者，無疑也。〔註76〕

嚴復非常肯定這四篇為偽作，認為《說劍》篇最無意義，屬於戰國策士之作。

除了這四篇之外，嚴復對於外、雜篇中的全篇或者部分句段也提出了自己的質疑。

《駢拇》篇，嚴氏總評云：

> 此篇之義，亦明自然。而所持之說，似深實淺，即果為莊書，亦其下者。〔註77〕

《天道》篇，嚴復評曰：

> 此篇筆意馴近，不類莊文。〔註78〕

這是嚴復對《駢拇》、《天道》全篇的質疑，主要是從文意、筆意的角度著眼。除了全篇的這種否定之外，嚴復對篇章中的部分句段也進行了辨析。

《田子方》篇「莊子見魯哀公」段下，嚴氏評云：

> 以下皆淺沓語。〔註79〕

這是對《莊子》中的部分句段的辨析和懷疑。

嚴氏在《莊子》雜篇《徐无鬼》中提出質疑，認為《徐无鬼》或為漢代人所作：

> 以三尺歇後語為劍，漢人語容或有之，而孔、莊之時未必有也。
> 且丘願有喙劍，是何等道邪？舊注必不可從。案，此特文家反語耳，既知不言之言，即有三尺之喙，何濟於辯，矧乎其無有也。〔註80〕

傳統的《莊子》辨偽主要從三個方面進行：思想內容、文體風格和名物制

〔註76〕王栻主編：《嚴復集》（第四冊），中華書局1986年版，第1146頁。

〔註77〕王栻主編：《嚴復集》（第四冊），中華書局1986年版，第1119頁。

〔註78〕王栻主編：《嚴復集》（第四冊），中華書局1986年版，第1128頁。

〔註79〕王栻主編：《嚴復集》（第四冊），中華書局1986年版，第1135頁。

〔註80〕王栻主編：《嚴復集》（第四冊），中華書局1986年版，第1141頁。

度〔註 81〕。嚴氏的辨偽主要是從文體風格和名物制度角度進行的,特別是對《徐无鬼》篇的質疑,雖然欠於嚴謹,但具有較大的啟發意義。

（2）校勘《莊》文

嚴復在《莊子評點》中校勘莊文計三處,皆為訛文。

由於《嚴復集》中的《莊子評語》只收錄了評語,沒有收錄注釋及評點,所以,兩處在注釋中的訛文見於岷雲堂本《莊子評點》,一處訛文見於《嚴復集》中的《莊子評語》。

《至樂》篇:「種有幾,得水則為㡭,得水土之際則為蛙蠙之衣,生於陵屯則為陵舄,陵舄得鬱棲則為烏足,烏足之根為蠐螬,其葉為胡蝶。胡蝶胥也化而為蟲,生於灶下,其狀若脫,其名為鴝掇。鴝掇千日為鳥,其名為乾餘骨。乾餘骨之沫為斯彌,斯彌為食醯。頤輅生乎食醯,黃軦生乎九猷,瞀芮生乎腐蠸,羊奚比乎不筍,久竹生青寧,青寧生程,程生馬,馬生人,人又反入於機。萬物皆出於機,皆入於機。」這一段主要寫了物種演化的過程。嚴氏於「種有幾,得水則為㡭」句下注云:

> 「幾」當做「機」,惟種有機,故得水為㡭。而最後之人,乃又
>
> 反於機,故曰,萬物皆出於機,皆入於機也。〔註82〕

關於「幾」字意義的爭論,陳鼓應先生在《莊子今注今譯》中總結為三種:一種理解是「物種變化有多少」;一種是指極小的微生物;還有一種理解是「幾」當做「機」講,《列子・天瑞》篇「種有幾」,清末陶鴻慶云:「愚案,幾當讀為機,黃帝篇之「杜德幾」、「善者幾」、「衡氣幾」諸幾字,莊子皆作『機』,即其例也。機即下文『萬物皆出於機皆入於機』也。」〔註83〕嚴氏此處的辨析,主要融入了其所學的自然常識,即有機的概念,比較新穎。

《則陽》篇:「是故丘山積卑而為高,江河合水而為大,大人合併而為公。」嚴氏於此注云:

> 「並」疑當作異,以形近而訛。〔註84〕

嚴氏的辨訛有一定的道理。單就這三句話來看,三句之間屬於並列關係,「積卑」、「合水」在短語類型上均屬於動賓關係,「合併」則屬於並列短語類

〔註81〕崔大華:《莊學研究》,人民出版社 1992 年版,第 68～71 頁。

〔註82〕嚴復:《莊子評點》,岷雲堂刊本,第 27 頁。

〔註83〕陶鴻慶:《讀諸子劄記》,中華書局 1959 年版,第 41 頁。

〔註84〕嚴復:《莊子評點》,岷雲堂刊本,第 43 頁。

型，而嚴復的「合異」則亦屬於動賓關係短語，與前面的兩個詞構成了嚴格的並列。

《寓言》篇云：「生有為，死也。勸公，以其死也，有自也；而生陽也，無自也。而果然乎？惡乎其所適，惡乎其所不適？天有曆數，地有人據，吾惡乎求之？莫知其所終，若之何其無命也？莫知其所始，若之何其有命也？有以相應也，若之何其無鬼邪？無以相應也，若之何其有鬼邪？」《莊子》此段言生死乃是氣之聚散，順物自然，不執著於生死之事，則無往而不利。嚴氏評云：

> 第一「莫」字，當作「或」字，蓋云其無命，則或知其終；言其有命，則莫知其始；言其無鬼，則有以相應；言其有鬼，又無以相應也。〔註85〕

在這裡，嚴復將「以其死也，有自也」與「所終」進行本證，認為《莊子》前面既說了「死有自」，則後面對應的「所終」亦當是肯定的語氣。嚴氏認為，「死有自」對應了「知其所終」；「生無自」則對應了「莫知所始」。

嚴氏對《莊》文的辨析主要是通過理證來進行的。從這些例子來看，其理由未必至當，然而卻體現了嚴氏對《莊子》本文的獨特思考，在《莊》文辨偽歷史上有其特定的意義。

3. 辨析舊注

嚴復在《莊子評點》中對以前的諸多注莊者的相關看法進行了引述，計約數十處。這其中，既有駁斥，也有贊同，駁斥多於贊同。

這些舊解涉及司馬彪、向秀、郭象、李頤、成玄英、葉夢得、楊慎、歸有光、宣穎、朱亦棟、孫詒讓、郭嵩燾、吳汝綸、馬其昶等十幾家，跨晉、唐、宋、明、清諸朝，其中徵述較多者為郭象注、宣穎注和馬其昶注。

（1）對舊解的駁斥

嚴復對以前的舊解進行了深入的探析，對舊解中的嚴氏認為諸多不合理之處進行了辨析，這其中既有對字、詞音義的辨析，也有對句、篇義的辨析。

首先是嚴氏評點諸家舊解中對《莊》文中字、詞的音、義的闡釋的失當之處。

《齊物論》：「厲風濟，則眾竅為虛。」嚴復駁斥了向秀的注解：

〔註85〕王栻主編：《嚴復集》（第四冊），中華書局1986年版，第1146頁。

……虛，真空也，濟，過其上也，向秀解「濟」作「止」，誤。
〔註86〕

《人間世》：「仲尼曰：『惡！惡可！大多政法而不諜。雖固，亦無罪。雖然，止是耳矣，夫胡可以及化！猶師心者也。』」馬其昶注云：「『太多』即『汰侈』之借字，彼雖政法汰侈，吾不以私心伺察，亦不致取戾。」嚴復批云：

「太多政法而不諜」一語，宜針對顏回所言，「內直外曲，成而
上比」一段為解，乃合。不然，回所不言，孔子何有設想？馬注非。
太多政法，取內直外曲言；不諜，對成而上比言。〔註87〕

《人間世》：「昔者堯攻叢枝、胥、敖，禹攻有扈。」朱亦棟注云：「胥、敖二字切音為苗，即三苗也，叢枝即宗也。」嚴復駁曰：

胥、敖與苗，有疊韻而無雙聲，切不出「苗」字，謂叢枝即宗，
亦武斷。〔註88〕

《大宗師》：「且也彼其所保與眾異，而以義喻之，不亦遠乎？」吳汝綸注：「義與儀同，廣雅疏證，儀貌同義之義字。」嚴氏駁曰：

此「義」字固不必作「儀」訓，蓋所保既與眾異，則櫟社之義，
弟子有弟子之義也。〔註89〕

《人間世》：「俯而視其大根，則軸解而不可以為棺槨。」吳汝綸注：「軸，專之借字，廣雅，粤，空也。軸解，連綿字。」嚴氏駁曰：

軸解者，木橫截時，則見其由心而裂。至於外也，吳以軸為粤
借字，求深反淺，又謂軸解為連綿字，皆失之。〔註90〕

《大宗師》：「頤隱於齊，肩高於頂，句贅指天。」嚴復反駁了李頤的見解：

句贅，《人間世》篇作「會撮」。音近通假，注其形似贅，此謂
望文生義。〔註91〕

《在宥》：「災及草木，禍及止蟲。意，治人之過也。」孫詒讓注：「止又作徵。」嚴復批云：

〔註86〕嚴復：《莊子評點》，岷雲堂刊本，第3頁。
〔註87〕嚴復：《莊子評點》，岷雲堂刊本，第10頁。
〔註88〕嚴復：《莊子評點》，岷雲堂刊本，第13頁。
〔註89〕嚴復：《莊子評點》，岷雲堂刊本，第13頁。
〔註90〕嚴復：《莊子評點》，岷雲堂刊本，第14頁。
〔註91〕嚴復：《莊子評點》，岷雲堂刊本，第19頁。

《日知錄集釋》卅二：禍及止蟲，止當做豸……其說似較孫說
為長，且與上句草木對文，不應獨及征行之蟲也。〔註92〕

《在宥》：「一而不可不易者，道也。」馬其昶釋「易」為「簡易」，嚴復
駁云：

「易」當做「變易」義解，方合莊旨，蓋道一而化，故曰，不
可不易，若云簡易，則其義已含於「一」之中，尚何云其不可不爾
乎，且莊以運而無所積言道，運斯易矣。〔註93〕

《秋水》：「夫物，量無窮，時無止，分無常，終始無故。」馬其昶釋「故」
為「端」義，嚴復駁云：

故者，即佛住而生心之謂，若訓作「端」，在此雖似可通，而於
下文『知終始之不可故』句，說不去矣。〔註94〕

《達生》：「善遊者數能，忘水也。」成玄英疏：「好遊涉者，數習則能。」
嚴復則云：

數能之數，讀若數罟之數，音若促，數能，猶速成也，注非。
〔註95〕

《徐无鬼》：「知士無思慮之變則不樂，辯士無談說之序則不樂，察士無凌
誶之事則不樂，皆囿於物也。」李頤解「凌誶」為「相凌轢」，嚴氏駁云：

《史記》，凌雜米鹽。凌誶，猶凌雜也，李說非。〔註96〕

《徐无鬼》：「王命相者趨射之，狙執死。」司馬彪釋「執死」為「見執而
死也」，嚴復則曰：

「執」必通假之字，其非如注言「見執而死」，可決也。〔註97〕

經統計，嚴氏列舉並駁斥舊解中關於《莊子》篇中字、詞訓釋失當計約十
二處，其中馬其昶注三處，李頤二處，吳汝綸注二處，司馬彪、向秀、成玄英、
孫詒讓、朱亦棟注各一處。

除了對這些舊解中個別字詞釋義的辨析，嚴復還對諸家舊解中關於《莊
子》句、篇釋義中他認為的欠妥之處進行了申述。

〔註92〕嚴復：《莊子評點》，岷雲堂刊本，第 23 頁。
〔註93〕嚴復：《莊子評點》，岷雲堂刊本，第 23 頁。
〔註94〕嚴復：《莊子評點》，岷雲堂刊本，第 27 頁。
〔註95〕嚴復：《莊子評點》，岷雲堂刊本，第 30 頁。
〔註96〕嚴復：《莊子評點》，岷雲堂刊本，第 41 頁。
〔註97〕嚴復：《莊子評點》，岷雲堂刊本，第 41 頁。

《人間世》：「聞以有翼飛者矣，未聞以無翼飛者也；聞以有知知者矣，未聞以無知知者也。」郭象注：「言必有其具乃能其事，今無至虛之宅，無由有化物之實也。」嚴復駁曰：

> 「聞以有翼飛」下四語，正伸絕跡行地之義。喻其事之所以為難言，當為無翼之飛，無知之知也。郭注大謬。〔註98〕

《庚桑楚》：「簡髮而櫛，數米而炊，竊竊乎又何足以濟世哉！」郭象注：「理錐刀之末也。」嚴復批云：

> 簡髮、數米，喻勞精神於無益之治。雖若甚勤，而無補於數耳。郭注非。〔註99〕

除了以上兩處對郭象注的批駁以外，嚴復還提到了宣穎解《莊》中他認為欠當之處。

《知北遊》：「未有子孫而有子孫，可乎？」宣穎注：「子孫可自無而有，天地獨不可自無而有乎？」嚴復駁曰：

> 謂子孫自無而有，尚隔一塵。天地若同宇宙，則其物固為不可思議，亦不得云自無而有，若其義如此易了，何須詞費乎？注者真淺人也。〔註100〕

這種句、篇意義的理解沒有一個絕對對錯的標準，只能說是否更加切合《莊子》文本的本意。嚴復對郭象、宣穎二家注莊之見進行的辨析較為切合《莊子》旨意，這些見解恰恰是郭、宣對《莊子》旨意的發揮之處，這種發揮在一定程度上脫離了《莊子》文章的本意，因此受到了嚴復的質疑也在情理之中。

（2）對舊解的接受

縱觀嚴復《莊子評點》全書的整體態度，可知他主要是接受了郭象和宣穎兩家的部分注解。

嚴復對《莊子》郭象注的接受佔據了較大的比例，這種接受既涉及到了具體句、篇的理解，也涉及到對整個郭注的去取，從中可以略窺郭象注對嚴復的深入影響。這主要涉及到《逍遙遊》、《應帝王》、《在宥》等篇。

〔註98〕王栻主編：《嚴復集》（第四冊），中華書局1986年版，第1112頁。
〔註99〕王栻主編：《嚴復集》（第四冊），中華書局1986年版，第1138頁。
〔註100〕王栻主編：《嚴復集》（第四冊），中華書局1986年版，第1137頁。

　　《逍遙遊》篇中的「大小之辯」，嚴復接受的是郭象的注解。郭象在《逍遙遊》篇前云：「夫小大雖殊，而放於自得之場，則物任其性，事稱其能，各當其分，逍遙一也，豈容勝負於其間哉！」嚴復在《逍遙遊》篇評云：

> 斥鴳者，以小笑大者也。宋榮子者，以大笑小者也。皆不知逍遙遊之旨者也。夫使和以天均，則大小各有攸適矣。〔註101〕

　　歷代的注《莊》者對《莊子》中的「大小之辯」一直有兩種看法：一種是以大為美，清人林雲銘可為代表；一種是大小各得其宜即為逍遙，以晉郭象為代表。嚴復在《莊子評點》中採納的是郭象的觀點。

　　嚴復於《應帝王》篇總評云：

> 郭注云，夫無心而任乎自化者，應為帝王也。此解與挽近歐西言治者所主張合。凡國無論其為君主，為民主，其主治行政者，即帝王也。為帝王者，其主治行政，凡可以聽民自為自由者，應一切聽其自為自由，而後國民得各盡其天職，各自奮於義務，而民生始有進化之可期。〔註102〕

　　《應帝王》篇前，郭象總注云：「夫無心而任乎自化者，應為帝王也。」郭象的注解較為切合《莊子》旨意，闡述了無為而治的為政理念，而嚴復則偏向了「國民」「各自奮於義務」的社會進化論思想，雖然牽合了郭注和西方政治思想，但是此處發揮未免失之牽強。

　　《在宥》：「我守其一以處其和，故我修身千二百歲矣，吾形未常衰。」嚴復的批註是在這一句上，但是郭象對此句的注解是：「忘視而自見，忘聽而自聞，則神不擾而形不邪也。」嚴復批云：

> 郭注云，人皆自修而不治天下，則天下治矣！故善之也。此解深得莊旨，蓋楊朱學說之精義也。何則？夫自修為己者也，為己學說既行，則人人皆自修自治，無勞他人之庖代。世之有為人學說也，以人類不知自修自治也。使人人皆知自治自修，則人人各得其所，各安其性命之情。〔註103〕

　　嚴復此處所說的郭注顯然不是指的這一句的郭注，而是從郭象注《莊》的全書觀點而言的。《逍遙遊》篇「子治天下，天下既已治也」，郭象注云：「夫

〔註101〕王栻主編：《嚴復集》（第四冊），中華書局1986年版，第1105頁。
〔註102〕王栻主編：《嚴復集》（第四冊），中華書局1986年版，第1118頁。
〔註103〕王栻主編：《嚴復集》（第四冊），中華書局1986年版，第1125頁。

能令天下治，不治天下者也。」〔註104〕《應帝王》篇「汝又何帛以治天下感予之心為」，郭象注云：「言皆放之自得之場，則不治而自治也。」〔註105〕此即嚴復上述「郭注云，人皆自修而不治天下，則天下治矣」之所指。

嚴復在郭注之外，還吸納了宣穎《南華經解》中的部分注《莊》成果。這主要涉及到《人間世》、《德充符》兩篇。

《人間世》：「密！若無言！彼亦直寄焉！以為不知己者詬厲也。」宣穎注曰：「故託於社，使不知者謂其不能自存而詈罵之，並無用為大用之義，都自渾也。」嚴復贊曰：

宣穎注最合，此即莊所謂木、雁之間。〔註106〕

「木雁之間」是《莊子》中的一個典故，《山木》：「莊子行於山中，見大木，枝葉盛茂。伐木者止其旁而不取也。問其故，曰：『無所可用。』莊子曰：『此木以不材得終其天年。』夫子出於山，舍於故人之家。故人喜，命豎子殺雁而烹之。豎子請曰：『其一能鳴，其一不能鳴，請奚殺？』主人曰：『殺不能鳴者。』明日，弟子問於莊子曰：『昨日山中之木，以不材得終其天年；今主人之雁，以不材死。先生將何處？』莊子笑曰：『周將處乎材與不材之間……』」這裡講述的是借助木以有用被伐、雁以無用被殺的故事道出了遠禍全生之難，而莊子選擇了遊心萬仞、順物自然的無奈之法。嚴復之所以讚賞宣穎注解，就是因為宣注道出了這種無奈的避禍之道。

《德充符》：「彼兀者也，而王先生，其與庸亦遠矣。」宣穎於「而王先生」注云：「儼為人師」；於「其與庸亦遠矣」注云：「與庸人相遠」。嚴復批云：

依宣穎注，「王先生」，「王」讀如字。〔註107〕

此處主要是借常季（孔子弟子）之口寫出了形殘者王駘勝於孔子，更比一般人深遠的多。嚴復對宣穎注解的採納是合乎《莊》文旨意的。

嚴復在對舊解的反思中既有駁斥，也有接受，反映了他對以前注解的能動性的理解，同時他的評《莊》之見也在這一過程中得以彰顯，並成為《莊子》評點史上一個組成部分。

〔註104〕〔晉〕郭象注，〔唐〕成玄英疏，曹礎基、黃蘭發點校：《南華真經注疏》，中華書局1998年版，第10頁。

〔註105〕〔晉〕郭象注，〔唐〕成玄英疏，曹礎基、黃蘭發點校：《南華真經注疏》，中華書局1998年版，第172頁。

〔註106〕嚴復：《莊子評點》，岷雲堂刊本，第13頁。

〔註107〕嚴復：《莊子評點》，岷雲堂刊本，第16頁。

　　總體來說，嚴復的《莊子評點》是莊子評點史上的一個轉折點。這種轉折體現在他在繼承古代評《莊》者評注方法和評注成果的同時，吸納了其所在時代的西學思想以及時政信息，顯示出了一個新時期《莊子》評點的歷史風貌，具有繼往開來的歷史意義。

結　語

　　《莊子》評點伴隨著對《莊子》文學性的探討開始，兼及《莊子》的義理及篇章辨偽等內容。對《莊子》的評點幾乎與中國評點活動本身的形成與發展相始終，自劉辰翁於至元三十一年（1294）開始評點《莊子》算起，至民國五年（1916）晚年的嚴復抱病堅持評點《莊子》，中國古代的《莊子》評點跨越了六百餘年的歷史。

　　通過對諸種《莊子》評點代表性著作的梳理可以看出，這些評點家們在評點《莊子》的過程中顯示出了較多的共性，隱然有聲同氣應的特徵。

　　首先，堅持「以『儒』解《莊》」的思想特色。《莊子》作為一部哲學著作，諸家在評點的過程中，思想傾向的選擇是一個無法迴避的問題，縱觀宋元、明、清、近代的幾位評點者，幾乎都不約而同地選擇了「以『儒』解《莊》」的道路。儒家和道家的融合在先秦時期幾乎不可想像，但是，當儒家思想發展到宋代，原始儒家思想開始發生了微妙的變化，宋明理學的出現是儒道融合的重要契機。宋明理學在人性修養上的關注使得原始儒家逐漸靠近道家思想，而《莊子》一書本身就貫穿著極強的個體修養與生命保持思想。可以說，「以『儒』解《莊》」的出現是儒家思想發展到宋明理學新階段，從而與《莊子》發生融合的產物。

　　其次，堅持「以文解《莊》」的評點特色。「以文解《莊》」是《莊子》評點發生的一個重要原因，可以說，沒有對《莊子》文學性的系統關注，就沒有《莊子》評點的存在。「以文解《莊》」是對莊學研究史的一個重要補充。宋代以前，對《莊子》的研究大多數集中在義理、思想研究方面，宋元以來的《莊

子》評點尋找到了新的研究角度，即「以文解《莊》」。它與以清代為代表注重字義訓詁解《莊》的風潮形成了一個全面的體系。義理、文學、訓詁三個方面，不同角度，共同構成了古代莊學史上《莊》學研究的基本格局。

再次，基本承襲蘇軾的辨偽觀。《莊子》評點者基本認同蘇軾對《莊子》篇章的辨偽觀，即認定《讓王》、《說劍》、《盜跖》、《漁父》為偽作，特別注重對此四篇筆力、筆意的辨偽，使得蘇軾的辨偽進一步深入人心。除了對蘇軾的辨偽觀進行繼承之外，《莊子》評點諸家也對《莊子》的其他篇章進行了質疑，並對具體文句進行了校勘和考訂，成為後來《莊子》文本研究的重要參考，陳鼓應先生的《莊子今注今譯》就是這種參考和吸收的很好的範例。此外，對《莊子》篇章進行辨偽也是《莊子》研究專題化的進一步深入，特別是到了嚴復評點《莊子》之時，這種專題化發展到對莊子其人的考辨。

以上三個方面是中國古代《莊子》評點中顯現出來的一些共性，這些共性造就了《莊子》評點的歷史地位。

首先，《莊子》評點豐富了《莊子》研究的方式。就《莊子》研究歷史來看，宋代以前從未有人以評點的方式對《莊子》進行研究，大多數的研究方式是以解經的路數對《莊子》加以闡釋，或注或疏，或著三兩評語，但未有以評點方式研究者，《莊子》評點的出現使得自秦漢以來以注疏為主的《莊子》研究模式大大豐富。《莊子》評點的興起，加之當時的出版業以及科舉制的推波助瀾，也極大地促進了《莊子》一書的傳播。

其次，《莊子》評點著作本身是評點文學的一個組成部分。從評點本身發展的歷史來看，《莊子》評點屬於古代散文評點的一個組成部分。《莊子》評點作為散文評點始終存在於中國評點發展的歷史實踐中，它與詩歌評點、小說評點、戲曲評點組成了完整的評點史。同時，《莊子》的評點者也是中國古代評點實踐中的一支有生力量，這些人大多不獨評點《莊子》，亦兼涉其他，如劉辰翁、嚴復等人均是評點多面手，所評著作涉及廣泛。

再次，《莊子》評點著作是《莊子》文學研究的重要文獻。目前對《莊子》文學性的研究和探討日漸豐富，相關論文、著作亦與日俱增，在對《莊子》文學性進行闡發新見的時候，以往的這些《莊子》評點著作的文獻意義是不應該被忽視的。只有對以往的這些《莊子》文學研究的文獻進行較為徹底的清理，才能更好地談繼承與發展，否則，很容易陷入疊床架屋的尷尬境地。

　　總體來說，《莊子》評點的研究近年來發展較快，但是還很不夠，特別表現在基礎文獻的整理和深入研究上。由於「經本不以文論」偏狹思想的長期影響，使得古代的許多研究者對《莊子》評點抱有成見，這是《莊子》研究的歷史缺憾。若今人還要用這種思想來思考的話，當為一種研究思維的悲哀。

　　《莊子》評點文獻的價值值得深入討論，相信會有更多、更紮實、更深入的研究成果出現在未來的《莊子》評點研究的道路上。

參考文獻

一、原始文獻類

1. （元）劉辰翁,《莊子南華真經點校》三卷,明刊劉須溪點校三子本。

2. （明）陸西星撰,蔣門馬點校,《南華真經副墨》,中華書局 2010 年版。

3. （清）宣穎撰,曹礎基點校,《南華經解》,廣東人民出版社 2008 年版。

4. （近代）嚴復,《〈莊子〉評語》,《嚴復集》第四冊,中華書局 1986 年版。

5. （近代）嚴復,《〈莊子〉評點》,岷雲堂刊本。

6. （晉）郭象注,（唐）成玄英疏;《南華真經注疏》,中華書局 1998 年版。

7. （宋）王雱,《南華真經新傳》,上海涵芬樓民國 12 年（1923）影印道藏本。

8. （宋）林希逸著,周啟成校注,《莊子鬳齋口義校注》,中華書局 1997 年版。

9. （宋）褚伯秀,《南華真經義海纂微》,四庫全書本。

10. （明）孫鑛,《孫月峰先生批點南華真經》八卷,明萬曆三十九年（1611）王澍刻本。

11. （明）方虛名評注,《南華真經評注》五卷,明刊本。

12. 不署撰人,《莊子讀法評林》,與明刊《老子讀法評林》合刊。

13. （清）吳世尚,《莊子解》十二卷,清康熙五十四年光裕堂刻本。

14. （清）屈復、李元春評,《南華通》七卷,清道光十五年李元春輯刊青照堂叢書本。

15. （清）胡文英,《莊子獨見》三十三卷,清刊本。

16. （清）周拱辰,《南華真經影史》九卷,清嘉慶刊本。

17. （清）林雲銘，《莊子因》六卷，清康熙刊本。

18. （清）劉鳳苞，《莊子南華經雪心編》八卷，清光緒刊本。

19. （清）陸樹芝，《莊子雪》三卷，清嘉慶刊本。

20. （清）郭慶藩，《莊子集釋》，1961 年中華書局《新編諸子集成》本。

二、相關著作類

1. 王僖徵、程文，《句容縣志》，明弘治刻本。

2. 馬世俊，《馬太史匡菴集》，清康熙刻本。

3. 宗臣，《宗子相集》，四庫全書本。

4. 趙宏恩修，《江南通志》，四庫全書本。

5. 陳廷鈺、張復、趙燮元，《射洪縣志》，清嘉慶刻本。

6. 玉山、李孝經，《同治常寧志》，清同治刻本。

7. 吳汝綸選評，《桐城吳先生點勘諸子七種》，清光緒刊本。

8. 曹襲先纂修，《句容縣志》，光緒二十六年重刊本。

9. 張紹棠、蕭穆，《續修句容縣志》，清光緒刻本。

10. 鄒一桂，《小山畫譜》，清粵雅堂叢書本。

11. 張之純評注，《評注諸子菁華錄》，上海商務印書館 1918 年版。

12. 唐鉞，《國故新探》，商務印書館 1927 年版。

13. 葉德輝，《書林清話》，中華書局 1957 年版。

14. 陶鴻慶，《讀諸子劄記》，中華書局 1959 年版。

15. 楊伯峻，《孟子譯注》，中華書局 1960 年版。

16. 馮友蘭，《中國哲學史》，中華書局 1961 年版。

17. 嚴靈峰，《無求備齋老子集成初編》，藝文印書館 1965 年版。

18. 沈翼機等，《浙江通志》，京華書局 1967 年版。

19. 梁園隸等，《重修興化縣志》，成文出版社 1970 年版。

20. 張廷玉，《明史》，中華書局 1974 年版。

21. 嚴靈峰，《周秦漢魏諸子知見書目》，正中書局 1975 年版。

22. 鄭奠、譚全基，《古漢語修辭學資料彙編》，商務印書館 1980 年版。

23. 蘇軾，《東坡志林》，中華書局 1981 年版。

24. 魯迅，《中國小說史略》，人民文學出版社 1981 年版。

25. 孫楷第，《中國通俗小說書目》，人民文學出版社 1982 年版。

26. 張恒壽，《莊子新探》，湖北人民出版社 1983 年版。

27. 朱熹，《四書章句集注》，中華書局 1983 年版。

28. 杜信孚纂輯，《明代版刻綜錄》，廣陵古籍刻印社 1983 年版。

29. 呂惠娟、劉俊、盧達編，《中國歷代著名文學家評傳》，山東教育出版社 1983 年版。

30. 張世祿，《中國音韻學史》，上海書店 1984 年版。

31. 高平叔編，《蔡元培全集》，中華書局 1984 年版。

32. 呂思勉，《先秦學術概論》，中國大百科全書出版社 1985 年版。

33. 章學誠撰，葉瑛校注，《文史通義校注》，中華書局 1985 年版。

34. 王栻主編，《嚴復集》，中華書局 1986 年版。

35. 蘇軾撰，孔凡禮點校，《蘇軾文集》，中華書局 1986 版。

36. 《復旦學報》編輯部編，《莊子研究》，復旦大學出版社 1986 年版。

37. 張慧劍，《明清江蘇文人年表》，上海古籍出版社 1986 年版。

38. 葛兆光，《禪宗與中國文化》，上海人民出版社 1986 年版。

39. 劉辰翁著，段大林點校，《劉辰翁集》，江西人民出版社 1987 年版。

40. 楊慎著，王鍾鏞箋證，《升菴詩話箋證》，上海古籍出版社 1987 年版。

41. 崔大華，《莊子岐解》，中州古籍出版社 1988 年版。

42. 馬其昶，《定本莊子故》，馬茂元編次，黃山書社 1989 年版。

43. 楊伯峻，《春秋左傳注》，中華書局 1990 年版。

44. 錢奕華，《南華經解之研究》，萬卷樓圖書有限公司 1990 年版。

45. 郎擎霄，《莊子學案》，天津古籍書店 1990 年版。

46. 金振邦，《文章技法辭典》，東北師範大學出版社 1991 年版。

47. 詹石窗，《道教文學史》，上海文化出版社 1992 年版。

48. 聞一多，《聞一多全集》，湖北人民出版社 1992 年版。

49. 崔大華，《莊學研究》，人民出版社 1992 版。

50. 陳鼓應，《老莊新論》，上海古籍出版社 1992 年版。

51. 陸欽，《莊子通義》，吉林人民出版社 1994 年版。

52. 白本松、王利鎖，《逍遙之祖——〈莊子〉與中國文化》，河南大學出版 1995 年版。

53. 宋效永，《莊子與中國文學》，江蘇教育出版社 1995 年版。

54. 孫以楷、甄長松，《莊子通論》，東方出版社 1995 年版。

55. 陽明，《道教養生家陸西星與他的〈方壺外史〉》，四川大學出版社 1995 年版。

56. 馮友蘭，《中國哲學簡史》，北京大學出版社 1996 年版。

57. 李牧恒、郭道榮，《自事其心——重讀莊子》，四川人民出版社 1996 年版。

58. 朱熹著，郭齊、尹波點校，《朱熹集》，四川教育出版社 1996 年版。

59. 張松輝，《莊子考辨》，嶽麓書社 1997 年版。

60. 方勇、陸永品，《莊子詮評》，巴蜀書社 1998 年版。

61. 劉辰翁著，吳企明校注，《須溪詞》，上海古籍出版社 1998 年版。

62. 顏世安，《莊子評傳》，南京大學出版社 1999 年版。

63. 蔡元培，《中國倫理學史》，商務印書館 1999 年版。

64. 孫琴安，《中國評點文學史》，上海社會科學院出版社 1999 年版。

65. 王守義編著，《莊子故里在東明》，湖北人民出版社 1999 年版。

66. 止菴，《樗下讀莊：關於莊子哲學體系的文本研究》，東方出版社 1999 年版。

67. （法國）安娜·塞德爾，《西方道教研究史》，上海古籍出版社 2000 年版。

68. 趙彥俞等，《咸豐重修興化縣志、民國續修興華縣志》，江蘇古籍出版社 2000 年版。

69. 譚帆，《中國小說評點研究》，華東師範大學出版社 2001 年版。

70. 蒲友俊，《中國文學批評史論》，巴蜀書社 2001 年版。

71. 謝祥皓、李思樂輯校，《莊子序跋論評輯要》，湖北教育出版社 2001 年版。

72. 黃庭堅撰，劉琳、李永先、王蓉貴校點，《黃庭堅全集》，四川大學出版社 2001 年版。

73. 章培恒、王靖宇主編，《中國文學評點研究論集》，上海古籍出版社 2002 年版。

74. 熊鐵基，《中國莊學史》，湖南人民出版社 2003 年版。

75. 聞一多，《周易與莊子研究》，巴蜀書社 2003 年版。

76. 胡道靜主編，《十家論莊》，人民出版社 2004 年版。

77. 張松輝，《先秦兩漢道家與文學》，東方出版社 2004 年版。

78. 劉生良，《鵬翔無疆——〈莊子〉文學研究》，人民出版社 2004 年版。

79. 錢穆，《莊老通辨》，生活·讀書·新知三聯書店 2005 年版。

80. 劉介民，《道家文化與太極詩學：〈老子〉〈莊子〉藝術精神》，廣東人民出版社 2005 年版。

81. 蔡鎮楚，《中國文學批評史》，中華書局 2005 年版。

82. 李生龍，《道家及其對文學的影響》，嶽麓書社 2005 年版。

83. 孫雪霞，《文學莊子探微》，廣東人民出版社 2006 年版。

84. 葉興松主編，《近現代閩侯書畫集》，福建美術出版社 2006 年版。

85. 孫克強、耿紀平主編，《莊子文學研究》，中國文聯出版社 2006 年版。

86. 杜澤遜撰，《四庫存目標注》，上海古籍出版社 2007 年版。

87. 吳平，《壇經講讀》，華東師範大學出版社 2008 年版。

88. 龔敏，《陸西星研究兩題》，香港大學饒宗頤學術館 2008 年版。

89. 馮友蘭，《中國現代哲學史》，三聯書店 2009 年版。

三、相關論文類

1. 章培恒，《〈封神演義〉作者補考》，載於《復旦學報》（社科版）1992 年第 4 期。

2. 劉訪，《〈莊子〉寓言文體新論》，載於《重慶師院學報》1997 年第 3 期。

3. 李小成、趙君哲，《莊子的開放性心態對文學的影響》，載於《新疆教育學院學報》1999 年第 1 期。

4. 張亞君，《〈莊子〉語言的文學性》，載於《甘肅社會科學》1999 年第 4 期。

5. 姚蓉，《一語天然萬古新，豪華落盡見真淳——陶淵明作品風格與老莊思想》，載於《湖南大學學報》1999 年第 2 期。

6. 邊家珍、魏思玲，《〈莊子〉文學特徵及其成因探析》，載於《河南大學學報》2000 年第 1 期。

7. 尚永亮、肖波，《文學〈莊子〉二十年》，載於《中州學刊》2000 年第 1 期。

8. 魏秀豔、高雲斌，《莊子——中國文學的奠基者》，載於《內蒙古民族大學學報》2002 年第 3 期。

9. 劉宣如、劉飛，《莊子文原於道析》，載於《江西社會科學》2002 年第 6 期。

10. 金燕，《試論蘇詞在藝術上對莊子散文的繼承》，載於《樂山師範學院學報》2004 年第 3 期。

11. 何光順，《莊子物化文學觀初探》，載於《重慶師範大學學報》2004 年第 2 期。

12. 王天根，《評點老子與嚴復對立憲的檢視》，載於《安徽大學學報》2004 年 7 月第 28 卷第 4 期。

13. 劉華，《先秦諸子文學之冠——莊子文學創作特點研究》，載於《河南圖書館學刊》2005 年第 2 期。

14. 徐米，《〈莊子〉英譯研究》，復旦大學 2005 年博士學位論文。

15. 張愛民，《蜀學文學家與〈莊子〉》，載於《蘭州學刊》2005 年第 3 期。

16. 張愛民，《唐代文學家對莊子的接受》，載於《濰坊學院學報》2005 年第 3 期。

17. 謝仲偉，《論莊子散文的時代價值》，載於《語文學刊》2006 年第 3 期。

18. 任秀蓮，《〈莊子〉散文藝術形象淺說》，載於《青海民族學院學報》2006 年第 4 期。

19. 陽清，《〈莊子〉哲理韻文初論》，載於《太原師範學院學報》2006 年第 5 期。

20. 陳欣、樂幀益，《〈莊子〉動物形象簡析》，載於《湖北教育學院學報》2006 年第 11 期。

21. 周群華，《〈莊子〉散文評點研究》，華東師範大學 2006 年博士論文。

22. 李見勇，《〈莊子〉研究的新突破——論林希逸〈莊子口義〉》，載於《內江師範學院學報》2007 年第 1 期。

23. 李霞《莊子研究四十五年》，載於《哲學動態》1995 年第 6 期。

24.（日本）中川德之助，《論〈莊子〉對日本文學的影響》，載於《文化研究》2005 年第 3 期。

25. 田漢雲、陳曉東，《略論郭慶藩〈莊子集釋〉的學術成就》，載於《揚州大學學報》2007 年 3 月第二卷第 2 期。

26. 許家星、王少芳，《「儒者氣象」——宋代理學視野下的諸葛亮形象及其思考》，載於《西南大學學報》2007 年第 6 期。

27. 李波，《清代莊子散文評點研究》，華東師範大學 2007 年博士論文。

28. 孫雪霞，《近三十年中西比較視野的〈莊子〉研究及其引申》，載於《重慶社會科學》2008 年第 7 期。

29. 李衛軍，《試論當前學術史評點研究之侷限》，載於《山西師大學報》（社會科學版）2009 年第 36 卷第 3 期。

30. 吳翔明，《南宋遺民詩人劉辰翁思想探析》，載於《作家》2009 年第 18 期。

31. 顧寶林，《論劉辰翁的儒學思想及於〈須溪詞〉遺民心態之影響》，載於《名作欣賞》2009 年第 17 期。